Das waren Zeiten 2

herausgegeben von
Dieter Brückner
und Julian Kümmerle

C.C. Buchner

Das waren Zeiten – Baden-Württemberg

Unterrichtswerk für Geschichte an Gymnasien, Jahrgangsstufe 7

Herausgegeben von Dieter Brückner und Julian Kümmerle

Bearbeitet von Markus Benzinger, Caroline Galm, Kirsten Galm, Frank Harteker, Ursula Hepp, Volker Herrmann, Julian Kümmerle, Markus Sanke, Dagmar Setz, Regine Winkle und Franziska Zach

1. Auflage, 1. Druck 2017
Alle Drucke dieser Auflage sind, weil untereinander unverändert, nebeneinander benutzbar.

Dieser Titel ist auch als digitale Ausgabe unter
www.ccbuchner.de (Eingabe im Suchfeld: 31042) erhältlich.

Das Werk folgt der reformierten Rechtschreibung und Zeichensetzung. Ausnahmen bilden Texte, bei denen künstlerische, philologische und lizenzrechtliche Gründe einer Änderung entgegenstehen.

Auf verschiedenen Seiten dieses Buches finden sich Mediencodes. Sie enthalten optionale Unterrichtsmaterialien und/oder Verweise (Links) auf Internetadressen. Haftungshinweis: Trotz sorgfältiger inhaltlicher Kontrolle wird die Haftung für die Inhalte externer Seiten ausgeschlossen.

© 2017 C.C.Buchner Verlag, Bamberg
Das Werk und seine Teile sind urheberrechtlich geschützt. Jede Nutzung in anderen als den gesetzlich zugelassenen Fällen bedarf der vorherigen schriftlichen Einwilligung des Verlages. Das gilt insbesondere auch für Vervielfältigungen, Übersetzungen und Mikroverfilmungen. Hinweis zu § 52 a UrhG: Weder das Werk noch seine Teile dürfen ohne eine solche Einwilligung eingescannt und in ein Netzwerk eingestellt werden. Dies gilt auch für Intranets von Schulen und sonstigen Bildungseinrichtungen.

Redaktion: Markus Sanke
Korrektorat: Kerstin Schulbert
Layout, Satz, Grafik und Karten: ARTBOX Grafik & Satz GmbH, Bremen
Umschlag: ideen.manufaktur, Dortmund
Druck- und Bindearbeiten: creo Druck und Medienservice GmbH, Bamberg

www.ccbuchner.de

ISBN: 978-3-661-**31042**-8

Inhalt

So findet ihr euch im Buch zurecht 6
Vorwort der Herausgeber.. 9

1 Europa im Mittelalter
Leben in der Agrargesellschaft – Begegnung mit dem Fremden

Einstieg: Harry Potter und das Mittelalter? 10
Fragen an ... das Mittelalter 12
Die Ständegesellschaft – alles in Ordnung? 14
Das Lehnswesen 16
Wie regiert ein König? 18
Bauern und Herren: Wer braucht wen? 20
Leben im Dorf – der Natur ausgeliefert? 22
Burgen und Ritter – ein ideales Leben? 24
Warum sind die Klöster so wichtig? 26
Fenster zur Welt: Jerusalem – eine heilige Stadt? 28
Fenster zur Welt: Kreuzzüge – Ursachen und Beweggründe 30
Fenster zur Welt: Welche Folgen hat der „Heilige Krieg"? 32
Städteboom im Mittelalter 34
Die Stadt und ihr Markt 36
Methode: Eine Stadt erkunden 38
Bürgerrechte, Zunftgesetze 40
Toleranz, Ausgrenzung, Verfolgung – die Juden 42
Jetzt forschen wir selbst: Randgruppen in der Stadt 44
Wer hat das Sagen in der Stadt? 46
Fenster zur Welt: Wo der Pfeffer wächst: Handel mit Asien 48
Fenster zur Welt: Das Imperium des Dschinghis Khan 50
Methode: Dynamische Geschichtskarten auswerten 52
Das weiß ich – das kann ich! 54

2 Aufbruch in die Neuzeit

Neue Welten – neue Horizonte – neue Gewalt

Einstieg: Der „Wanderer am Weltenrand"	56
Fragen an ... die Frühe Neuzeit	58
Neues Denken: das Erwachen des Individuums	60
Neues Denken: die „Wiedergeburt" der Antike	62
Naturwissenschaft: Experiment und Erkenntnis	64
Die Erfindung des Herrn Gutenberg	66
Methode: Historische Karten auswerten	68
Eine Welt des Geldes	70
Fenster zur Welt: Diesseits und jenseits des Atlantiks	72
Fenster zur Welt: Von der Entdeckung zur Eroberung	74
Fenster zur Welt: Die Ausbeutung der Kolonien	76
Methode: Perspektiven wechseln mit Quellen	78
In der Kirche stimmt was nicht	80
Die Kirche spaltet sich	82
Bauern erheben sich	84
Konfessionalisierung	86
Jetzt forschen wir selbst: Luther-Bilder heute	88
Dreißig Jahre Krieg!	90
Die Reformation verändert Europa langfristig	92
Fenster zur Welt: Ein neues Großreich entsteht	94
Fenster zur Welt: Türkengefahr und Kulturtransfer	96
Das weiß ich – das kann ich!	98

3 Die Französische Revolution

Bürgertum, Vernunft, Freiheit

Einstieg: Eine alte Welt in Trümmern	100
Fragen an ... die Französische Revolution	102
Ein König wie die Sonne	104
Methode: Ein Herrscherbild interpretieren	106
Aufklärung: Mit Geist gegen die Macht	108
Auf der Suche nach dem besten Staat	110
Die Krise der Jahre 1788-1789	112
Die Generalstände reagieren unerwartet	114
Revolution in Stadt und Land	116
Freiheit, Gleichheit, Brüderlichkeit – für alle?	118
Der König ist tot	120
Terror!	122
Jetzt forschen wir selbst: Frauen in der Revolution	124
Revolution – auch in deutschen Landen?	126
Wie verändert die Revolution die Geschichte?	128
Fenster zur Welt: Ein Kontinent wird besiedelt	130
Fenster zur Welt: Aus 13 Kolonien wird eine Nation	132
Fenster zur Welt: Eine Revolution als Vorbild?	134
Methode: Geschichte beurteilen	136
Das weiß ich – das kann ich!	138

Service-Anhang

Die GFS im Fach Geschichte vorbereiten	140
Aufgaben richtig verstehen – durch Operatoren	142
Methodenkarten	144
Hilfestellungen: Gewusst wie!	151

Lexikon zur Geschichte

Begriffe	157
Personen	167

Register

Sachregister	168
Personenregister	173

So findet ihr euch im Buch zurecht

Ein neues Geschichtsbuch liegt vor euch auf dem Tisch. „*Das waren Zeiten*" wird euch auch durch dieses Schuljahr begleiten. Es ist ein Arbeits- und Entdeckungsbuch. Ihr könnt mit diesem Buch verschieden umgehen. Man kann es durchblättern, darin schmökern, damit arbeiten, innehalten und Ausschau halten. Man kann erstaunt sein, sich Wissen aneignen, Fragen stellen und Rätsel lösen – all dies geht mit diesem Buch.
Wie auch immer ihr mit diesem Buch arbeiten werdet, eines solltet ihr dabei nicht verlieren: die *Orientierung*. Diese sollen euch die folgenden Erklärungen der verschiedenen Seiten dieses Buches verschaffen.

Der „Einstieg" – damit ihr wisst, worum es geht
Jedes Hauptkapitel beginnt mit einem großen Bild. Zu ihm geben wir kurze Hinweise. Die Leitgedanken dieser Seiten lauten: „Wo kann ich dem Thema des Kapitels heute noch begegnen?" und „Was ist an diesem Thema interessant und bedenkenswert?"
Unten rechts findet ihr einen Vorschlag, wie ihr das Bild selbst befragen könnt.

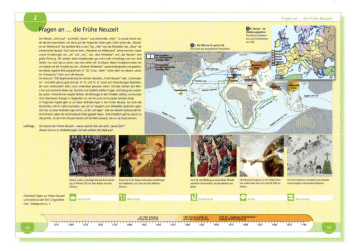

„Fragen an ..." – euer Informationszentrum
Diese Doppelseite ist euer *Informationszentrum* für das folgende Kapitel. Sie wirft Fragen auf, warum wir uns heute mit diesem Teil der Vergangenheit befassen.
Die *Karte* zeigt, wo die Ereignisse stattfanden, die ihr kennenlernen werdet. Sie enthält alle Orte, die im Kapitel vorkommen. Die *Zeitleiste* hilft dabei, euch den Zeitraum vorzustellen und mit der Zeit der vorigen Kapitel zu vergleichen.
In jedem Kapitel haben wir das Thema übersichtlich in fünf wichtige Bereiche (*Kategorien*) gegliedert und mit einem Zeichen (*Symbol*) gekennzeichnet. Dazu könnt ihr wiederum Fragen stellen. Wichtig ist die *Leitfrage*: Sie soll euch durch das Kapitel begleiten und am Ende beantwortet werden.

So findet ihr euch im Buch zurecht

Teilkapitel – das Wichtige, übersichtlich geordnet

Auf der *linken Seite* haben Geschichtslehrerinnen und -lehrer aufgeschrieben, was sie für wichtig halten. Hier erfahrt ihr das Wesentliche zum Thema. Das *Symbol* oben zeigt, welche *Kategorie* vor allem behandelt wird. *Schlüsselbegriffe* sind fett gedruckt und unten wiederholt. Dort sind die Begriffe schwarz gedruckt, die der Bildungsplan besonders hervorhebt.

Auf der *rechten Seite* enthält das Buch *Materialien*, also Texte, Bilder und Zeichnungen. Sie sind mit **M** gekennzeichnet. Mit ihnen könnt ihr eigenständig arbeiten. Die *Zeitleiste* enthält wichtige Daten zur Doppelseite. *Arbeitsvorschläge* stehen unter der Linie. Was die Aufgabenstellung von euch verlangt, könnt ihr auf S. 144 f. nachschlagen. Zu kniffligen Fragen geben wir *Hilfen*.

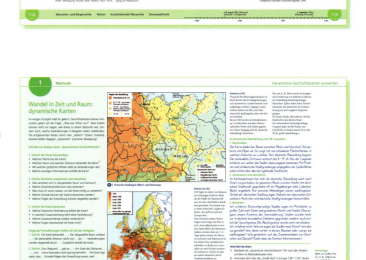

Methoden – Aufgaben schrittweise lösen

Wer die Geschichte verstehen will, muss die richtigen Fragen stellen und zu ihrer Beantwortung schrittweise vorgehen. Dafür braucht ihr *Methoden*. Wir zeigen euch an Beispielen, wie ihr Material auswertet. Auf den *Methodenseiten* könnt ihr das gleich selbst erproben: **M** 1 bearbeiten wir mit euch gemeinsam. *Jetzt bist du dran!* Zu **M** 2 machen wir keine Vorschläge. Mit den *Hilfen zur Formulierung* könnt ihr diese und kommende Aufgaben sicher allein lösen.

„Fenster zur Welt" – Einblick in andere Kulturen

Ein Haus ohne Fenster wäre etwas ziemlich Merkwürdiges: Man könnte nur die Dinge in seiner eigenen Wohnung sehen. Was draußen vorgeht, bliebe unsichtbar. Für den Durchblick braucht man auch den Ausblick. Solche Ausblicke stellen die „*Fenster zur Welt*" dar. Sie ermöglichen euch Einblicke in andere Kulturen, die es zu anderen Zeiten oder gleichzeitig auf anderen Erdteilen gab. Sie verdeutlichen euch aber auch, wie eines mit dem anderen zusammenhängt und wie es zu Begegnungen zwischen Menschen kam – über tausende von Kilometern hinweg.

„Jetzt forschen wir selbst!"

Solche Doppelseiten findet ihr in jedem Großkapitel. Die Materialien, die wir zusammengestellt haben, gehören *zu einem Thema* des Kapitels. Wir machen euch *Vorschläge*, welche Fragen ihr an die Bilder und Texte stellen könnt. Um mehr über das Leben in der Vergangenheit herauszufinden, geht ihr am besten *schrittweise* vor – unsere Aufgaben helfen euch dabei.
So übt ihr nach und nach, Zeugnisse aus der Vergangenheit zu *beschreiben*, zu *untersuchen*, *einzuordnen* und eure Ergebnisse zu *präsentieren*.

„Das weiß ich, das kann ich!" – Testet euch selbst

Am Ende des Kapitels seid ihr Experten für die behandelte Zeit!
Die Seite *„Das weiß ich – das kann ich!"* kommt auf die *Leitfrage* von der *„Fragen an ..."-Seite* zurück:
Links machen wir Vorschläge, wie ihr die Fragen zu den *Kategorien* beantworten könntet. *Rechts* findet ihr neues Material und passende Aufgaben. Damit könnt ihr prüfen, wie gut ihr euch jetzt auskennt und wie sicher ihr die Methoden anwenden könnt.
Noch unsicher? Besucht im Internet die Seite *Kompetenz-Test*! Hier könnt ihr checken, was ihr schon gut erklären könnt und was ihr noch üben solltet.

Lust auf mehr? Geht ins Netz!

Vielleicht bekommt ihr ja Lust darauf, zu dem einen oder anderen Thema noch etwas mehr zu erfahren. Dann achtet auf die Internettipps, die wir auf vielen Seiten dieses Buches abgedruckt haben.
Wenn ihr die Links aufrufen wollt, müsst ihr keine langen Internetadressen abtippen. Geht einfach auf unsere Homepage *www.ccbuchner.de*. In das Suchfeld oben rechts müsst ihr nur den Code des Internettipps eingeben, z. B. „31042-07".

Aufgaben-Kennzeichnungen

Zu Aufgaben, die mit dem Symbol ● gekennzeichnet sind, geben wir euch im Anhang eine *Hilfestellung*.
Aufgaben mit dem Symbol ● sind etwas *kniffliger* oder brauchen etwas *längere Zeit*.

Ordnung, Wandel, Umsturz

Liebe Schülerinnen und Schüler,

der zweite Band eures Geschichtsbuches schließt da an, wo ihr am Ende des letzten Schuljahres angekommen seid: im frühen Mittelalter, nach der Gründung und Ausdehnung des Frankenreiches und der Zeit Karls des Großen. Dieses Buch wird euch durch rund tausend Jahre begleiten.

Das ist ein langer Zeitraum, den wir euch auf ganz verschiedene Weise vorstellen wollen: Manchmal machen wir euch mit den typischen Merkmalen eines Zeitraums bekannt. Dabei steht die Beschreibung eines Zustandes im Vordergrund: Es geht um Lebensverhältnisse, Beziehungen zwischen Herrschenden und Beherrschten und um ihre Denkweisen. An anderen Stellen wird – im Gegensatz dazu – von Veränderungen, ja sogar von Umwälzungen und Revolutionen die Rede sein. Hier betrachten wir, was einmal üblich war, warum Menschen diese Verhältnisse ändern wollten und wie sie die Veränderung durchsetzten. Ordnung, Wandel und Umsturz also. Diese drei Begriffe begegnen uns in den tausend Jahren immer wieder. Sie durchziehen dieses Buch. Fast ist es so, als ob sie schon selbst eine ganze Geschichte erzählen.

Bei alledem steht unser Kontinent Europa im Mittelpunkt. Doch immer wieder öffnen wir ein „Fenster zur Welt": Wir sehen, dass Europäer mit fremden Ländern Handel treiben und Kriege führen und wie sie mit fremden Völkern und Kulturen umgehen. Wir fragen nach ihren Motiven und nach den Folgen ihres Handelns. Schließlich werden wir sehen, dass auch fremde Kulturen in unserer europäischen Kultur Spuren hinterlassen haben.

Vom Cover eures Geschichtsbuches blicken euch zwei Personen an: Eine ist eine Frau aus dem Mittelalter. Ihren Namen kennen wir nicht, wahrscheinlich stellt sie nur das Idealbild einer vornehmen Dame im Mittelalter dar. Ihre Kleidung zeigt, dass sie zur allerhöchsten Gesellschaftsschicht, zum Adel, gehört. Beobachtet die Dame gerade, wie tapfere Ritter bei einem Turnier Kraft und Geschicklichkeit miteinander messen? Oder wendet sie sich einem Ritter zu, der ihr zu Ehren ein Liebeslied vorträgt?

Der Mann hingegen ist eine reale Figur der Geschichte, Maximilien Robespierre. Das Gemälde zeigt ihn vermutlich ziemlich lebensecht. Er lebte in der zweiten Hälfte des 18. Jh. in Frankreich. In unseren Geschichtsbüchern wird er erwähnt, weil er als fanatischer Kämpfer für den Wandel der Gesellschaft eintrat. Er war dafür verantwortlich ist, dass tausende Menschen zum Tode verurteilt und hingerichtet wurden.

Ist sie also die „Gute" und er der „Bösewicht"? Und mit welchem Recht zieren die beiden Personen das Cover des Geschichtsbuches?

Zu diesen Fragen könnt ihr euch selbst ein Urteil bilden – dieses Geschichtsbuch liefert euch dazu die nötigen Sachinformationen. Und es macht euch auch mit den Methoden vertraut, die euch befähigen, eure eigene Meinung über historische Ereignisse und Personen zu bilden – und diese Meinung auch zu begründen. Am Ende dieses weiteren Jahres Geschichtsunterricht wollt und könnt ihr dann vielleicht vorschlagen, wer eurer Meinung nach auf dem Cover abgebildet sein sollte.

Wir wünschen euch bei dieser Begegnung mit Geschichte wieder viel Freude und Erfolg!

Dieter Brückner
und
Julian Kümmerle

1 Europa im Mittelalter

Die Welt des Mittelalters fasziniert – oder zumindest das, was man für „mittelalterlich" hält: Spielfilme und Fantasy-Romane wie „Harry Potter" und „Der Herr der Ringe", aber auch Mittelaltermärkte und aufwändige TV-Dokus über Päpste, Ritter und Burgfräulein ziehen ein Millionenpublikum in ihren Bann.

M Daniel Radcliffe als „Harry Potter" vor „Schloss Hogwarts"
Fotomontage zur Harry-Potter-Filmreihe
Bei vielen erweckt dieses Bild den Eindruck, es habe etwas mit dem Mittelalter zu tun. Erklärt euch gegenseitig, woran dies liegt und tauscht euch über eure eigenen Vorstellungen vom Mittelalter aus. Entwickelt dann mögliche Erklärungen, warum „das Mittelalter" eine solche Faszination auf die Menschen im 21. Jh. ausübt.

Fragen an … das Mittelalter

Kaum eine Epoche ist heute so „in" wie das Mittelalter. Viele Menschen haben dabei eine ziemlich genaue Vorstellung davon, was „mittelalterlich" ist. „Mittelalter" – das ist für viele wie bei Harry Potter eine Welt voller Magie und Fantasie oder eine „kalte" und „grausame" Zeit. Würdet ihr eine Umfrage in der Fußgängerzone machen, würden wahrscheinlich auch Begriffe wie „die Pest" oder „die Kreuzzüge" genannt. Das Mittelalter, eine „finstere" Epoche also, voller Entbehrungen und blutiger Konflikte zwischen den Kulturen? Eine Zeit, so ganz anders als unser heutiges Leben mit all seinen Bequemlichkeiten und modernen Errungenschaften?

„Mittelalter" – so nennen Historiker die Zeit von etwa 500 bis 1500 n. Chr. und gliedern diese tausend Jahre in drei Abschnitte: Früh-, Hoch- und Spätmittelalter. Natürlich begann das Mittelalter nicht schlagartig am 1. Januar 500. Zwischen Antike und dem Mittelalter liegt eine lange Übergangszeit. Diesen Übergang hast du im vergangenen Schuljahr kennengelernt. Für unsere fünf „Forschungsgebiete" und „Fragebereiche" konnten wir feststellen: das Leben hatte sich in der Spätantike in manchen Regionen langsam gewandelt, in anderen Gebieten dagegen schnell und gewaltsam.

Ganz gleich, wie wir das „das Mittelalter" heute sehen: Den Zeitgenossen war diese Bezeichnung unbekannt. Sie entstand erst im 15. Jh., als die Menschen ihre Vorbilder verstärkt in der Antike suchten. Für sie lagen tausend Jahre „in der Mitte" zwischen ihnen selbst und dem Altertum. Sie behaupteten, in dieser langen Zeit sei der Fortschritt der Antike verloren gegangen. Diese Vorstellung hat sich oft bis heute erhalten.

Leitfrage
Das Leben der Menschen im Mittelalter – fern und doch nah?
Warum und in welcher Weise begegnen sich im Mittelalter fremde Kulturen?

Ein mittelalterlicher König schickt einen Boten los, um Befehle zu übermitteln.

Die meisten Menschen im Mittelalter lebten von der Landwirtschaft und wohnten in Dörfern.

♛ **Herrschaft**

🌾 **Wirtschaft**

Entwickelt Fragen zum Mittelalter und ordnet sie den fünf „Frage-Bereichen" (Kategorien) zu. ▶

…
…

…
…

Fragen an ... das Mittelalter

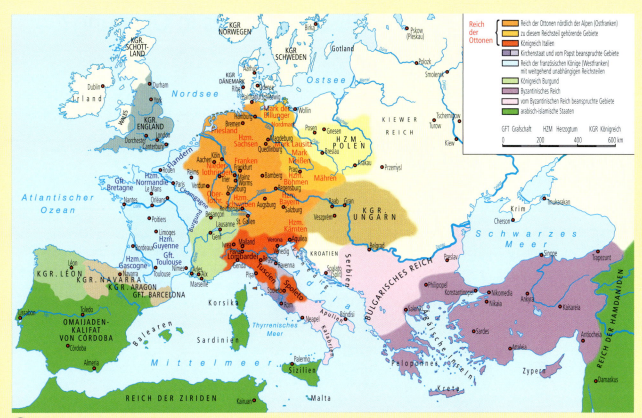

M Europa um das Jahr 1000

Ein Mönch bei der Arbeit an einem Buch. Der christliche Glaube hatte im Mittelalter eine überragende Bedeutung.

Selbstbestimmtes Leben, wie wir es kennen, war der mittelalterlichen Gesellschaft fremd. Das Leben der Menschen war viel stärker geordnet und festgelegt.

Manche fremde Kulturen lebten bereits im Europa des Mittelalters. Andere Kulturen lernten die Menschen in dieser Zeit erst noch kennen.

Kultur

...
...

Gesellschaft

...
...

Vernetzung

...
...

| 1100 | 1. Kreuzzug: Christen erobern Jerusalem | 1200 | 1300 | Mongolische Einfälle in Europa | Spätmittelalter | 1400 | 1500 |

13

Die Ständegesellschaft – alles in Ordnung?

M 1 Die Albträume des Königs
Buchmalereien aus der Chronik des John von Worcester, 1150
Nach dieser Chronik soll König Heinrich I. von England (1068 - 1135) im Jahr 1130 von heftigen Albträumen geplagt worden sein. Nacheinander hätten ihn im Schlaf die verschiedenen Personengruppen heimgesucht, über die er als König zu regieren hatte.

Internettipp:
Mehr zur Ständelehre erfährst du unter 31042-01

Nicht alle sind gleich
Ein selbstbestimmtes Leben, wie wir es kennen, war den mittelalterlichen Menschen fremd. Für sie war es selbstverständlich, dass nicht alle von Natur aus gleiche Rechte hatten. Es gab Grundherren und Hörige, Lehnsherren und Vasallen, so wie es Alte und Junge gab. Frauen hatten weniger Rechte als Männer. Die Geburt bestimmte die Zugehörigkeit zu einer Personengruppe.

Die Ständegesellschaft
Im 11. Jh. entwickelte sich ein Bild von der Gesellschaft, nach dem die Menschen von Gott in drei **Stände** geteilt seien: Der **Klerus** (die Geistlichen) bildete den ersten Stand. Seine Aufgabe war es, für das Seelenheil der Menschen zu beten. Der **Adel** wurde als zweiter Stand bezeichnet, der für das Land und die Leute kämpfen sollte. Den **dritten Stand** bildeten die Bauern, die für die Ernährung sorgten. Hinzu kamen mit den Stadtgründungen auch die Bürger (Handwerker, Kaufleute).

In dieser gesellschaftlichen Idealvorstellung ergänzten sich die Stände sinnvoll. Alle sollten zum Wohle aller zusammenarbeiten, denn sie waren aufeinander angewiesen. So schützte der adlige Grundherr die Bauern auf seinem Land, die ihm dafür Abgaben entrichteten, der Pfarrer wiederum betete mit ihnen und half bei alltäglichen Nöten. Tatsächlich wurde der dritte Stand, dem die Mehrzahl der Menschen angehörte, aber oft durch hohe Abgaben und Dienste ausgenutzt. Da die Ordnung jedoch als gottgewollt galt, erschien sie den Menschen unantastbar. Die Ständeordnung bestand in vielen Staaten noch bis ins 19. Jh.

Was macht einen Stand aus?
Die Ständeordnung regelte alle Rechte und Pflichten. Sie bestimmte den Zugang zu Berufen und Bildungsmöglichkeiten. Sogar die Kleidung wurde durch den Stand beeinflusst. Heiraten zwischen dem Adel und Angehörigen des dritten Standes waren meist undenkbar, oft sogar verboten. Allerdings sagte der Stand nichts über Besitz und Wohlstand aus. Gerade in den Städten konnten Bürger, meist Kaufleute, sehr reich werden,[1] während es viele arme Adlige gab, die wie Bauern lebten.

Wer gehörte nicht dazu?
Nicht alle Menschen gehörten einem Stand an. Manche lebten als „Unterständische" am Rand der Gesellschaft. Das konnte unterschiedliche Gründe haben: Armut und Abhängigkeit (z. B. Tagelöhner, Bettler) oder Religion (z. B. Juden). Wer in seinem Beruf mit dem Tod in Berührung kam (z. B. Henker, Abdecker) oder die Aufgaben eines heutigen Chirurgen hatte (Bader, Barbier), galt wie Spielleute und Lumpensammler als „unehrlich". Sie übten Berufe ohne ständische Ehre aus und lebten häufig sozial isoliert. Auch ihre Kleidung in „Schandfarben" zeigte ihren Status an. Dennoch war auch diese Gruppe für die Gesellschaft wichtig.

---
[1] Darüber erfährst du mehr auf S. 40 f.

Stand   Klerus   Adel   Dritter Stand

Europa im Mittelalter

M 2 „Gottes Haus ist dreigeteilt"
Bischof Adalbert von Laon schreibt um 1030 dem französischen König:

Das weltliche Gesetz legt zwei Stände fest: Der Adlige und der Knecht leben nicht nach demselben Recht. An der Spitze nämlich stehen zwei: Der eine ist der König, der andere der Kaiser: Unter deren Gebot erscheint der Staat sicher. Dann gibt es andere [...], das sind die Krieger, die Beschützer der Kirchen; sie verteidigen die Großen wie die Geringeren des Volkes; sie schützen alle und ebenso sich selbst. Der andere Teil lebt nach den Bedingungen der Knechte. [...] Für Vermögen, Kleidung und Nahrung für alle sorgen die Knechte; kein Freier vermag ohne die Knechte zu leben. [...] Die Tränen und Klagen der Knechte sind unendlich. So ist das Haus Gottes dreigeteilt, das für eines gehalten wird. Dort beten die einen, die anderen kämpfen und noch andere arbeiten. Die drei gehören zusammen und dulden keine Trennung: Von der Dienstleistung des einen hängt das Werk der beiden anderen ab, und wechselseitig leisten sich alle Unterstützung. Dieser so dreigeteilte Verband ist also einfach. Solange dieses Gesetz vorherrschte, genoss die Welt den ruhigen Frieden.

Ulrich Nonn (Hrsg.), Quellen zur Alltagsgeschichte im Früh- und Hochmittelalter II, Darmstadt 2007, S. 13

M 3 Christus teilt den Ständen ihre Aufgaben zu
Holzschnitt (20 x 14,5 cm), Heidelberg 1488
Links stehen der Papst und weitere Geistliche, rechts der Kaiser und Fürsten. Unten in der Mitte sieht man zwei Bauern. Die Beschriftungen lauten: *Tu supplex ora* („Du bete demütig"), *Tu protege* („Du beschütze"), *Tuque labora* („Und du arbeite"). Das Bild stammt aus einer Zeit, als sich die abgebildete Ordnung bereits stark verändert hatte. So fehlen z. B. die Stadtbürger.

M 4 Kleidung, die sich gehört
In einer Chronik aus der Zeit um 1150 schreibt der Autor, ein Regensburger Geistlicher:

Nun will ich euch sagen, welche Kleidung der Bauer tragen soll: Sie soll schwarz oder grau sein, nichts anderes ist ihm erlaubt; daran ein Saumstück, das sich für seinen Stand geziemt; schließlich noch seine Schuhe aus Rindsleder: Damit soll es genug sein. Für Hemd und Hose sollen sieben Ellen groben Tuchs ausreichen. Trägt er hinten oder vorne ein Saumstück zur Verzierung, so hat er sein Standesrecht eingebüßt.

Nonn, a. a. O., S. 15 f.

---

1. Nenne Aufgaben der Stände und erkläre, wie die Aufgabenteilung begründet wird (M2, M3).
2. Die Ständeordnung beeinflusste auch die Kleidung (vgl. M4). Nimm Stellung: Welche Rolle spielt Kleidung in unserer Gesellschaft?
3. Ein Mitschüler ist empört: „Warum gab es die Ständegesellschaft so lange und warum wehrten sich die Menschen nicht dagegen?" Bewerte diese Aussage als Geschichtsexperte.
4. M3 zeigt weniger ein „So war es tatsächlich" als ein „So soll es sein". Erkläre, was M3 aussagen will. Beurteile, ob es richtig ist, das Bild in einem Schulbuch unter der Überschrift „Die mittelalterliche Gesellschaft" zu verwenden.
5. Du hast im letzten Schuljahr schon andere Gesellschaftsordnungen (Griechenland, Römisches Reich) kennengelernt. Vergleiche die antike mit der mittelalterlichen Gesellschaft.

Drei-Stände-Lehre		
	1. Stand: geweihte Geistliche der Kirche (Bischöfe, Äbte, alle Priester)	„Lehrstand"
	2. Stand: weltliche Adlige (Hochadel: Herzöge, niederer Adel: Grafen, Landadel: Barone)	„Wehrstand"
	3. Stand: alle freien Bauern, später auch alle freien Bürger der Städte	„Nährstand"

Das Lehnswesen

M 1 Wie regiert der König sein Reich?
Bilderhandschrift des „Sachsenspiegels", Anfang 14. Jh.
Der König erteilt mit erhobenem Zeigefinger den Auftrag, Krieger zu stellen (rechts). Ein Bote wiederholt die Geste und übergibt Brief und Siegel des Königs an die Adligen (links).

Erinnerst du dich?

Karl der Große hat sein riesiges Frankenreich mithilfe ihm treu ergebener Männer regiert und verwaltet. Er hat viele Kriege geführt. Dazu brauchte er ein großes Heer gut ausgerüsteter Krieger, nicht nur Fußsoldaten, sondern gepanzerte Reiter. Die teure Ausrüstung für die Panzerreiter konnte ein einfacher Bauer nicht aufbringen. Karl hat dieses Problem so gelöst: Er hat Land an Herren verliehen, damit sie ihm dann im Krieg halfen, ein schlagkräftiges Heer zu stellen. So ist allmählich ein System der Landverleihung entstanden, das für viele Jahrhunderte Bestand hatte. Dieses System wird **Lehnssystem** genannt (**Lehen** von ahd. *lihan*: verleihen).

Persönliche Bindung zum Nutzen beider

Der Lehnsherr verlieh Land in einem besonders feierlichen Akt an seinen Lehnsmann. Der Lehnsmann wird **Vasall** genannt. In diesem Akt leistet der Vasall einen feierlichen Treueid, er verspricht seinem Herrn Hilfe und Rat: Damit war vor allem gemeint, dass er ihm im Krieg eine bestimmte Anzahl von Kriegern stellt und ihn im Frieden unterstützt und berät. Als Gegenleistung für die Erfüllung des Lehnsdienstes verpflichtet sich der Lehnsherr zum Schutz seines Vasallen: Er garantiert ihm sein Lehen, verteidigt ihn gegen die Ansprüche anderer und steht ihm bei Angriffen bei.

Durch diese personale Bindung waren beide zu gegenseitiger Treue und Hilfe verpflichtet. Rechtsbücher und königliche Gesetze schrieben die Regeln dieser Beziehung genau fest und erinnerten beide Partner an ihre Rechte und Pflichten. Wurde das Verhältnis von einer Seite gebrochen, so entschied ein Lehnsgericht über den Fall. Starb der Vasall, konnte der Lehnsherr das Lehen an dessen Nachkommen vererben oder an einen anderen Vasallen vergeben. Immer jedoch musste durch die feierliche Huldigung das Verhältnis erneuert werden.

Nicht nur der König

Der König vergab die größten Lehen an seine Kronvasallen, die ihm dann im Krieg ein Aufgebot an Reitern und Kriegern schicken mussten. Kronvasallen waren Äbte und Äbtissinnen, Grafen und andere weltliche Fürsten. Der König verlieh aber auch an andere Herren wie Ritter, später auch Bürger. Die Äbte, Äbtissinnen und weltlichen Fürsten konnten ihrerseits Lehen weiter verleihen. Die Vasallen hatten also wieder Untervasallen, die ihnen zum treuen Dienst verpflichtet waren und nicht dem König. Dies konnte die Machtstellung des Königs schwächen.

So entstand im Laufe der Jahre ein kompliziertes System von persönlichen Abhängigkeiten und Verpflichtungen. Der König musste deshalb darauf achten, dass er durch kluge Vergabe der Lehen seine Macht sicherte und keiner seiner Kronvasallen zu mächtig wurde.

Auch Ämter und Rechte können Lehen sein

Der König vergab nicht nur Land, sondern auch bestimmte Rechte, etwa das Recht, Zölle zu erheben oder Münzen zu prägen. Durch diese Rechte konnten Vasallen Einfluss und Macht vergrößern. Auch Ämter wie das Herzogsamt, das aus Besitz und vielen solchen Rechten bestand, wurden vom König verliehen. So hatte der König viele Vasallen, die ihm durch ihre Treueide verbunden waren.

M 2 Ein Adliger vergibt ein Lehen
Bilderhandschrift des „Sachsenspiegel", Anfang 14. Jh.
Der Lehnsempfänger leistet einen Treueid auf eine Reliquie (links), dann legt er seine Hände in die des Lehnsherrn (rechts).

Lehnssystem   Lehen   Vasall

Europa im Mittelalter

M 3 Kaiser Friedrich II. vergibt ein Lehen
1235 wird Otto aus der Familie der Welfen in Mainz mit dem neuen Herzogtum Braunschweig-Lüneburg belehnt. In der Urkunde dazu heißt es:
Als Otto dann noch auf diesem allgemeinen Hoftag mit gefalteten Händen in Unsere Hände über dem heiligen Reichskreuz einen Treueid leistete, haben Wir [...] es als angemessen und nützlich angesehen, auf seinen Stand und dessen Erhöhung mit kaiserlicher Großmut Bedacht zu nehmen. Darum haben Wir die Burg Lüneburg mit allen ihren Burgen, Leuten und Zubehörstücken zusammengetan und daraus ein Herzogtum geschaffen und kraft Unseres kaiserlichen Amtes haben Wir Unseren genannten Blutsverwandten Otto zum Herzog und Fürsten gemacht und ihm dieses Herzogtum als Lehen des Reiches verliehen, das auf seine Söhne und Töchter als Erben übergehen soll und ihn feierlich mit Rat, Zustimmung und Beistand der Fürsten die Stadt Braunschweig und nach Herkommen mit den Fahnen belehnt.
MGH Const. 2, Nr. 197 (bearbeitet und gekürzt)

M 4 Die Rechte der Vasallen
Kaiser Konrad II. verfügt 1037 in einer Urkunde:
Wir befehlen und verordnen: Kein Lehnsmann von Bischöfen, Äbten, Äbtissinnen oder von Markgrafen, Grafen und Sonstigen, der ein Lehen aus Unseren Reichsgütern oder aus dem Kirchenbesitz jetzt oder künftig besitzt, darf ohne klare und erwiesene Schuld sein Lehen verlieren. Wenn ein Streit zwischen Lehnsherren und Lehnsmannen entsteht, soll der Lehnsmann sein Lehen weiter innehaben, bis der Lehnsherr und der von ihm Beschuldigte zusammen vor Unser Hofgericht kommen und dort die Sache gerecht entschieden werden kann. [...] Ferner verbieten Wir vollständig, dass sich irgendein Lehnsherr herausnimmt, über ein Lehen seiner Lehnsmannen ohne deren Zustimmung einen Tausch, eine Landleihe oder einen Pachtvertrag abzuschließen.
MGH DD K.II., Nr. 244 (gekürzt und vereinfacht)

M 5 Die Pflichten der Vasallen
Kaiser Friedrich I. erlässt 1158 ein Lehnsgesetz:
Niemandem ist es erlaubt, sein Lehen oder einen Teil davon zu verkaufen, zu verpfänden oder für sein Seelenheil zu vermachen ohne Erlaubnis des Oberherrn, dem das Lehen gehört. [...] Jeder, der nach dem öffentlichen Aufgebot eines Heereszuges versäumt, in angemessener Frist bei diesem Heereszug zu erscheinen, oder es ablehnt, einen Vertreter zu schicken, soll das Lehen verlieren. [...] Wenn der Sohn des Vasallen den Herrn beleidigt, soll der Vater auf Verlangen des Herrn seinen Sohn dazu bringen, dem Herrn Genugtuung zu leisten, oder soll sich von seinem Sohn trennen. Sonst wird er sein Lehen verlieren.
MGH DD F. I., Nr. 242 (gekürzt und vereinfacht)

M 6 Lehnswesen
Die schematische Darstellung stellt die Verhältnisse vereinfacht dar. Lehen wurden nicht nur von König zu Kronvasall und von Kronvasall zu Untervasall vergeben, sondern auch auf derselben Ebene von Kronvasall zu Kronvasall oder in seltenen Fällen von Untervasall zu Kronvasall. Grundsätzlich waren Lehnsbeziehungen nur unter Freien (Adligen) möglich. Kein Abhängiger konnte daher Lehen vergeben.

---

1. Beschreibe, wie eine Belehnung erfolgte. Sieh dir dazu das Bild M2 an und lies M3.
2. Gestalte einen Text, den Otto gesprochen haben könnte, als er sein Lehen von Kaiser Friedrich bekam. Spielt die Szene nach (M3).
3. Erstelle mithilfe von M4 und M5 eine Tabelle mit den Rechten und Pflichten eines Vasallen. Überlege mit deinem Partner, warum das Lehnsverhältnis so genau geregelt war.
4. Kann der König mit seinen Vasallen sein Reich gut regieren? Erörtert in Partnerarbeit.
5. Manche denken beim Lehnswesen an „böse Herren", „arme Bauern", „Ausbeutung". Erläutere, warum dies eine einseitige Sichtweise ist.

---

ab 8. Jh.: Fränkische Könige vergeben Land als Lehen an Gefolgsleute → Weltliche und geistliche Fürsten ahmen die Lehnsvergabe nach → **10./11. Jh.:** Vasallen setzen die Erblichkeit ihrer Lehen durch → Entstehung eines „Dienstadels" (Ritterstand) → **12. Jh.:** Alle Herzogtümer und Grafschaften sind Lehen des Königs → Bildung selbstständiger Territorien

Wie regiert ein König?

Der König auf Durchreise

Das Königtum des Mittelalters hatte viele Aufgaben: Könige mussten das Reich vergrößern, die Grenzen sichern und im Innern für Recht und Frieden sorgen. Im Auftrag des Papstes schützten sie die Kirche und halfen, den christlichen Glauben zu verbreiten. Der König hätte eigentlich überall gleichzeitig sein müssen, um seine Macht zu zeigen und seine Befehle durchzusetzen. Eine Hauptstadt oder eine Verwaltung wie im Römischen Reich gab es nicht. Deshalb reiste der König fast ohne Pause durch sein Reich, in jedem Jahr einige tausend Kilometer. Er regierte „vom Sattel aus" (**Reisekönigtum**). Reisen war beschwerlich, denn es gab nur wenige befestigte Straßen. Am angenehmsten war noch die Reise zu Schiff stromabwärts auf den großen Flüssen Rhein oder Main.

Der König machte Station in Klöstern wie Lorsch und Fulda, in Bischofsstädten wie Mainz und Köln oder in besonders ausgebauten Königshöfen, den Pfalzen. Wichtige Pfalzen standen in Frankfurt und Aachen. Begleitet wurde der König stets von mehreren hundert bis tausend Mann und doppelt so vielen Pferden. Das Gefolge aus Bischöfen, Äbten und weltlichen Fürsten machte die Würde des Königs weithin sichtbar.

Der reisende Königshof musste überall, wo er Halt machte, versorgt werden. Für Klöster, Bischofskirchen und Pfalzen bedeutete ein langer Aufenthalt des Königs eine riesige Belastung.

Kein König regiert allein

Der König war auf seine mitreisenden Helfer angewiesen: Sie planten seine Reisen, berieten ihn bei seinen Entscheidungen und sorgten für die Ausführung seiner Befehle. Die wichtigsten Hofämter waren: der Marschall für die Ausrüstung des Heeres, der Kämmerer für die Finanzen des Reiches, der Mundschenk für die Getränke und der Truchsess für die Speisen bei den festlichen Hoftagen.

Außerordentlich wichtig für die Macht des Königs war die Hofkapelle. Ihre Mitglieder waren schriftkundige Geistliche. Sie stellten unter der Leitung des Kanzlers alle Urkunden aus und hielten alle vom König gewährten Privilegien schriftlich fest.

Auf Hoftagen traf der König die Fürsten zur Beratung. Hier wurden wichtige Entscheidungen getroffen, Streitfälle entschieden, Recht gesprochen, Boten aus entfernten Teilen des Reiches und Gesandte aus fremden Ländern empfangen.

Der König durfte jeden Rechtsfall entscheiden, konnte aber nicht überall für Ordnung sorgen. Daher ließ er sich vor Ort durch Adlige oder Bischöfe vertreten, die sein Vertrauen besaßen. Das Land ließ er in Grafschaften einteilen. Die Grafen setzten in ihrem Bereich seine Gebote durch, sprachen Recht, verfolgten Verbrecher, zogen Abgaben ein und führten königliche Gebote aus. Königsboten kontrollierten die Grafen. Für die Verwaltung der Grenzgebiete (Marken) sorgten die Markgrafen.

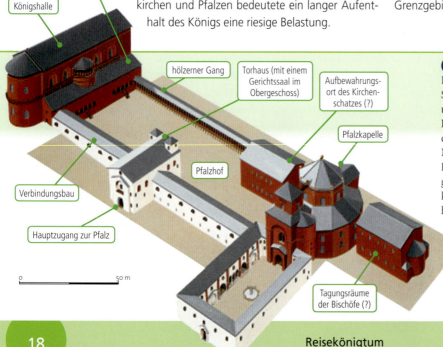

M 1 Die Pfalz in Aachen
Rekonstruktionszeichnung

Solche Pfalzen mit Königshalle (*aula regia*) und Kapelle gab es an vielen Orten im Reich. In der Aachener Pfalzkapelle wurden fast alle deutschen Könige des Mittelalters gekrönt. Nach der Krönung nahmen sie auf dem Thron Karls des Großen Platz, der in der achteckigen Kirche auf einer Empore steht. Die Pfalzkapelle ist noch heute erhalten. Zur Pfalz gehörten viele Wirtschaftsgebäude aus Holz. Sie sind nicht mehr erhalten.

In solchen Bauwerken wohnte der König mit seinem Gefolge für Tage oder Wochen. Dann zogen alle zum nächsten Pfalzort weiter.

Europa im Mittelalter

M 2 Ein König reist durch sein Land

König Otto III. ist Anfang 1002 unerwartet ohne Erben gestorben. Drei Männer bewerben sich um die Krone: Herzog Heinrich von Bayern, Markgraf Ekkehard von Meißen und Herzog Hermann von Schwaben. Obwohl die Mehrheit der Fürsten für den Schwaben ist, lässt sich der Bayernherzog vom Erzbischof von Mainz zum König krönen. Den Erzbischof von Köln hat er zuvor gezwungen, ihm die Reichsinsignien herauszugeben. Danach beginnt er, seine Herrschaft zu sichern – mit einer Reise durch sein Reich:

Mainz, 6./7. Juni 1002: Krönung zum König
Reichenau, 21. - 29. Juni 1012: Heinrich zieht mit seinem Heer gegen Hermann von Schwaben.
Bamberg, 10. Juli: Rechtsangelegenheiten
Kirchberg, 20. Juli 1002: Heinrich nimmt die Huldigung der Thüringer entgegen.
Merseburg, 24. - 28. Juli: Heinrich nimmt die Huldigung der Sachsen entgegen.
Grone, 4. August: Rechtsangelegenheiten
Paderborn, 10. August 1002: Heinrichs Frau Kunigunde wird zur Königin gekrönt.
Duisburg, 16. - 18. August 1002: Heinrich nimmt die Huldigung lothringischer Bischöfe entgegen.
Nimwegen, 24. August – Utrecht, 27. August – Aachen, 9. September: Rechtsangelegenheiten
Bruchsal, 29. September - 3. Oktober: Heinrich nimmt die Unterwerfung von Herzog Hermann von Schwaben entgegen.
Augsburg, 31. Oktober – Regensburg, November/Dezember: Heinrich nimmt die Huldigung der Bayern entgegen. Hier feiert er Weihnachten.
Frankfurt, Januar 1003: Rechtsangelegenheiten
Diedenhofen, 15. Januar 1003: Heinrich hält einen allgemeinen Hoftag und eine Reichssynode (Versammlung aller Bischöfe des Reiches) ab.

Eigenbeitrag Markus Sanke

M 3 Das Reich und seine Teile im 11. Jh. Zusätzlich sind die wichtigsten Pfalzen und sonstigen Aufenthaltsorte der Könige eingetragen.

M 4 Der König und seine Helfer

1. Gestalte mithilfe von M2, M4 und einem Atlas eine Karte, die die Reiseroute König Heinrichs II. 1002 / 03 zeigt. Finde heraus, wie schnell er durchschnittlich reiste.
2. Heinrich und sein Hof wohnten in der Pfalz Aachen (M1) und in ähnlichen Pfalzen. Arbeite heraus, wodurch sie für die Aufgaben von König und Hof besonders geeignet waren.
3. Der „Königsumritt" Heinrichs II. wird von Historikern als geschickte Maßnahme angesehen, seine Macht zu sichern. Beurteile diese Einschätzung mithilfe der Angaben zur Situation des Königs im Jahr 1002 und zu seinen Terminen unterwegs (M2).
4. Fasse mit M1 - M4 und dem Darstellungstext zusammen, wie der König sein Reich regierte.

Bauern und Herren – wer braucht wen?

M 1 Modell eines grundherrschaftlichen Dorfes im 11. Jh. Zeichnung von 1991 nach Ausgrabungen in Holzheim bei Fritzlar (Nordhessen)
Vorne rechts liegt der stärker befestigte Herrenhof (Fronhof), dahinter kleinere Höfe der hörigen Bauern. Vorne links ist ein Gebäude aus Stein zu erkennen: die Kirche. Im Wohnturm im Hintergrund lebte der Dienstmann (Meier), der das Dorf für den Grundherrn verwaltete.

Wer bestimmt über mich?
Wir entscheiden heute selbst, wo wir wohnen und was für einen Beruf wir ausüben wollen. Im Mittelalter waren die Menschen vielfach gebunden und unfrei: Die wichtigste Form dieser Bindung nennt man **Grundherrschaft**.

Herrschaft über Land und Leute
Wer im Mittelalter „Grund und Boden" besaß, der herrschte als „Grundherr" auch über die Menschen, die darauf lebten. Der Grundherr konnte der König selbst sein, ein Adliger oder der Abt eines Klosters, ebenso wie der Bischof eines Bistums. Die Größe des Landbesitzes war sehr unterschiedlich. So hatte der König großen Grundbesitz, der Abt eines Klosters oft nur so viel, dass es für den Unterhalt des Klosters ausreichte.

Alle Grundherren verfügten über Besitz, den sie entweder selbst bewirtschafteten oder an andere verliehen. Als Gegenleistung dafür bekamen sie **Abgaben** und Dienste (**Frondienst**, von mhd. *fro*: Herr). Abgaben mussten die Bauern in Form von ganz unterschiedlichen Produkten leisten. Sie mussten Tiere, Getreide oder andere Erzeugnisse ihrer Arbeit abliefern. Frondienste waren Arbeiten für den Grundherrn auf dessen Hof, dem Fronhof.

Der Grundherr: Herrscher und Beschützer
Der Grundherr war auch Richter in Streitfällen und er sorgte für die Einhaltung von Regeln auf seinem Besitz. Er war für die Kirche im Dorf verantwortlich, entschied, wer Pfarrer wurde, und sammelte die Abgaben ein, mit denen der Pfarrer versorgt wurde (Kirchenzehnt). Er hatte also viel Macht. Diese übte er oft nicht selbst aus, sondern hatte dafür einen Vogt oder Meier.

Der Grundherr war zum Schutz der von ihm abhängigen Menschen verpflichtet. Er konnte z. B. in Notlagen die Abgaben verringern, er konnte Saatgut, Baumaterial oder Zuchtvieh zur Verfügung stellen. Er schützte auch vor Gewalt und Krieg.

Die Abhängigen: Leibeigene und Hörige
Die Beziehungen zwischen dem Grundherrn und den von ihm abhängigen Menschen waren sehr unterschiedlich. Eine Gruppe waren die Leibeigenen: Diese hatten keinen eigenen Landbesitz und verfügten nur über ihren Leib. Sie arbeiteten als Knechte und Mägde auf dem Fronhof des Grundherrn, durften nicht wegziehen und ohne Erlaubnis des Herrn keine Familie gründen. Die Gruppe der Hörigen bearbeitete eine Hofstelle auf dem Grundbesitz ihres Herrn. Sie waren selbstständiger; ihre Abhängigkeit bestand in genau festgelegten Abgaben und Diensten für ihren Herrn.

Ein kleiner Teil der Bauern war frei, das heißt, sie hatten Land in eigenem Besitz. Manchmal begaben sich freie Bauern in den Schutz eines Grundherrn, um keinen Kriegsdienst leisten zu müssen. Oder Hörige wurden zu Leibeigenen, wenn sie ihre Abgaben und Dienste nicht leisten konnten.

Anerkennung der Herrschaft
Die abhängigen Menschen, also die Leibeigenen oder Hörigen, stellten die Grundherrschaft nicht infrage. Sie leisteten nur Widerstand, wenn die Grundherren mehr Abgaben und Dienste forderten, als festgelegt war, und wenn die Grundherren ihren Pflichten zum Schutz nicht nachkamen. Erst in der Neuzeit wurde die Grundherrschaft beendet und der moderne Staat übernahm viele Rechte und Pflichten der Grundherren.

Grundherrschaft   Abgaben   Frondienste

Europa im Mittelalter

M 2 Besitz eines großen Grundherrn

Karl der Große lässt um 800 ein Verzeichnis mit dem Besitz der Grundherren anlegen. Hier wird der Besitz des Bischofs von Augsburg auf der Insel Stefanswert im Staffelsee aufgelistet:

Zu dem *Fronhof* gehören 740 Tagwerk [Tagwerk: Fläche, die man an einem Tag mit Ochsen bearbeiten kann] Ackerland und Wiesen, die 610 Wagenladungen Heu liefern. Wir fanden ferner dort
5 12 große Behälter mit Malz, 1 Pferd, 26 Zugochsen, 20 Kühe, 1 Bulle, 61 Rinder, 5 Kälber, 87 Schafe, 14 Lämmer, 17 Böcke, 58 Ziegen, 12 junge Ziegen, 40 Schweine, 50 Ferkel, 63 Gänse, 50 Hühner, 17 Bienenstöcke. Es gibt eine Tuchmacherei, in
10 der 24 Frauen arbeiten. Es gibt ferner eine Mühle. Es gehören zu demselben Hof 23 ausgegebene *freie Hofstellen*. 6 von ihnen liefern als Abgaben jährlich jeweils 14 große Behälter Getreide, 4 Ferkel, eine festgelegte Menge Flachs, 2 Hühner, 10
15 Eier, eine festgelegte Menge Leinsamen und Linsen. Sie leisten jährlich 5 Wochen Frondienst, pflügen 3 Tagwerk, schneiden eine Wagenladung Heu auf der Herrschaftswiese und bringen es ein, leisten Botendienst. [...]
20 19 *hörige Hofstellen* sind ausgegeben. Jeder ihrer Inhaber gibt jährlich 1 Ferkel, 5 Hühner und 10 Eier, mästet 4 herrschaftliche Jungschweine, pflügt ein halbes Ackerwerk, leistet wöchentlich 3 Tage Fronarbeit, läuft Botendienst, stellt ein Pferd.
25 Sein Weib fertigt ein Hemd und einen Chorrock, braut Malz und bäckt Brot.

Wilfried Hartmann (Hrsg.), Deutsche Geschichte in Quellen und Darstellung, Bd. 1: Frühes und hohes Mittelalter, Stuttgart 1995, S. 67 f. (gekürzt)

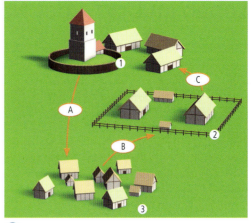

M 3 Wie funktionierte eine Grundherrschaft?

M 4 Was leistet der Grundherr?

Der Agrarhistoriker Werner Rösener schreibt zu den Pflichten der mittelalterlichen Grundherren:

Auf dem Schutz des Herrn beruhte die Sicherheit des bäuerlichen Lebens. Herrenschutz und ungestörter Frieden verschafften den Bauern die Möglichkeit, ihrer Arbeit in Haus, Dorf und Feld nach-
5 zugehen. Diesen Schutz hatte der Herr seinen Hintersassen vor allem vor Gericht und in Kriegszeiten zu gewähren [...]. Die Schutzpflicht des Herrn wurde besonders gefordert, wenn die Bauern durch Kriegsereignisse und Fehden gefährdet
10 waren. Da fehdeführende Ritter und Herren ihre kämpferischen Aktivitäten in erster Linie gegen die hörige Bauernschaft ihrer Gegner richteten und diese mit Raub, Plünderung und Brand überzogen, lag es naturgemäß im ureigensten Interes-
15 se des Grundherrn, seine Bauern vor wirtschaftlicher und persönlicher Schädigung zu bewahren.

Nach: Werner Rösener, Bauern im Mittelalter, München ⁴1995, S. 242 (gekürzt und vereinfacht)

---

1. Beschreibe anhand von M2 die dort festgehaltene Grundherrschaft (als Hilfestellung dient dir M1). Erkläre, warum Karl der Große dieses Verzeichnis des Besitzes anlegen ließ.
2. Arbeite mit deinem Partner: Stellt euch vor, dass einer von euch eine freie Hofstelle, einer eine hörige Hofstelle bearbeitet. Erstellt eine Liste und vergleicht eure Situation.
3. In M3 fehlt die Bezeichnung der Wohn- und Arbeitsbereiche (Ziffern) und der gegenseitigen Leistungen (Buchstaben). Erstelle eine Liste und ergänze.
4. Beschreibe den Schutz durch den Grundherrn (M4).
5. Ein freier Bauer leidet unter der Last des Kriegsdienstes und überlegt, sich einem Grundherrn zu unterstellen. Ihr seid ein höriger Bauer und beratet ihn. Gestaltet dazu einen Dialog und tragt ihn vor.

Leben im Dorf – der Natur ausgeliefert?

M 1 Das Dorf Heudorf bei Konstanz Zeichnung, Wasserfarben auf Papier, 1576. Die Quelle stammt zwar erst aus dem Jahr 1576, aber die abgebildeten Zustände gab es so auch schon im Spätmittelalter.

Das Dorf

Historiker nennen die mittelalterliche Gesellschaft eine **Agrargesellschaft** – warum?
Die allermeisten Menschen des Mittelalters lebten in **Dörfern** auf dem Land. Typisch war das „Haufendorf": Die Bauernhöfe mit Wohngebäuden, Ställen und Gärten lagen im Dorfkern zusammen. Um ihn schloss sich ein Ring von Äckern, die in Streifen geteilt waren und von den einzelnen Bauern bewirtschaftet wurden. Daran grenzte ein weiterer Ring mit Weide- und Waldflächen, die von allen Bauern gemeinsam genutzt wurden (Allmende). Auf die Weide wurde das Vieh getrieben, der Wald war Futterplatz für Schweine und wichtige Quelle für Brennholz, Beeren und Honig.
Um zu verhindern, dass das Vieh fortlief oder wilde Tiere ins Dorf kamen, wurde es oft mit einem Holzzaun umgeben. Er umfasste den Bereich, in dem der Frieden des Dorfes galt, und war rechtliche Grenze der Dorfgemeinschaft. Wichtiger Mittelpunkt des Dorfes war die Kirche. Da sie oft das einzige Gebäude aus Stein war, bot sie auch bei Überfällen Schutz.
Die freien Bauern eines Dorfes versammelten sich mindestens einmal im Jahr in der Gemeindeversammlung, in der sie die gemeinschaftlichen Aufgaben regelten und auch zu Gericht saßen.

Die Natur wird nutzbar gemacht

Zwischen den Jahren 1000 und 1300 hat sich die Bevölkerung in vielen Teilen Europas fast verdreifacht. Dieses große Bevölkerungswachstum verwandelte auch das Land. Die Menschen begannen, immer mehr Wälder für die Landwirtschaft großflächig zu roden und Sümpfe trocken zu legen. Für diese sehr anstrengenden Arbeiten erhielten die abhängigen Bauern oft Zugeständnisse, so wurden sie z. B. zeitweilig von Abgaben und weiteren Diensten befreit. Denn die Fürsten profitierten selbst auch von diesem **Landesausbau**.
Um die Erträge der Felder weiter zu steigern, wurden neue Anbaumethoden und Geräte eingesetzt. So verwendeten die Menschen bessere Pflüge, die den Boden nicht nur auflockerten, sondern auch wendeten. Etwa gleichzeitig wurde das Kummet erfunden, ein gepolsterter Ring, der über Schulter und Brust von Zugtieren gelegt wurde. Mit ihm konnten Rinder und Ochsen mehr Gewicht ziehen. Alle Neuerungen verhalfen dazu, dass bis etwa 1300 die Ernteerträge um das Doppelte, teilweise sogar das Dreifache gesteigert wurden. Die Bauern konnten nun auch die Bevölkerung in den Städten versorgen und ihre Produkte auf dem Markt verkaufen. So wurde mancher Bauer zum Ende des Mittelalters durchaus wohlhabend.

Dennoch der Natur ausgeliefert?

Der Tagesablauf und die Arbeiten der Bauern waren bestimmt von den Jahreszeiten und dem Wechsel von Tag und Nacht. Trotz aller Neuerungen waren die Menschen abhängig von der Natur. Jede neue Ernte wurde mit banger Hoffnung erwartet. Denn starker Regen oder Trockenheit, Stürme, Hagel oder Frost führten zu Missernten und bedeuteten immer Hunger. Getreidefäule und Viehseuchen bedrohten das Leben der Menschen. Eine lange Vorratshaltung war nicht möglich.
Häufig sahen die Menschen Naturkatastrophen als Strafe Gottes und hofften daher umso mehr, dass ein göttliches Wunder sie vor dem Schlimmsten bewahren werde.

Europa im Mittelalter

M 2 Der Bischof und die Wettermacher
Der gelehrte Erzbischof Agobard von Lyon (reg. 814-840) verurteilt in einer Schrift den seinerzeit verbreiteten Glauben an „Wettermacher":

Hier glauben fast alle Menschen, adlige wie einfache Leute, Städter wie Landleute, dass Hagel und Gewitter von Menschen gemacht werden können. Sie sagen nämlich, sobald sie Donner hören und
5 Blitze sehen, dass die Luft durch Zaubersprüche von Leuten, die Wettermacher genannt werden, „befreit" werde. Wir sehen zuweilen, dass die Bauern, nachdem Ernte und Weinlese eingebracht sind, wegen der Dürre nicht an die Aus-
10 saat gehen können. Warum verlangt ihr nicht von euren Wettermachern, dass sie die „befreiten Lüfte" schicken, durch die die Erde bewässert werde? Aber das habt ihr nicht getan und habt nie gesehen und gehört, dass es einer tut.

Nach: Ulrich Nonn (Hrsg.), Quellen zur Alltagsgeschichte im Früh- und Hochmittelalter I, Darmstadt 2003, S. 57 (stark gekürzt und vereinfacht)

M 3 Arbeiten im Jahreslauf
Buchmalerei aus einer französischen Handschrift, um 1470

In Bologna schrieb Petrus de Crescentiis um 1300 ein Lehrbuch über „die erfolgreiche Landwirtschaft". Es wurde in viele Sprachen übersetzt und war lange Zeit sehr verbreitet. Im letzten Kapitel schrieb Petrus, was ein Bauer in jedem Monat tun soll.

---

1. Ordne die hier genannten Tätigkeiten jeweils einem Bild aus dem Bilderzyklus M3 zu: Aussäen, Mähen mit der Sense, Weintrauben keltern, Boden mit der Spitzhacke lockern, Schafe scheren, Boden umgraben, Weinreben zurechtschneiden, Getreide dreschen, Getreide mit der Sichel mähen, Schwein schlachten, einen Adligen zur Jagd begleiten, Schweine zur Mast in den Wald treiben.
2. Erkläre, warum manche Menschen an Wettermacher glaubten (M2).
3. „Die Bauern waren der Natur hilf- und schutzlos ausgeliefert." Überprüfe diese Aussage, indem du Text und Materialien zurate ziehst.
4. Diskutiert, ob ihr der folgenden Behauptung zustimmen könnt: „Wir sind heute der Natur nicht mehr so ausgeliefert wie die Menschen im Mittelalter." Recherchiert dazu, wie unsere Nahrungsmittel hergestellt werden und welche Folgen Naturkatastrophen haben.

---

ab 8. Jh.: langsame Durchsetzung der Dreifelderwirtschaft | 10. Jh.: Einführung des Räderpflugs mit eiserner Pflugschar (Wendepflug) | 11. Jh.: Einführung des Kummet zur Anspannung der Zugtiere | 12. Jh.: erste Windmühlen | 13. Jh.: Die Sense ersetzt mehr und mehr die Sichel | um 1300: Ertrag der Landwirtschaft seit 800 verdoppelt; Erträge bleiben auf diesem Niveau bis um 1800

Blütezeit der Rodungen

Burgen und Ritter – ein ideales Leben?

M 1 Wie Ritter gesehen werden wollten Buchmalereien aus dem „Codex Manesse", einer Liederhandschrift, die um 1300 geschaffen wurde Erkennungszeichen der Ritter waren u. a. ihr Wappen und die Gestaltung ihres Helms (Helmzier).

Das Rittertum entsteht

Denken wir an das Mittelalter, fallen uns sofort Burgen und Ritter ein. Allein in Deutschland gab es geschätzt über 20 000 **Burgen** oder „feste Häuser". Sie boten den adligen Familien mit all ihren Untergebenen Schutz und waren sichtbare Zeichen der herausgehobenen Stellung ihrer Besitzer.

Ursprünglich verwalteten unfreie Dienstmannen (Ministerialen) das Land des Königs oder eines Fürsten von den Burgen aus. Daneben dienten sie ihm als schwer bewaffnete Panzerreiter und erhielten dafür Abgaben der Bauern oder die Burg als Besitz. Zunehmend sahen sich die Ministerialen als Berufskrieger und bezeichneten sich selbstbewusst als Ritter. Sie wurden immer unabhängiger, bauten eigene Burgen, benannten sich nach ihren Burgen und durften diese schließlich als Familienbesitz vererben. Das **Rittertum** gehörte nun zum Adel.

Ideale Ritter?

Um sich von den Bauern abzugrenzen, schufen sich die Ritter eigene Regeln und Werte – eine höfische Lebensweise. Ein idealer Ritter diente seinem Herrn treu, beschützte Wehrlose und war tapfer und gerecht im Kampf. Als Verteidiger des christlichen Glaubens schützte er die Kirche und zog für diese auch in den Krieg. Ritterlich war er aber erst, wenn er sich so gut benahm, dass er sich selbst am Hof eines Fürsten oder gar des Königs nicht blamierte: beim Essen und Trinken, beim Turnier oder beim Minnedienst – dem kunstvollen Werben um die Gunst einer adligen Dame. Der Ritter wurde so schnell ein Vorbild. Noch heute zeugen die Wörter „höflich", „ritterlich" und „Kavalier" (franz. *chevalier*: Ritter) davon.

Die Ausbildung zum Ritter war lang. Mit sieben Jahren kam der Junge auf eine fremde Burg und lernte als Page reiten, jagen und höfische Lebensart. Als Knappe (14 Jahre) lernte er den Umgang mit Schwert und Lanze und unterstützte den Ritter im Kampf und bei Turnieren. Mit 21 Jahren wurde er in der Schwertleite feierlich zum Ritter geweiht. Mädchen beschäftigten sich mit Themen der Hauswirtschaft. Nicht selten wurden sie auch auf fremden Burgen erzogen. Dort lernten sie Lesen, Schreiben, Musik und Heilkunde, aber auch Reiten und Jagen. Manche Frauen waren sehr gebildet und erreichten als Damen am Hof hohes Ansehen.

Ein raues Leben

Oft war der Besitz eines Ritters aber so klein, dass die Abgaben gerade für den Lebensunterhalt reichten und er sich kaum von einem Bauern unterschied. Dann war sein Alltag alles andere als ein höfisch feines Leben. Die Burgen boten nur wenig Wohnkomfort. Viele waren eher bescheidene Steinhäuser, und in den großen Burgen gab es nur wenige beheizte Räume. In Kriegszeiten suchten die Bauern mit ihrem Vieh Schutz auf der Burg.

Im Krieg verhielten sich viele alles andere als ritterlich: Gewalttätige Ritter verwüsteten Dörfer und Felder ihrer Feinde, plünderten Burgen und Klöster und töteten die dort lebenden Menschen.

Seit dem späten Mittelalter wandelte sich die Kriegsführung, sodass die Ritter sich stark anpassen mussten. Vielen Hochadligen waren die freien Ritter beim Aufbau eines einheitlichen Herrschaftsgebietes im Weg. Wer sich nicht anpassen konnte oder wollte, verarmte häufig. Statt dem höfischen Ideal zu folgen, zog mancher Ritter nun als Raubritter plündernd durch die Gegend.

Europa im Mittelalter

M 2 Ritterliche Pflichten
Im Versroman „Tristan" (Gottfried von Straßburg, um 1200) wird der neue Ritter Tristan von seinem königlichen Onkel belehrt:

Sieh, Tristan, mein Neffe, jetzt, da dein Schwert gesegnet ist und du Ritter geworden bist, denke nach über ritterliche Werte und über dich und wer du bist. Deine Abkunft und Würde halte dir
5 vor Augen. Sei bescheiden und aufrichtig, wahrhaftig und wohlerzogen. Sei gütig zu den Elenden und stolz zu den Mächtigen. Pflege und verbessere deine äußere Erscheinung. Ehre und liebe alle Frauen. Sei freigebig und verlässlich, und arbeite
10 immer daran.

Gottfried von Straßburg, Tristan, neu herausgegeben und übersetzt von Rüdiger Krohn, Stuttgart ²1981, S. 307 f.

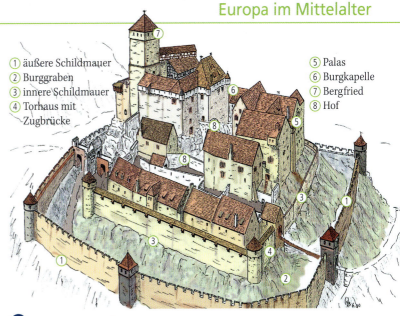

① äußere Schildmauer
② Burggraben
③ innere Schildmauer
④ Torhaus mit Zugbrücke
⑤ Palas
⑥ Burgkapelle
⑦ Bergfried
⑧ Hof

M 4 Burg Hohenbaden
Rekonstruktionszeichnung des Zustandes um 1450

M 3 Alltag eines Burgherrn
Der fränkische Ritter Ulrich von Hutten schreibt 1518 einem Freund über das Leben auf seiner Burg bei Fulda. Sieht man vom Schießpulver ab, dürfte es 300 Jahre früher ähnlich gewesen sein.

Die uns ernähren, sind bettelarme Bauern, denen wir unsere Äcker, Weinberge, Wiesen und Wälder verpachten. Der einkommende Ertrag ist, gemessen an der aufgewandten Mühe, geringfügig […].
5 Sodann müssen wir uns in den Dienst eines Fürsten stellen, von dem wir Schutz erhoffen. Wenn ich das nicht tue, glaubt jeder, er könne sich alles gegen mich erlauben. Aber auch wenn ich es tue, ist diese Hoffnung täglich mit Gefahr und Furcht
10 verbunden. Gehe ich nämlich von zu Hause fort, so muss ich fürchten, auf Leute zu stoßen, mit denen der Fürst […] Krieg führt und die mich seinetwegen anfallen und wegschleppen. […] Deswegen halten wir uns Pferde und Waffen und um-
15 geben uns mit zahlreichem Gefolge, alles unter großen und spürbaren Kosten. […]
Die Burg selbst, ob sie auf dem Berg oder in der Ebene liegt, ist nicht als angenehmer Aufenthalt, sondern als Festung gebaut. Sie ist von Mauern
20 und Gräben umgeben, innen ist sie eng und durch Stallungen für Vieh und Pferde zusammengedrängt. Daneben liegen dunkle Kammern, vollgepfropft mit Geschützen, Pech, Schwefel und sonstigem Zubehör für Waffen und Kriegsgerät.
25 Überall stinkt es nach Schießpulver; und dann die Hunde und ihr Dreck, auch das – ich muss es schon sagen – ein lieblicher Duft!
Reiter kommen und gehen, darunter Räuber, Diebe und Wegelagerer. Denn fast für alle stehen
30 unsere Häuser offen, weil wir nicht wissen, was das für Leute sind, oder uns nicht danach erkundigen.
Man hört das Blöken der Schafe, das Brüllen der Rinder, das Bellen der Hunde, das Rufen der auf
35 dem Feld Arbeitenden, das Knarren und Rattern der Fuhrwerke und Karren; ja sogar das Heulen der Wölfe hört man in unserem Haus, weil es nahe am Wald liegt.

Nach: Arno Borst, Lebensformen im Mittelalter, Frankfurt a. M. 1979, S. 173 f

Internettipp:
Mehr zum Leben auf Burgen und über Belagerungen erfährst du unter 31042-02

---

1. Fasse mithilfe von M1, M2 und dem Darstellungstext Pflichten und Tugenden der Ritter in einer Tabelle zusammen.
2. Im Darstellungstext werden Handlungen von Rittern genannt, die nicht zu M2 passen. Stelle sie den Idealen gegenüber und begründe sie.
3. Ulrich von Hutten schildert das Leben auf der Burg als beschwerlich (M3). Antworte ihm aus der Perspektive eines seiner Bauern.
4. Überprüft, ob es in eurem Heimatraum Burgen oder Burgruinen gibt. Tragt Informationen zusammen und plant eine Besichtigung.

---

10. Jh.: Starke Zunahme von Burgen aus Holz in Mitteleuropa	12. Jh.: Fast alle neuen Burgen werden aus Stein gebaut, alte Burgen steinern erneuert	1320er-Jahre: Einführung des Schießpulvers (Feuerwaffen)	Burgen werden immer stärker befestigt	Das Schloss ersetzt die Burg als Wohnsitz des Adels
900 · 1000	1100 · 1200	1300 · 1400	1500	1600 · 1700

Warum sind die Klöster so wichtig?

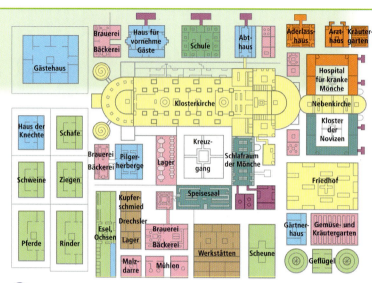

M 1 Grundriss eines Klosters aus dem 9. Jh. Umzeichnung des St. Galler Klosterplans
Der St. Galler Klosterplan von 832 ist der älteste Architekturplan Europas. Er zeigt die Gebäude eines idealen Benediktinerklosters.

- Gottesdienst
- Wohnen
- Schlafen, Essen
- Handwerk
- Landwirtschaft
- Kochen usw.
- Lernen
- Gesundheit

Erinnerst du dich?
Du hast im letzten Schuljahr bereits Mönche kennengelernt, z. B. Bonifatius. Die **Klöster**, in denen Mönche oder Nonnen lebten, spielten bei der Ausbreitung des Christentums eine große Rolle. Vieles, was die Menschen im Mittelalter taten, beruht auf ihrer **Frömmigkeit**. Noch immer gibt es in vielen Orten Klöster, die dich zu einem Besuch einladen.

Was ist ein Kloster?
Das Kloster St. Gallen (Schweiz) besitzt einen Plan aus der Zeit um 830, der uns zeigt, wie ein „optimales Kloster" im Mittelalter aussehen sollte. Bei dieser Zeichnung handelt es sich nämlich um einen Idealplan: Die Umsetzung war in jedem Kloster anders, denn sie berücksichtigte die Umgebung und Größe des Klosters und die besondere Ausrichtung der jeweiligen Ordensgemeinschaft.
Das Kloster war aber immer eine Ansammlung von Gebäuden, die von einer Mauer umgeben waren. Im Zentrum stand immer die Kirche. An sie war ein quadratischer Gang angebaut, der Kreuzgang. An ihm lagen weitere Räume, in denen die Ordensleute arbeiteten, aßen oder schliefen.
Um diesen „inneren Bereich" des Klosters waren Wirtschaftsgebäude angeordnet. Hier wurde die Nahrung der Klosterbewohner zubereitet, wurden Reisende, Pilger und Gäste beherbergt oder Arme und Kranke versorgt. In wieder anderen Räumen waren **Klosterschule** und Bibliothek eingerichtet. Klöster wurden in ganz Europa ähnlich gebaut.

Wie leben die Mönche und Nonnen?
Wenn Menschen an einem Ort zusammen leben, brauchen sie Regeln, die den Alltag und den Umgang miteinander ordnen. Eine solche Regel für Mönche hat Benedikt von Nursia im 6. Jh. in Italien geschrieben. Benedikt wollte, dass die Mönche sich das Leben Jesu zum Vorbild nehmen.
Benedikts Regel wurde ein Vorbild für verschiedene Gemeinschaften: Manche Christen wollten ihren Mitmenschen dienen, manche sahen in Einsamkeit mit Gott ein Ziel, wieder andere wollten den Glauben in die Welt tragen. So wurden später verschiedene **Orden** von Mönchen und Nonnen gegründet. Einer ist der Franziskanerorden, der nach Franz von Assisi benannt ist. Seine Mitglieder leben in Armut und setzen sich für die Armen und Ausgeschlossenen ein.

Nicht nur beten und singen!
Im Mittelalter, in einer Welt von Bauern und Kriegern, waren Mönche und Nonnen fast die einzigen Schriftkundigen. Sie lernten Latein, lasen die alten Werke der frühen Christen, aber auch die Werke der römischen und griechischen Antike. Die Bibliotheken in den reichen Klöstern waren richtige Schatzkammern: Wertvolle Bibeln, reich bebilderte Gesang- und Messbücher standen neben wissenschaftlichen Werken. In den großen Klöstern gab es oft einen eigenen Raum, das Skriptorium, für das Abschreiben von Büchern, aber auch für das Verfassen von eigenen gelehrten Werken.
Für all diese Aufgaben benötigten die Mönche Bauern, die ihnen Abgaben lieferten. Die größten Klöster, die das Land für ihren Unterhalt direkt vom König bekamen, erfüllten vielfältige Aufgaben für ihn. Sie mussten den König auf seinen Reisen empfangen und versorgen, im Krieg stellten sie ein Aufgebot an Kämpfern und standen ihm als Berater zur Verfügung. Auch für die Pflege der Armen und der Kranken verwendeten die Klöster einen Teil ihrer Einnahmen.

Kloster Frömmigkeit Klosterschule Orden

Europa im Mittelalter

M 2 Klosterschulen im Mittelalter
Der Mittelalter-Historiker Arno Borst beschreibt, was und wie in den Klosterschulen gelernt wurde:

Die Klosterschüler sind in den Tageslauf eingespannt, feiern Gottesdienste und Gebete mit und halten nicht länger Mittagsschlaf als die Erwachsenen. Während diese arbeiten, haben die Jungen
5 Unterricht. Für Freizeit und Spiel bleibt fast keine Zeit. Der Klosterschüler lernt Latein, er braucht es täglich beim Gebet und im Umgang mit Brüdern. Im Kloster wird nicht leise gelesen, sondern vernehmlich, das heißt gemeinsam. Die Kloster-
10 schule bot lebende Vorbilder: der gütige Lehrer und der reife Mitbruder. Sie übte das Miteinanderreden und -schweigen ein. Durch Auswendiglernen schulte sie Gedächtnis und Benehmen; schließlich ging das Gelernte in Fleisch und Blut
15 über. Auch die Strafen, ehrenrührige Schläge, wollten den ganzen Menschen formen. Die Schule ist das wichtigste Mittel sozialen Aufstiegs. Ein Bauern- oder Schifferssohn kann durch Leistung die Grenzen seines Lebenskreises überwinden.

Nach: Arno Borst, Lebensformen im Mittelalter, Frankfurt a. M. 1979, S. 566-575 (gekürzt und vereinfacht)

M 4 Armenpflege
Die Regel des französischen Klosters Cluny vom Ende des 10. Jh. schreibt u. a. vor:

Im Eingangsbereich des Klosters wird gemäß der Regel des heiligen Benedikt ein Gästehaus für die Armen eingerichtet, in dem immer Betten stehen und ein Herd zur Erwärmung des Wassers für die
5 Fußwaschung und zur Erquickung der vor Kälte gekrümmten Armen. Es ist unerschütterliche Gewohnheit, dass die Armen und Fremden bei uns keineswegs mit den gewöhnlichen Lebensmitteln der Knechte beköstigt, sondern mit demselben
10 Essen in reichem Maße gesättigt werden, das vom Tisch der Brüder aufgelesen wird. Alles, was überhaupt von den Brüdern übriggelassen wird, dient als Spende für die Armen. Wenn sie Kleidung oder Schuhwerk benötigen, holt der Gast-
15 bruder umgehend den Kämmerer [Verwalter der Kleiderkammer], damit dieser nach Anzahl der Armen weiß, wie viel heranzuschaffen ausreicht.

Kassius Hallinger (Hrsg.), Corpus Consuetudinum Monasticarum 7.3, Siegburg 1984, S. 24-26 (gekürzt und vereinfacht)

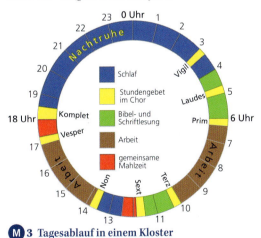

M 3 Tagesablauf in einem Kloster

M 5 Schreiber bei der Arbeit
Initiale (Anfangsbuchstabe) aus einer Bibel, Hamburg, um 1255
Ein Mönch markiert die Seitenaufteilung mit Lineal und Messer. Das Messer diente auch zum Radieren. Für eine prachtvolle Bibel in Pergament (enthaarte, geglättete Tierhaut) wurden die Häute von ca. 200 Schafen benötigt. Eine vollständige Bibel konnte so viel kosten wie ein kleines Landgut.

---

1. Erkläre Besuchern eines mittelalterlichen Klosters, wie das Leben dort funktionierte.
2. Finde anhand der Materialien M1 bis M5 heraus, inwiefern das Leben in einem Kloster Disziplin, Demut und Gehorsam förderte.
3. Arbeite heraus, was Klosterschüler im Mittelalter lernen (M2). Vergleiche die Klosterschule mit deiner Schule.
4. Arbeitet heraus, wie Mönche mit den Armen umgingen (M4). Erörtert, ob ihre Hilfe ausreichte. Vergleicht mit heutigen Einrichtungen.
5. Forschungsauftrag: Informiere dich, welche Klöster es in deiner Umgebung gibt. Finde heraus, ob dort noch Ordensleute leben. Trage die Information zusammen und stelle das Kloster deiner Klasse kurz vor.

- 529: Benedikt von Nursia gründet auf dem Monte Cassino ein Kloster und gibt ihm eine Regel
- 910: Gründung des Benediktinerklosters Cluny in Frankreich
- 1098: Cluny ist das reichste Kloster der Welt; in Citeaux wollen Mönche ärmer leben: Der Zisterzienserorden entsteht
- 1210: Franz von Assisi gründet die Franziskaner: Bettelmönche
- 1215: Dominikus gründet die Dominikaner: Prediger, Missionare

Jerusalem – eine heilige Stadt?

M 1 Mitte der Welt
Ebstorfer Weltkarte, um 1300 (Ausschnitt)
Die „Ebstorfer Weltkarte" zeigt die Erde als Scheibe mit 3,6 m Durchmesser. Der Ausschnitt zeigt die Stadt Jerusalem, die nach biblischer Angabe 12 Tore hatte. In den Stadtmauern ist ein thronender Christus gezeichnet. Jerusalem bildet das Zentrum der Ebstorfer Weltkarte.

[1] Schrein: Aufbewahrungsort-/behältnis für kostbare bzw. heilige Gegenstände

M 2 Dreimal Jerusalem
Fotos von 2016
① Die „Klagemauer" ist der einzige erhaltene Rest des zweiten jüdischen Tempels.
② Die Grabeskirche wurde über dem Grab von Jesus gebaut.
③ Der Felsendom ist der älteste erhaltene Kultbau des Islam.

Eine Stadt, die prägt
Jerusalem war auch im Mittelalter eine besondere Stadt. Was machte diese Stadt aber so besonders, dass Künstler sie auf Karten ins Zentrum der bekannten Welt rückten? Ihre Einzigartigkeit liegt in ihrer Geschichte und ihrer Bedeutung für die drei großen **monotheistischen Weltreligionen**: Judentum, Christentum und Islam.

Jüdischer Tempel
Nach der Bibel wurde vor etwa 3000 Jahren unter König Salomon der erste jüdische Tempel auf dem Berg Moriah in Jerusalem erbaut. In ihm fanden alle wichtigen Gottesdienste und Zeremonien statt. Im Innern wurde die Bundeslade mit den Geboten Gottes aufbewahrt. Nach jüdischem Glauben wurde der Tempel auf dem Berg errichtet, auf dem Abraham seinen Sohn Isaak nicht für Gott opfern musste. Der erste Tempel wurde 596 v. Chr. durch die Babylonier zerstört, ein zweiter aber im Jahre 516 v. Chr. wieder aufgebaut. Nach der Zerstörung des zweiten Tempels im Jahre 70 n. Chr. und der Vertreibung der Juden durch die Römer ist kein weiterer gebaut worden. Heute stehen nur noch Reste der westlichen Mauer am Rand des Tempelberges.

Leben und Tod Jesu Christi
Für Christen hat Jerusalem besondere Bedeutung, da Jesus während seines Lebens hier gewirkt und sich ebenfalls im Tempel aufgehalten haben soll. Vor allem ist Jerusalem nach christlicher Überlieferung der Ort der Verurteilung und Hinrichtung Jesu am Kreuz auf dem Berg Golgatha. Über dem Kreuzigungsort und der darunterliegenden Grabstelle, an der Jesus nach christlichem Glauben auferstand, ist seit dem 4. Jh. die Grabeskirche zu finden, die von Kaiser Konstantin I. in Auftrag gegeben wurde. Sie war und ist Ziel zahlreicher christlicher Pilger und Wallfahrer.

Felsendom und al-Aqsa-Moschee
Auch für Muslime spielt der Tempelberg eine zentrale Rolle in ihrem Glauben. Der Tempelberg ist heute der Ort eines der wichtigsten Heiligtümer der Muslime: des Felsendoms. Der Überlieferung nach ist dieser 691 n. Chr. um den Felsen gebaut worden, von welchem Mohammed, der Prophet des Islam, seine Himmelfahrt zu Gott angetreten haben soll. Der Felsendom gilt nicht als Moschee, sondern eher als Schrein[1]. Ebenfalls befindet sich auf dem Tempelberg die al-Aqsa-Moschee, die nach der Eroberung Jerusalems 637 durch Muslime neben dem Felsendom errichtet wurde.

Fenster zur Welt: Jerusalem

M 3 Drei Religionen auf einem Fleck
Karte von 2014
Die Karte zeigt die heutige Altstadt von Jerusalem mit Unterteilungen, die anzeigen, welche Religion an welchem Ort ihre heiligen Stätten hat und welche sie auch für sich beansprucht.

M 4 Warum eigentlich Jerusalem?
Der israelische Arzt und Journalist Gil Yaron schreibt über die Bedeutung Jerusalems und die daraus entstehende Problematik:

Die Stadt Jerusalem spielt in den drei monotheistischen Religionen eine zentrale Rolle. Seit rund 1300 Jahren steht sie im Mittelpunkt der politischen Ambitionen jeder Großmacht in Nahost.
5 Weshalb errang ausgerechnet Jerusalem eine so zentrale Bedeutung?
Offensichtliche Kriterien entfallen schon nach kurzer Prüfung. Die Stadt entbehrt jeder strategischen Bedeutung. Sie liegt abseits der Via Maris,
10 der wichtigen Handelsstraße der Antike entlang der Mittelmeerküste, an der seit Menschengedenken große Imperien um Reichtum und Macht rangen. Jerusalem verfügt über keine Naturschätze. Es beherrscht keine fruchtbaren Ebenen, die eine
15 stattliche Bevölkerung ernähren könnten, sondern liegt an der Grenze zur Wüste. Sie befindet sich nicht auf dem höchsten Berg der Umgebung. Daher bot sie ihren Bewohnern nie die erhoffte Sicherheit. Die zentrale Bedeutung Jerusalems rührt
20 nicht von ihrer Beschaffenheit her, sondern von ihren religiösen Zuschreibungen. So konzentriert sich der Konflikt auf den Moriahberg, der seit Menschengedenken als heilig gilt. Lange bevor Salomon den ersten jüdischen Tempel über dem Fel-

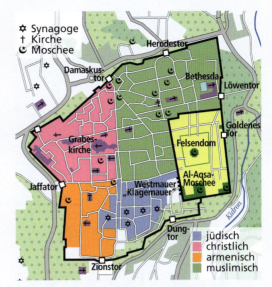

25 sen auf dem Berg errichtete, beteten hier wahrscheinlich bereits Jebusiter. Deutlich ist das Motto: „Einmal heilig – immer heilig" erkennbar: Jede siegreiche Religion übernahm die Heiligkeit des Berges Moriah, deutete seine Rolle auf eigene Wei-
30 se um und fügte ihn in die eigene Religion ein. So entstanden am selben Ort zwei jüdische Tempel. Später errichteten die Römer hier einen Tempel für Zeus und Jupiter, auf dessen Überresten die Muslime eine Moschee bauten, die die Kreuzritter
35 zu einer Kirche umfunktionierten. [...]
So hat Jerusalem vielleicht nicht trotz, sondern wegen seiner Schwächen seinen heutigen Stellenwert erlangt, der seit dem Altertum Fantasie und Träume gleichermaßen wie Hass und Neid her-
40 vorbringt.

Nach: Gil Yaron, Jerusalem, Ein historisch-politischer Stadtführer, München ³2014, S. 13 ff. (vereinfacht und gekürzt)

Internettipp:
Informationen über die drei monotheistischen Weltreligionen und ihren Bezug zu Jerusalem:
31042-03

---

1. Ihr habt in eurer Klasse Besuch von einem buddhistischen Austauschschüler. Du möchtest ihm erklären, warum Jerusalem für Christen, Muslime und Juden eine so wichtige Bedeutung hat (Darstellungstext). Gestalte einen Dialog zwischen dir und deinem Gast.
2. Auf der heutigen Altstadtkarte von Jerusalem (M3) kannst du verschiedene Unterteilungen erkennen. Beschreibe, was dir auffällt, und erkläre, was das für das Zusammenleben in Jerusalem bedeutet.
3. Arbeite aus M4 heraus, welche Gründe gegen eine zentrale Bedeutung Jerusalems im Laufe der Geschichte sprechen, welche dafür.
4. Gil Yaron schreibt, dass Jerusalem in der Geschichte „Fantasie und Träume, Hass und Neid" hervorgebracht hat (M4). Erkläre dies unter Verwendung von M2 und M3.
5. Drei Religionen – eine Heilige Stadt. Stelle Probleme dar, die im heutigen Alltag aus dieser Situation entstehen können. Entwickle anschließend mögliche Lösungen.

Kreuzzüge – Ursachen und Beweggründe

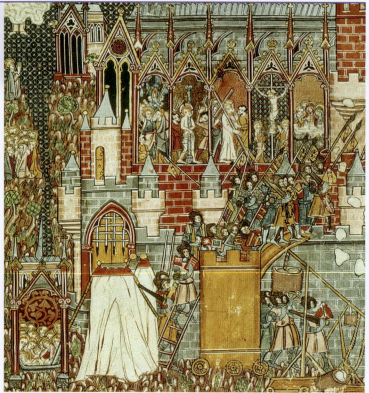

M 1 Christus und die Kreuzritter
Französische Buchmalerei, um 1300
Jerusalem, 1099. Ein Heer aus Europa belagert die Stadt wochenlang. Am 15. Juli dringen die Ritter mithilfe von Belagerungstürmen in die Stadt ein und richten ein furchtbares Blutbad an. Das Bild vermischt das Ereignis von 1099 mit Szenen aus der Bibel.

[1] Chronist: Gelehrter, der geschichtliche Ereignisse „chronologisch", also in zeitlicher Ordnung, niederschreibt

Ausdehnung und Eroberung
Bis in das 11. Jh. hinein dehnten muslimische Herrscher und Völker in immer neuen **„Heiligen Kriegen"** den Islam und ihre Herrschaft aus. Muslimische Fürsten gründeten Reiche im Nahen Osten, in Nordafrika und bis hin nach Spanien.
Die türkischen Seldschuken bedrohten auch das byzantinische Kaiserreich. 1071 fügten sie Byzanz eine schwere Niederlage zu, und 1073 nahmen sie Jerusalem ein. 1095 rief der byzantinische Kaiser schließlich Papst **Urban II.** und die christlichen Fürsten Europas um Hilfe an.

Gott will es!
Ebenfalls 1095 traf sich der Papst im französischen Clermont mit 300 Bischöfen und einigen Rittern. Dort hielt er vor den Versammelten eine Rede und rief zu einer „bewaffneten Wallfahrt" gegen die „Feinde des Christentums" und zur Befreiung Jerusalems auf. Die Chronisten[1] berichten davon, dass die Anwesenden in Sprechchören „Gott will es!" (lat. *deus lo vult*) gerufen und sich Stoffkreuze an die Kleidung geheftet haben sollen. Die Botschaft des Papstes verbreitete sich durch Wanderprediger und Bischöfe in ganz Europa. 1096 sammelten sich kampfbereite Ritter an verschieden Orten zum ersten **Kreuzzug**, den sie – wie die Muslime – als „Heiligen Krieg" betrachteten.

Ritter und Pilger
Neben der Hilfe für die Christen im Osten hatte die **Kirche** noch andere Gründe, die Ritterschaft Europas in Richtung Jerusalem zu schicken. Verarmte Ritter waren es nämlich, die in zahlreichen Fehden Bauern und Klöster durch Raub und Zerstörung in Mitleidenschaft zogen. So konnte die Kirche Europa zum Teil befrieden und gleichzeitig den Rittern eine neue Aufgabe zuweisen.
Die Ritter, die „das Kreuz nahmen" (am Kreuzzug teilnahmen), brachen 1096 unter der Führung von Fürsten und Bischöfen in Westeuropa auf. Sie sahen sich als „bewaffnete Pilger". Die Kreuzritter verbanden den religiösen Gedanken der Pilgerschaft zur Vergebung der Sünden mit dem ritterlichen Kampf gegen „Feinde des Christentums".
Doch nicht nur Ritter, sondern auch unbewaffnete, arme Menschen schlossen sich dem Vorhaben an. Die Gründe dafür waren verschieden. Aber die Vergebung der Sünden spielte für viele sicher die wichtigste Rolle.

Eroberung Jerusalems
Der Zug gelangte über Konstantinopel im Juni 1099 nach Jerusalem. Von den etwa 60 000 Kreuzzugsteilnehmern schafften es nur um die 14 000. Die übrigen waren der gefährlichen Reise, dem Klima und den muslimischen Kämpfern zum Opfer gefallen.
Die Kreuzfahrer belagerten die Stadt, das Ziel ihrer Hoffnungen, fünf Wochen lang. Dann stürmten sie Jerusalem. Sie plünderten die Stadt und ermordeten viele dort lebende Menschen, Muslime, Juden und auch Christen.
Die Eroberung 1099 wurde von vielen Christen als „Befreiung" der Stadt Christi von den „Heiden" mit der Hilfe Gottes angesehen und gefeiert.

„Heiliger Krieg" Urban II. Kreuzzug Kirche

Fenster zur Welt: Jerusalem

M 2 Der Erste Kreuzzug (1095-1099)
Man konnte auf verschiedenen Wegen nach Jerusalem gelangen. Die Karte zeigt, wo sich die Kreuzfahrer 1096 versammelten und welche Routen ins Heilige Land sie auf sich nahmen.

M 3 Aufruf zum Kreuzzug

Der Mönch Robert war angeblich Augenzeuge der Rede Urbans II. in Clermont. Er gibt sie so wieder:

Ihr Franken seid Gottes geliebtes und auserwähltes Volk. Aus dem Land Jerusalem kam schlimme Nachricht: Das Volk im Perserreich, ein fremdes, ganz gottfernes Volk, eine Brut ohne Vertrauen
5 auf Gott, hat die Länder der dortigen Christen besetzt, durch Mord, Raub und Brand entvölkert und die Gefangenen teils abgeführt, teils umgebracht. Es hat die Kirchen Gottes zerstört oder für seinen Kult beschlagnahmt. Wem anders ob-
10 liegt nun die Aufgabe, diese Schmach zu rächen, dieses Land zu befreien, als euch? Besonders bewegen mögen euch das Heilige Grab unseres Erlösers, das von unreinen Völkern besetzt ist, und die heiligen Stätten, die jetzt ohne Ehrfurcht be-
15 handelt und mit dem Unrat dieser Leute frech beschmutzt werden. Tretet den Weg zum Heiligen Grab an, nehmt das Land dem gottlosen Volk, macht es euch untertan! Jerusalem ist Mittelpunkt der Erde, das fruchtbarste aller Länder, ein
20 zweites Paradies. Schlagt diesen Weg ein zur Vergebung eurer Sünden; Ruhm im Himmel ist euch gewiss.

Nach: Arno Borst, Lebensformen im Mittelalter, Berlin ⁴2004, S. 330 f. (vereinfacht und gekürzt)

M 4 Unterschiede und Motive

Ein Chronist schreibt zum Jahr 1146 über Beweggründe der Kreuzfahrer:

Leute mit unruhigem Charakter lockte es, fremde Länder zu sehen; andere, denen die Armut im Nacken saß, [...] zogen nicht bloß gegen die Feinde Christi, sondern auch gegen jeden Freund des
5 Christentums, wenn sie sich nur mit ihrem Schwerte die Armut vom Leibe schaffen konnten; wieder andere, die von der Last ihrer Schulden bedrückt wurden oder sich ihrem pflichtmäßigen Dienst entziehen wollten oder auch Strafen für
10 Verbrechen befürchteten, heuchelten auf einmal Eifer für die Ehre Gottes.

Eberhard Orthbandt und Dietrich Hans Teuffen, Ein Kreuz und tausend Wege, Konstanz 1962, S. 325 (gekürzt)

---

1. Nenne die heutigen Staaten, aus denen die Kreuzzugteilnehmer 1096 kamen (M2).
2. Arbeite die Gründe für die Kreuzzüge aus dem Darstellungstext und M3 heraus.
3. Arbeite die unterschiedlichen Motive für eine Teilnahme an der „bewaffneten Wallfahrt" nach Jerusalem heraus (Darstellung, M3–M4).
4. Beurteile die Aussagen, die Papst Urban II. in Clermont über die Muslime machte, um für den Kreuzzug zu werben (M3).
5. Bewerte, ob die Kirche heute Urbans Aufruf zurücknehmen und sich entschuldigen sollte.

- 1071: Niederlage von Byzanz gegen die türkischen Seldschuken (Muslime)
- 1073: Seldschuken erobern Jerusalem
- Christliche Pilgerfahrten nach Jerusalem praktisch unmöglich
- seit 1090: Der byzantinische Kaiser bemüht sich in Mitteleuropa um Hilfe gegen die Seldschuken
- 1095: Kreuzzugsaufruf von Papst Urban II. in Clermont
- 1096: Aufbruch
- 1097: Ankunft der Kreuzfahrer
- 1099: Eroberung Jerusalems durch die Kreuzfahrer

Welche Folgen hat der „Heilige Krieg"?

M 1 Ein Christ und ein Muslim beim Schachspiel
Buchmalerei, 1283
Das Bild stammt aus dem „Buch der Spiele", einer Sammlung von Regeln für Brettspiele, die König Alfons X. von Kastilien in Auftrag gab.

[1] Augustinus von Hippo (354-430): christlicher Theologe, begründete unter dem Eindruck des Goteneinfalls in Rom, dass Krieg und Christentum vereinbar sein können

[2] Dschihad: Heiliger Krieg ist nur der „kleine Dschihad". Als „großer Dschihad" gilt die innere Selbstüberwindung.

Folgen für die Juden
Die Kreuzzüge hatten weitreichende Auswirkungen, die sogar bis in unsere heutige Zeit spürbar sind. Die erste, schwerwiegende Folge traf eine Gruppe von Menschen, die mit den Ereignissen gar nichts zu tun hatte: die Juden. Auf ihrem Marsch Richtung Jerusalem zogen die Kreuzfahrer quer durch Europa. Schon in Frankreich, vor allem aber am Rhein schlugen und mordeten sie jüdische Menschen in den Städten (**Judenverfolgung**). Denn die Kreuzfahrer machten keinen Unterschied zwischen Muslimen und Juden – beide waren für sie „Ungläubige".

Christliche Ritter und heilige Kriege
Mit den Kreuzzügen wandelte sich auch das Bild des Ritters. Er verstand sich nun als *„miles christianus"* (christlicher Soldat), der nicht für seinen eigenen Vorteil, sondern für die Sache Gottes und der Kirche streiten sollte. Die deutlichste Verknüpfung von Rittertum und Religion waren die **Ritterorden** wie die Templer oder die Johanniter: Diese Gemeinschaften kämpften als Ritter in den Kriegen um das Heilige Land, lebten aber nach klösterlichen Regeln.

Zur selben Zeit wandelte sich auch das Bild des Krieges: Verschiedene Theologen entwickelten die Lehre des „gerechten Krieges" von Augustinus[1] weiter, nach der ein Krieg unter bestimmten Bedingungen richtig sei. So dürfe ein Krieg geführt werden, wenn er der Verteidigung oder Rückgewinnung von Gestohlenem diene und generell einer guten Absicht folge.

Auch muslimische Geistliche und Herrscher haben aus dem Koran die Lehre vom „gerechten" bzw. „heiligen Krieg" abgeleitet. Er wird mit dem Begriff Dschihad (arab. Anstrengung, Kampf) bezeichnet.[2]

Kreuzfahrerstaaten und Kulturkontakt
Während viele Kreuzfahrer nach der Eroberung Jerusalems wieder in ihre Heimat zurückkehrten, gründeten einige Fürsten auf den eroberten Gebieten am Mittelmeer christliche Reiche (Kreuzfahrerstaaten). Eines davon war das Königreich Jerusalem. Es kam zu einem regen **Kulturaustausch** zwischen Christen und Muslimen, der auch auf die Heimatländer der Kreuzfahrer einen großen Einfluss hatte. So bekam in Europa die Architektur neue Impulse, Wissen und Bildung erweiterten sich. Die Übernahme arabischer Zahlen ist dafür nur ein Beispiel.

Fortsetzung des Kreuzzugsgedankens
Auch nach der Eroberung Jerusalems führten christliche Europäer weiter Krieg gegen ihre muslimischen Nachbarn. Ein zweiter Kreuzzug endete jedoch mit einer Niederlage der Kreuzfahrer. Unter Sultan Saladin vereinten sich schließlich die Muslime Syriens und Ägyptens und eroberten 1187 Jerusalem zurück. Erneute Versuche der Rückgewinnung in einem dritten Kreuzzug hatten keinen Erfolg. Die Eroberung der Festung Akkon 1291 beendete die christliche Herrschaft in Palästina endgültig.

Fenster zur Welt: Jerusalem

M 2 Judenverfolgung am Rhein
Der jüdische Gelehrte Elieser ben Nathan erlebt in Mainz die Judenverfolgung von 1096:

Als sie auf ihrem Zug durch die Städte kamen, in denen Juden wohnten, sprachen sie in ihrem Herzen: Seht, wir ziehen dahin, um das Grab unseres Heilands aufzusuchen und Rache für ihn an den Muslimen zu üben; und hier sind die Juden, die ihn [Jesus] umgebracht und gekreuzigt haben. So lasst uns zuerst an ihnen Rache nehmen und sie austilgen, [...] oder sie sollen uns gleich werden und sich zu unserem Glauben bekennen. [...] Da erhoben sich die Feinde und Dränger gegen die Juden, die in ihren Häuser waren, trieben sie heraus und brachten sie um, Männer, Frauen und Kinder, Jünglinge und Greise: Sie rissen die Häuser nieder, [...] machten Beute und plünderten.

Nach: Adolf Neubauer und Moritz Stern (Hrsg.), Hebräische Berichte über die Judenverfolgungen während des 1. Kreuzzugs, Berlin 1892, S. 154 f. (vereinfacht und gekürzt)

M 4 Nicaea wird belagert
Französische Buchmalerei, 13. Jh.
Bei der Belagerung von Nicaea 1097 schleuderten Kreuzfahrer abgetrennte Köpfe von gefallenen muslimischen Kriegern in die Stadt, um die Verteidiger zu entmutigen.

M 3 Leben in den Kreuzfahrerstaaten
Der muslimische Fürst Usama ibn Munqidh berichtet um 1100 über das Erlebnis eines Freundes mit Christen:

Es gibt unter den Franken einige, die sich im Lande angesiedelt und begonnen haben, auf vertrautem Fuß mit den Muslimen zu leben. Sie sind besser als die anderen, die gerade neu aus ihren Heimatländern gekommen sind. Aber jene sind Ausnahmen, und man kann sie nicht als Regel nehmen. Hierzu so viel: Einmal schickte ich einen Freund in einem Geschäft nach Antiochia, dessen Oberhaupt Todros ibn as-Safi war, mit dem ich befreundet war und der in Antiochia herrschte. Er sagte eines Tages zu meinem Gefährten: „Ein fränkischer Freund hat mich eingeladen. Komm doch mit, dann siehst du ihre Gebräuche." „Ich ging mit", erzählte mein Freund, „und wir kamen zum Hause eines der alten Ritter, die mit dem ersten Zug der Franken gekommen waren. Er ließ einen Tisch bringen mit ganz reinlichen, vorzüglichen Speisen. Als er sah, dass ich nicht zulangte, sagte er: „Iss getrost, ich esse nie von den Speisen der Franken, sondern habe ägyptische [muslimische] Köchinnen und esse nur, was sie zubereiten; Schweinefleisch[1] kommt mir nicht ins Haus!"

Nach: Francesco Gabrieli, Die Kreuzzüge aus arabischer Sicht, Nördlingen ²1976, S. 121 f. (vereinfacht)

[1] Schweine gelten bei Muslimen als unreine Tiere; ihr Fleisch ist daher als Speise verboten.

M 5 Siegel des Templerordens
Umzeichnung der Vorder- und Rückseite
Die Inschrift lautet: „Siegel der Ritter / vom Tempel Christi" Das Siegel zeigt zwei Ritter auf einem Pferd. Die Deutung ist umstritten. Eine Theorie besagt, dass damit die zwei Seiten eines Templers, Ritter und Mönch, gemeint sind.

---

1. Diskutiert, ob die Bilder M1 und M4 den Titel „Kulturkontakt" tragen könnten.
2. Fasse zusammen, welche Auswirkungen die Kreuzzüge hatten (Darstellungstext).
3. Arbeite aus M2 die Gründe heraus, warum die „Pilger" auf ihrer Reise die Juden verfolgten.
4. Vergleiche M3 und M4. Charakterisiere das Verhältnis von Muslimen und Christen in Palästina während der Kreuzzugszeit.
5. Begründe, warum ein allgemeines Urteil über das Verhältnis von Christen und Muslimen allein mit den zwei Quellen M3 und M4 nicht möglich ist.

- 1099: Eroberung Jerusalems, 1104: Eroberung Akkons durch Kreuzfahrer
- 1187: Eroberung Jerusalems durch Muslime
- 1291: Rückeroberung Akkons durch Muslime

Kreuzfahrerstaaten in Palästina

Städteboom im Mittelalter

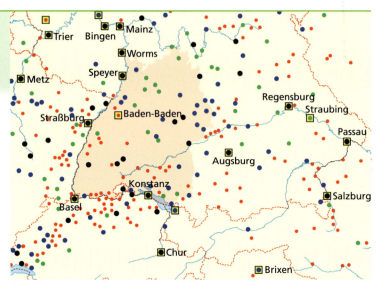

M 1 Stadtentwicklung in Süddeutschland
Karte von 2016
- ☐ Römerstadt
- mittelalterliche Stadtgründung:
- ● vor 1150
- ● 1150-1190
- ● 1190-1220
- ● 1220-1250

Stadtherren und Bürger

Städte entstanden nicht an beliebigen Plätzen, sondern zumeist an Stellen, die für den Handel besonders geeignet waren: an der Kreuzung wichtiger Handelsstraßen, an Hafenbuchten, Flussübergängen und in der Nähe von Burgen. Der König oder ein Adliger gründete dort einen **Markt** und garantierte jedem, der dort kaufen oder verkaufen wollte, Sicherheit und Frieden. Als **Stadtherr** sprach er aber auch Recht. Um noch mehr Menschen an den Markt und in die entstehende Stadt zu locken, gewährte er ihnen Sonderrechte, sogenannte **Privilegien**: Das konnte das Recht sein, eigene Münzen zu prägen oder ein Siegel zu führen, ihren Pfarrer auszusuchen, vor allem aber das Recht, die Stadt mit einer Mauer zu umgeben.

Römerstädte und Germanen

Die Griechen und Römer errichteten überall in ihrem Machtbereich Städte. Sie waren Zentren von Handel und Verwaltung.
Die Germanen lebten dagegen in Dörfern. Die noch existierenden Römerstädte (z. B. Köln und Trier) wurden aber nicht gänzlich verlassen. Vor allem in Städten, die nach der Christianisierung eine besondere kirchliche Bedeutung hatten (z. B. als Bischofssitz), blieb städtisches Leben erhalten.
Diese sogenannten „Mutterstädte" wuchsen seit Beginn des 11. Jh. Im 12. und 13. Jh. wurden wieder im größeren Maßstab neue Städte gegründet. Neuerungen und wachsende Erträge in der Landwirtschaft sowie Bevölkerungswachstum waren eine Grundlage dafür.

[1] vgl. S. 20

Freiheit als Ziel

Für viele Menschen wurden Städte zu Anziehungspunkten. Die meisten Menschen auf dem Lande lebten in einem Abhängigkeitsverhältnis als Hörige[1]. Manche wollten diesen Bedingungen entfliehen. Sie zogen in die Städte, denn hier galt meistens: Wer ein Jahr und einen Tag in der Stadt wohnt und nicht von seinem Grundherrn zurückgeholt wird, der kann frei werden, d. h., er kann frei von den Zwängen und Verpflichtungen der Grundherrschaft leben und selbst über seine Arbeitskraft verfügen. Menschen, die als freie Bewohner einer Stadt lebten, nannten sich voller Stolz **Bürger**. Ein späteres Sprichwort fasste zusammen: „Stadtluft macht frei".
Dieses Vorgehen war den Grundherren natürlich ein Dorn im Auge. Sie versuchten mit allen Mitteln, ihre Hörigen daran zu hindern, aus ihrer Herrschaft zu entfliehen. Sie verhängten Strafen und drängten darauf, dass die Städte keine Eigenleute mehr aufnahmen. Doch die meisten behielten ihr Recht bei, war es doch ein Grund für ihr stetiges Wachsen und Blühen.

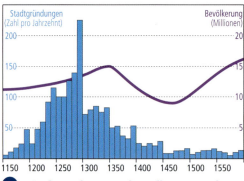

M 2 Stadtgründungen und Bevölkerungswachstum

Markt   Stadtherr   Privileg   Bürger   „Stadtluft macht frei"

Europa im Mittelalter

M 3 Stadtluft macht frei
In der Gründungsurkunde von Freiburg im Breisgau (1120) gewährt Herzog Konrad den Menschen in seiner Stadt bestimmte Rechte:

Ich verspreche also allen, die meinen Marktort aufsuchen, im Bereich meiner Macht und Herrschaft Frieden und sichere Reise. Wenn einer von ihnen in diesem Raum ausgeplündert wird und
5 mir den Räuber namhaft macht, werde ich das Entwendete zurückgeben lassen oder den Schaden selbst bezahlen. [...]
Allen Geschäftsleuten erlasse ich den Marktzoll. Ich werde meinen Bürgern niemals ohne Wahl ei-
10 nen anderen Vertreter des Stadtherrn und einen anderen Priester vorsetzen, sondern wen immer sie dazu wählen, werden sie von mir bestätigt bekommen. [...]
Wenn der Mangel am Notwendigsten jemanden
15 dazu zwingt, darf er seinen Besitz verkaufen, an wen er will. Der Käufer soll aber für die Hofstätte den festgesetzten Zins zahlen. [...]
Jede Frau soll dem Mann in der Erbfolge gleichgestellt sein und umgekehrt.
20 Auch darf jeder, der an diesen Ort kommt, hier frei wohnen, wenn er nicht jemandes Knecht ist und den Namen seines Herrn zugibt. Dann kann der Herr den Knecht in der Stadt belassen oder nach Wunsch wegführen.
25 Wenn aber der Knecht den Herrn verleugnet, soll der Herr mit sieben Nächstverwandten vor dem Herzog beschwören, dass es sein Knecht ist; dann kann er ihn haben. Wenn einer aber über Jahr und Tag ohne solche Hemmung geblieben ist, soll
30 er sich fortan sicherer Freiheit erfreuen.

Nach: Arno Borst, Lebensformen im Mittelalter, Berlin ⁴2004, S. 411 f. (vereinfacht)

M 4 Unterhaltung auf dem Markt
So ähnlich hätte eine Unterhaltung zweier Männer auf einem städtischen Platz lauten können:

Guntar: Gott zum Gruß, Hinrich. Lang ist es her, dass wir uns gesehen haben!
Hinrich: Bist du es etwa, Guntar? Ich dachte schon, ich würde dich nie mehr sehen. Auf ein-
5 mal warst du weg aus dem Dorf. Was verschlägt dich hierher in die Stadt?
Guntar: Jetzt bin schon fast ein Jahr hier, und ich vermisse euch sehr. Aber ich kann euch noch nicht besuchen. Es wäre zu gefährlich, in unser
10 Dorf zu kommen, wo mich der Grundherr erwischen kann. Du weißt ja: Als Höriger muss ich ein Jahr und einen Tag in der Stadt sein, ohne dass der Herr mich findet und zurückfordert. Dann bin ich frei und muss nie wieder Frondienst leisten.
15 *Hinrich:* Du tust gut daran, Guntar, der Grundherr war schon bei deinen Eltern und hat nach dir gefragt. Aber was machst du eigentlich genau?
Guntar: Hier habe ich mir ganz frei einen Beruf ausgewählt. Denk nur: Ich wurde als Schmiede-
20 lehrling bei Meister Gisebrecht angenommen. Die Arbeit ist hart, aber ich wurde ja nicht dazu gezwungen. Im Dorf müsste ich alles tun, was der Grundherr will. Außerdem habe ich ein Auge auf die Tochter meines Meisters geworfen. Wer weiß,
25 vielleicht heirate ich sie sogar eines Tages...
Hinrich: Bei uns im Dorf darf ich kein Mädchen ohne Zustimmung des Grundherrn heiraten. Ja, Stadtluft macht eben doch frei!
Guntar: Das ist wahr! Aber ich muss jetzt zum
30 Markt, neue Waren verkaufen. Grüße mir meine lieben Eltern im Dorf! Verschweige aber, wo ich bin – nicht, dass der Grundherr etwas erfährt!

Eigenbeitrag F. Harteker für diesen Band

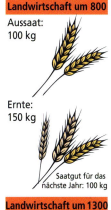

Landwirtschaft um 800
Aussaat: 100 kg
Ernte: 150 kg
Saatgut für das nächste Jahr: 100 kg

Landwirtschaft um 1300
Aussaat: 100 kg
Ernte: 300 kg
Saatgut für das nächste Jahr: 100 kg

M 5 Getreideanbau: Erträge um 800 und um 1300

---

1. Die Römer bauten in ihrem Herrschaftsgebiet viele Städte. Nenne Gründe, warum nach dem Untergang des Römischen Reiches der Städtebau zurückgegangen war (Darstellungstext).
2. Erläutere, warum es ab 1150 zu einem erneuten „Städteboom" (= Städtewachstum) kommen konnte (Darstellungstext, M2, M5).
3. Partnerarbeit: Erstellt eine Liste mit den Vorrechten, die Herzog Konrad den Bürgern seiner neuen Stadt gewährt (M3). Arbeitet dann zu jedem Privileg heraus, welchen Nutzen Konrad, welchen die Bürger daraus ziehen.
4. Erkläre, wie Guntar seine Flucht in die Stadt begründet (M4).
5. 1232 verbietet Kaiser Friedrich II. den Reichsstädten (= Städte, in denen er Stadtherr ist), Hörige aufzunehmen. Beurteile die Regelung.

Die Stadt und ihr Markt

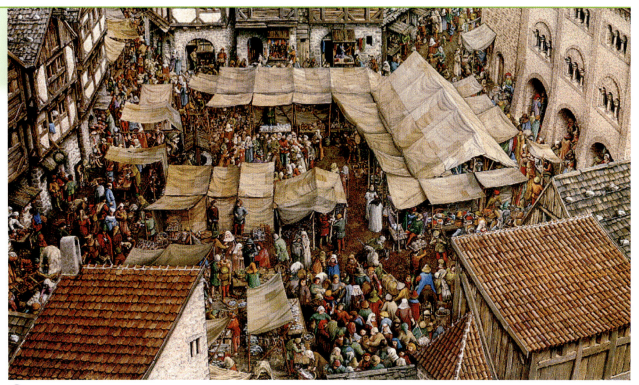

M 1 Markttag in einer Stadt um 1300 Ausschnitt aus einem Rekonstruktionsbild, 1985

Der Markt bestimmt die Stadt

Der Markt nahm eine zentrale Stellung in der Stadt ein, auch wenn er nicht immer in ihrer Mitte lag. Um den Markt herum waren oft wichtige städtische Gebäude angeordnet. Die Stadt war geradezu abhängig von ihrem Markt, denn die meisten Stadtbewohner stellten keine Lebensmittel her. Sie waren auf den Kauf von Getreide, Fleisch, Gemüse und anderen Speisen und Getränken der umliegenden Bauernhöfe angewiesen.

Die städtischen Handwerker verkauften auf dem Markt ihre Produkte. Neben alltäglichen Gebrauchsartikeln und Werkzeugen boten Kaufleute auf dem Markt auch Luxusgüter wie Schmuck, Gewürze und Textilien aus weit entfernten Gegenden an.

Der Markt war aber nicht nur Umschlagplatz für Waren. Hier traf man sich auch, um Neuigkeiten auszutauschen, manchmal erfuhr man, was in anderen Städten oder fremden Gegenden geschehen war. Und immer wieder sorgten Gaukler und Spielleute für Unterhaltung und Abwechslung.

Ordnung muss sein

Es ist nicht verwunderlich, dass an den Markttagen, die meist wöchentlich abgehalten wurden, die Stadt mit Menschen überlaufen war. Und wo viele Menschen zusammentreffen, da entstehen Konflikte.

Daher entwickelten viele Städte eine **Marktordnung**, in der die gültigen Regeln gesammelt und die bei Übertretung drohenden Strafen aufgeführt wurden. Damit die Vorschriften eingehalten wurden, hatten die meisten Städte einen Marktvogt (Aufseher) eingestellt, der noch über helfende Büttel verfügte. Sie kontrollierten die Händler und ihre Produkte sowie die Anwesenden auf dem Markt. Kam es zu einem Verstoß gegen die Marktordnung, konnte der Marktvogt eine Strafe aussprechen und durch die Büttel vollziehen lassen.

Europa im Mittelalter

M 2 Marktordnung von Landshut

Herzog Heinrich I. erlässt 1256 folgende Ordnung:

1. Wir verbieten, Schwerter und Dolche innerhalb der Stadt zu tragen. Sooft Leute getroffen werden, die Schwerter tragen, werden sie der Stadt 6 Schillinge und dem Richter 60 Pfennige zahlen.
4. Wucher und Preisabsprachen verbieten Wir unter Strafe von 5 Pfund.
5. Wir ordnen an, zweieinhalb Pfund Rindfleisch für 1 Pfennig zu verkaufen und ebenso viel Hammelfleisch und 3 Pfund Ziegenfleisch. Die es anders halten, werden der Stadt 6 Schillinge und dem Richter 60 Pfennige zahlen.
10. Wir verordnen, dass außerhalb des öffentlichen Marktes kein Kauf stattfinden darf. Wer gegen diese Gebote verstößt, soll der Stadt 6 Schillinge und dem Richter 60 Pfennige geben. Hat er kein Geld, so wird ihm die Hand abgeschlagen.
11. Wir ordnen an, dass zwei gute und mittelgroße Würste für 1 Pfennig verkauft werden sollen, sie dürfen nur aus reinem Schweinefleisch sein. Wer dagegen verstößt, soll 1 Pfund zahlen und ein Jahr vom Handwerk ausgeschlossen werden.
12. Krankes und minderwertiges Fleisch darf nur 7 Fuß vom Fleischmarkt entfernt verkauft werden. Wer dagegen verstößt, soll [...] für ein Jahr vom Fleischmarkt ausgeschlossen werden.
20. Lotterbuben jeder Art, fahrende Schüler mit langen Haaren lassen Wir in der Stadt nicht zu.

Nach: Gisela Möncke (Hrsg.), Quellen zur Wirtschafts- und Sozialgeschichte mittel- und oberdeutscher Städte im Spätmittelalter, Darmstadt 1982, S. 49 f. (vereinfacht und gekürzt)

M 3 Stadt Tettnang: Marktsatzung von 2011

Auch heutige Städte haben Marktordnungen, wie die am Bodensee liegende Stadt Tettnang:

§ 2 Standplätze
(1) Auf den Marktplätzen dürfen Waren nur von einem zugewiesenen Standplatz aus angeboten und verkauft werden.

§ 3 Zutritt
Die Verwaltung kann den Zutritt je nach den Umständen untersagen.

§ 6 Verhalten auf den Märkten
(2) Das Messen und Wiegen von Waren muss der Käufer ungehindert beobachten und prüfen können.

§ 8 Hygiene
(1) Alle Waren, insbesondere aber jene, die dem Verzehr dienen, dürfen nur angeboten werden, wenn und soweit sie den Hygienevorschriften entsprechen.

§ 9 Marktaufsicht
(1) Die Marktaufsicht obliegt der Stadt. Hierfür wird ein Marktmeister bzw. ein Beauftragter für die Kontrolle, Durchführung und Aufsicht an den Markttagen eingesetzt.

§ 12 Ordnungswidrigkeiten
(2) Ordnungswidrigkeiten können mit einer Geldbuße bis zu 500,00 € geahndet werden.

www.tettnang.de/tt/pdf/de/Stadtrecht/Marktsatzung-Tettnang.pdf (aufgerufen am 18.11.2016, gekürzt)

Internettipp:
Mehr zum Leben in der mittelalterlichen Stadt erfährst du unter 31042-04

M 4 Symbol für das Marktrecht

Bilderhandschrift des „Sachsenspiegels", Anfang 14. Jh.
Das Rechtsbuch „Sachsenspiegel" enthält auch Regeln über Märkte. Der Zeichner verwendet dafür ein damals allgemein bekanntes Symbol: das Marktkreuz. Ein solches stand auf vielen offiziell eingerichteten Märkten. Der Handschuh, der vom Kreuz herabhing, symbolisierte den Marktherrn, der zumeist auch der Stadtherr war.

---

1. Erläutere anhand von M1, was an diesem Tag wohl besonders viele Menschen in die Stadt zog. Gestalte ein kurzes Gespräch zwischen zwei Personen auf dem Bild.
2. Arbeite aus M2 heraus, welches Ziel Herzog Heinrich I. mit seiner Marktordnung verfolgte.
3. Vergleiche die mittelalterliche Marktordnung (M2) mit der heutigen Marktordnung (M3).
4. Begründe, warum viele Städte auf ihrem Markt ein Symbol errichteten, wie es auf M4 abgebildet ist.

Methode

Zu Fuß ins Mittelalter

Vieles über Städte kann man in Büchern lesen. Erleben kann man sie nur, wenn man das Klassenzimmer verlässt und auf Entdeckungsreise geht. Städte sind spannende Erkundungsorte, da dort viele historische Gebäude und Gegenstände zu finden sind. Eine Stadterkundung könnt ihr in vier Schritten organisieren:

1. Schritt: Planung
- Materialien beschaffen: Stadtplan, Broschüren, Bücher, Zeitschriften. In Stadtbücherei oder Touristeninfo erhaltet ihr gute Tipps und Materialien.
- Anreise: Wenn man nicht gleich direkt in die Stadt laufen kann, muss man planen, wie man dort hingelangt. Fragt eure Lehrerin/euren Lehrer oder informiert euch im Internet über die Bus- und Bahnverbindungen.

2. Schritt: Vorbereitung
- Bekanntmachen: Ihr solltet vorab ermitteln, was für euch interessant ist und wo es zu finden ist. Nehmt einen Stadtplan und markiert Orte und Gebäude, deren Geschichte euch interessiert oder zu denen ihr Fragen habt, z. B. Rathaus – Stadtmauer – Türme – Markt – Kirchen – Straßennamen – …
- Unbekannte Namen/Begriffe: Schlagt im Lexikon/im Internet nach.
- Vergleich: Wenn ihr eine Stadtabbildung aus dem Mittelalter und eine heutige Karte habt, könnt ihr vergleichen, was noch vorhanden ist.
- Reservierung: Wenn es ein Stadt-Museum gibt, solltet ihr Öffnungszeiten und Eintrittspreise ermitteln und euch als Gruppe anmelden.

3. Schritt: Organisation und Themen
- Rundgang: Einigt euch über die Stationen und ihre Reihenfolge.
- Einbindung: Vergebt für die einzelnen Punkte Minireferate. Es bereitet immer eine Gruppe eine Station vor. So wird es interessant für alle.
- Laufzettel: Damit eure Beobachtungen nicht „verpuffen", solltet ihr einen Laufzettel anlegen. So könntet ihr zu einem Turm Aussehen, Name, Höhe und Nutzung notieren und auch, wie er heute in der Stadt wirkt.
- Fotos können eure Erlebnisse speichern. Nicht alle müssen fotografieren – wählt 1 bis 2 Schülerinnen oder Schüler für diese Aufgabe aus.
- Verhalten: Legt gemeinsam Regeln fest, an die ihr euch alle halten sollt.

4. Schritt: Besprechung und Zusammenführung
- Am Ende der Erkundung habt ihr viele Eindrücke, Erfahrungen und Informationen notiert. Ihr solltet sie mit anderen austauschen.
Vorschläge:
Gestaltet eine *Wandzeitung* – Entwerft *Plakate* zu einzelnen Themen – Erstellt eine *digitale Präsentation* eurer Fotos – Schreibt einen *Artikel* für die Schulhomepage oder Schülerzeitung

---

So könnte eure Stadterkundung aussehen – am Beispiel der Stadt Biberach an der Riß:

1. Planung: Wie legen wir los?
Die Tourismus-Homepage der Stadt Biberach bietet viele interessante Hinweise auf Führungen und Öffnungszeiten von Museen und gibt einen Überblick über historisch wichtige Gebäude:
www.biberach-tourismus.de/stadtfuehrungen.php (Führungen)
www.biberach-tourismus.de/sehenswuerdigkeiten.php (wichtige Gebäude und Plätze, mit Infos)

M 1 Prospekte und Faltblätter …
… bekommt ihr in der Touristeninfo.

2. Vorbereitung: Was gibt es zu sehen?
Spital? 1258 erbaut; wurde als Krankenhaus, Waisenhaus, Altersheim genutzt; heute Museum
Kleeblatthaus? 1362 – ältestes Gebäude am Marktplatz; Patrizierwohnhaus
Weberberg? Siedlung der Zunftmitglieder der Weber; bedeutendstes Gewerbe der Stadt. Im Jahr 1500 gab es 400 Webstühle in Biberach.
Ochsenhauser Hof? …

M 2 Historische Pläne und Ansichten von Städten …
… findet ihr im Internet, besonders im Wikipedia-Eintrag zur jeweiligen Stadt.

Eine Stadt erkunden

3. Organisation: Wer macht was?
1. Start: Ulmer Tor (Carlos und Steffi)
2. Stadtpfarrkirche St. Martin (Emma und Linus)
3. Marktplatz (Max und Sabine)
4. Kleeblatthaus (Hakan und Lina)
5. Rathaus (Merwe und Benjamin)
6. Spital (Armin und Simon)
7. Führung im Museum
8. Mittagspause Marktplatz
9. Salzstadel (Carla und Franz)
10. Weberberg (Nico und Caro)
11. Weißer Turm (Hanna und Martin)
12. Stadtmauer (Alex und Karim)
13. Gigelturm (Ralf und Kornelia)
14. Zeughaus (Martin und Aylin)

Fotos machen Melanie und Stefan.

Unsere Regeln:
Handy lautlos – alle bleiben zusammen – kein Geschrei – Mittagspause: 12-13 Uhr – Während der Pause nur in Gruppen von 3-4 Personen herumgehen.

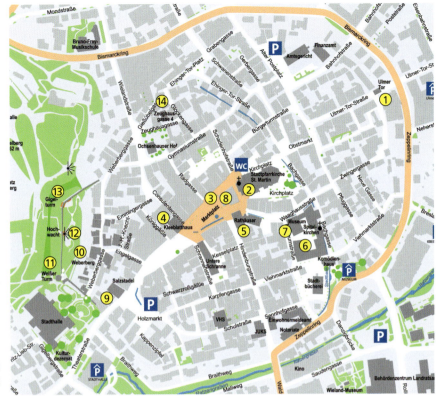

M 3 Aktueller Stadtplan von Biberach
Die Route habt ihr vorher geplant und eingetragen.

Laufzettel

Name: _Hanna_ Klasse: _7b_ Datum: _21. Februar_
Station: _1: Ulmer Tor_

Infos aus Referat: _Das einzige erhaltene Stadttor, gebaut Mitte des 14. Jahrhunderts. 1820 wurde der freistehende Glockenstuhl errichtet, der zum abendlichen Eintreiben der Gänse diente. ..._

Offene Fragen: _Warum nennt man es „Ulmer Tor"? Wieso steht es so frei, mitten auf der Straße? Sah der Turm schon immer so aus? ..._

Eindruck: _Wenn man direkt davor steht, wirkt es groß und mächtig. Auf der Turmmauer sind zwei Wappen abgebildet. Auf einem ist ein Biber zu sehen (wegen „Biberach"?) ..._
Nutzung früher und heute: _Immer noch Tor, heute auch Museum. Öffnungszeiten: ..._

M 4 Hannas Laufzettel
Die Eintragungen hat sie an der ersten Station gemacht.

M 5 Eine Auswahl von Fotos
Unterwegs aufgenommen von der „Fotogruppe" Melanie und Stefan.

4. Besprechung und Zusammenführung
- Klärung von offenen Fragen.
- Erstellen einer Wandzeitung (2 Stunden)

Jetzt seid ihr dran!
Unternehmt eine Entdeckungsreise durch eine Stadt in eurer Nähe! Wendet dabei den angeführten Plan an. Natürlich muss nicht alles in eurer Stadt möglich sein, aber vieles könnt ihr sicher anwenden.

1 Bürgerrechte, Zunftgesetze

M 1 Bevölkerungsgruppen in der mittelalterlichen Stadt
Ölgemälde von Jean Bourdichon, um 1500
Diese Bilder illustrieren ein Gedicht über die Stände der Menschen. All diesen Personengruppen konnte man in einer mittelalterlichen Stadt begegnen.

Frei, aber nicht gleich
Alle Bewohner einer Stadt waren frei von Pflichten gegenüber einem Grundherrn. Aber sie waren bei Weitem nicht gleich. Vor allem hatte nicht jeder, der in einer Stadt wohnte, ohne Weiteres auch das **Bürgerrecht**. Es war vielmehr an bestimmte Voraussetzungen geknüpft.
Die Städte hielten es dabei unterschiedlich, aber eine wichtige Bedingung war der Besitz von Wohneigentum. Hinzu kam die Pflicht, Steuern zu zahlen und Dienste zu übernehmen. Dazu gehört im Kriegsfall der Waffendienst mit eigenen Waffen, im Frieden die Instandhaltung der Stadtmauer.
Somit war das Bürgerrecht auf eine kleine Gruppe von Menschen beschränkt, die sich diese Voraussetzungen überhaupt leisten konnten.

Bürger und Einwohner
Das waren zunächst die Ministerialen, d. h. die Vertreter und Dienstmannen des Stadtherrn. Hinzu kamen Adlige, die sich in der Stadt niedergelassen hatten, vor allem aber reiche Fernhändler. Sie bildeten die Oberschicht in einer Stadt, die sogenannten **Patrizier**. Mit etwa zehn Prozent der Stadtbevölkerung stellten sie aber nur einen kleinen Teil der Einwohner.
Auch Handwerker hatten die Möglichkeit, das Bürgerrecht zu erlangen, aber nur dann, wenn sie einen Meistertitel und einen eigenen Betrieb hatten. Menschen, die die finanziellen Mittel dazu nicht oder noch nicht hatten (z. B. Gesellen, Lehrlinge, Dienstboten, Tagelöhner), waren vom Bürgerrecht ausgeschlossen. Andere Städter wurden aufgrund ihrer Berufe ausgegrenzt – nicht weil sie zu arm waren, sondern weil ihr Beruf ein schlechtes Ansehen hatte (Henker, Bader, Totengräber).[1]

Handwerker und Zünfte
Handwerker waren die wichtigsten Produzenten von wirtschaftlichen Gütern in der Stadt und trugen dadurch zu ihrem Wohlstand bei. Um ihre wirtschaftlichen und später auch politischen Interessen besser zu vertreten, schlossen sie sich zu **Zünften** zusammen. Eine Zunft umfasste all jene, die dasselbe Handwerk ausübten.
Aufgabe der Zünfte war es, die Qualität und die Preise der erzeugten Waren festzulegen und zu kontrollieren. Zudem überwachten sie die Ausbildung der Lehrlinge. Nur wer eine Lehrzeit von vier bis zwölf Jahren absolvierte, hatte die Chance, Geselle zu werden und später sogar Meister.
Wer ein Gewerbe selbstständig ausüben wollte, musste vorher in die Zunft aufgenommen werden. Dieser Zunftzwang verhinderte eine zu große Zahl von Meistern in einer Stadt und begrenzte so die Konkurrenz. Er erschwerte aber auch die Möglichkeit für Handwerker, sich selbstständig zu machen.

Info: Bürger
Ähnelt dem Wort Burg und stammt auch aus dieser Wortfamilie. Es weist auf die Stellung gewisser Einwohner in einer Stadt hin, die den Schutz und die Rechte der jeweiligen Stadt genossen.

[1] Lies dazu noch einmal auf S. 14 den letzten Abschnitt.

Bürgerrecht   Patrizier   Zunft

Europa im Mittelalter

M 2 Wer wird Bürger?
Nicht jeder konnte Bürger werden. So erlässt die Stadt Köln einige Bedingungen, die man erfüllen muss, um das Bürgerrecht zu erhalten:

Zum ersten sollen sie schwören, dem Rat und der Stadt Köln treu zu sein […] und ihren Nutzen zu fördern und von ihr Schaden abzuwenden; des Weiteren sollen sie der Sturmglocke folgen und
5 eine volle Rüstung besitzen. Wenn sie diesen Eid geleistet haben, dann soll man ihnen das Bürgerrecht verleihen, mit allen Freiheiten, die andere Bürger haben. Hat er [der Bürger] drei Jahre ständig in Köln gewohnt, soll er sechs Gulden [Gold-
10 münze] bezahlen; hat er weniger als drei Jahre dort gewohnt, soll er zwölf Gulden bezahlen.

Walther Stein, Akten zur Geschichte der Verfassung und Verwaltung der Stadt Köln im 14. und 15. Jh., Bd 1, Bonn 1893, ND Düsseldorf 1993, S. 20 (vereinfacht und gekürzt)

M 3 Zunftordnung der Züricher Krämer
Die Zünfte regeln in Ordnungen die Rechte und Pflichten ihrer Mitglieder. Die Kleinhändler in Zürich geben sich 1330 diese Zunftordnung:

1. Man soll jährlich einen Zunftmeister wählen.
2. Wer in die Zunft aufgenommen werden will, der soll ehrbar und Krämer sein und vor allem keine Zwietracht in die Zunft bringen. Dünkt es
5 dem Zunftmeister und den sechs Beisitzern, dass die Aufnahme erfolgen kann, so hat er der Zunft 25 Pfund zu geben.
3. Will ein Geselle in diesem Beruf Meister werden, soll er zunächst 3 Jahre gelernt und 2 Jahre
10 als Geselle Lohn empfangen haben.
6. Es darf niemand irgendeine Ware auf dem Markt verkaufen, der nicht zur Zunft gehört.
21. Wenn ein Mitglied stirbt, der so arm ist, dass er nicht bestattet werden könnte, soll man ihn in
15 die Stadt bringen und bestatten, wo er begehrt.

Konrad Gatz, Kauffahrer, Krämer und Handelsherren, Hannover 1949, S. 128 f. (vereinfacht und gekürzt)

M 4 Zunftwappen in der Fußgängerzone
Ähnliche Darstellungen findest du in Städten an Geschäften und Werkstätten. Sie zeigen an, welche Art von Handwerk hier betrieben wird. Schon im Mittelalter wurde durch solche Zeichen auch die Zugehörigkeit des Handwerkers zu einer Zunft zum Ausdruck gebracht.

M 5 Qualität und Kontrolle
Die Beutel- und Gürtelmacherzunft in Danzig regelt 1412 den Umgang mit Bewerbern:

Begehrt ein Beutler oder Gürtler, unser Genosse zu werden, so soll er das Bürgerrecht und die Aufnahme in unsere Zunft erwerben. Er soll uns gute Briefe aus seinem Geburtsort bringen, dass er
5 ehelich geboren sei, so wie es die heilige Kirche fordert. Auch soll er Briefe bringen von seinem Handwerk, von dem Meister, bei dem er seine Lehrjahre gedient hat und wo er zuletzt gearbeitet hat. Jeder Bruder, der Beutler werden will, soll
10 in der Werkstatt des Zunftmeisters ein Paar Lederhosen und ein Paar gefütterter und verzierter Handschuhe machen. Dieses Werk soll er dem Zunftmeister vorlegen, und vollbringt er es nicht, so soll er weiterwandern und lernen bis zum
15 nächsten Jahr.

Dieter Starke (Hrsg), Herrschaft und Genossenschaft im Mittelalter, Stuttgart 1971, S. 100 f. (vereinfacht und gekürzt)

Internettipp:
In allen bisherigen Kapiteln war hauptsächlich von Männern die Rede. Wenn du etwas über Rolle und Stellung der Frauen im Mittelalter erfahren willst, findest du Informationen unter 31042-05

---

1. Arbeite aus M2 heraus, wie man Bürger einer Stadt werden konnte.
2. Nenne die Eigenschaften und Funktionen von Zunftwappen mithilfe der Bilder in M4. Überprüfe, ob es in den Städten deiner Region auch Zunftwappen gibt. Recherchiere vor Ort / im Internet und stelle deine Ergebnisse vor.
3. Arbeite aus den Quellen M3 und M5 heraus, welche Bereiche des Lebens die Zünfte regelten und was sie mit diesen genauen Regeln bezweckten.
4. Bewerte die mittelalterliche Stadtgesellschaft in Hinblick auf Freiheit und Gleichheit.

Toleranz, Ausgrenzung, Verfolgung – die Juden

M 1 Jüdische Möglichkeiten
Links: Der jüdische Minnesänger (Liederschreiber) Süßkind in adliger Gesellschaft.
Buchmalerei, um 1300
Rechts: Judenmord in Frankfurt.
Buchmalerei, 14. Jh.

Miteinander und getrennt

Jüdische Gemeinden sind bereits in einigen römischen Städten im Rheinland belegt. Das Aufblühen der Städte ab dem 10. Jh. begünstigte das Wachstum der jüdischen Gemeinschaft. **Juden** hatten oft weitreichende Verbindungen bis in den Orient und konnten daher kostbare Güter anbieten, z. B. Stoffe und Gewürze. Daher förderten Könige und Bischöfe die Ansiedlung jüdischer Händler in ihren Städten und stellten ihnen **Schutzprivilegien** aus. Die jüdischen Gemeinden lebten in den Städten meist unter sich, denn ihre Religion verlangt eine besondere Lebensweise: Juden beten gemeinsam in der Synagoge, kaufen Fleisch bei eigenen Metzgern und benutzen rituelle Bäder.
Die Wohnbereiche waren aber nicht komplett abgeschlossen. So kam es im Alltag leicht zu Begegnungen zwischen Juden und Christen. Viele Christen gingen zu jüdischen Ärzten, die für ihre Fähigkeiten berühmt waren. Auch sonst begegnete man sich auf den Straßen.

Sündenböcke

Im 11. Jh. änderte sich die Lage der jüdischen Mitbewohner. Sie wurden immer öfter als „Mörder" und „Feinde Christi" dargestellt. Religiöse Fanatiker forderten sie zu Beginn des Ersten Kreuzzuges[1] 1096 auf, sich taufen zu lassen, plünderten und zerstörten ihre Häuser, vertrieben und töteten sie. Ihre Schutzherren protestierten, konnten die Juden aber nicht schützen.
Im Jahr 1215 forderte die Kirche, dass alle Juden schon an der Kleidung als Nichtchristen zu erkennen sein sollten, um einen zu engen Umgang mit Christen zu verhindern.
In den folgenden Jahrhunderten verschlechterte sich die Stellung der Juden. Christen entzogen den Juden immer häufiger Rechte. Zünfte und Gilden nahmen sie nicht auf, da sie sich als christliche Gemeinschaften verstanden. Oft durften die Juden auch keine Grundstücke und Häuser mehr erwerben. Sie konnten daher weder Handwerksberufe ausüben noch als Bauern arbeiten.
Einige Juden verliehen Geld, was Christen lange Zeit verboten war. Da sie nicht sicher sein konnten, ihr Geld zurückzubekommen, forderten sie gelegentlich hohe Zinsen. Das belastete den Ruf der Juden, obwohl christliche Geldverleiher oft noch mehr berechneten.
In Krisen lösten Gerüchte über angebliche Brunnenvergiftungen oder Gräueltaten Verfolgungen der jüdischen Minderheiten aus. Einen Höhepunkt erreichte diese Judenfeindschaft während der **Pest** um 1350.[2] Es kam in vielen Orten zu **Pogromen**, zu brutalen Judenverfolgungen. Erst im 15. Jh. entstanden Ghettos – abgetrennte Wohnviertel, in denen die jüdische Bevölkerung leben musste.

Internettipp:
Weitere Informationen zum Verhältnis von Juden und Christen im Mittelalter findest du unter 31042-06

[1] siehe S. 30-33
[2] vgl. S. 52 f.

Juden   Schutzprivileg   Pest   Pogrom

Europa im Mittelalter

M 2 Privilegien für jüdische Bewohner
Bischof Rüdiger von Speyer gibt den Juden im Jahr 1084 folgende Rechte:

Als ich den Weiler Speyer zu einer Stadt gemacht habe, habe ich geglaubt, die Ehre unseres Ortes um ein Vielfaches zu vergrößern, wenn ich hier auch Juden ansammelte. Ich siedelte also die Ver-
5 sammelten außerhalb der Gemeinschaft und des Wohnbezirks der übrigen Bürger an, und damit sie nicht so leicht durch die Unverschämtheit des Pöbels beunruhigt würden, habe ich sie mit einer Mauer umgeben. Jenen Ort also habe ich ihnen
10 unter der Bedingung übergeben, dass sie jährlich dreieinhalb Pfund Speyerer Geldes zahlen. In der gesamten Stadt habe ich ihnen das Recht zugestanden, Gold und Silber frei zu tauschen und alles zu kaufen und zu verkaufen, was sie wün-
15 schen. [...] Geschlachtetes Fleisch, das sie nach ihrem Gesetz für sich als verboten betrachten, dürfen sie an Christen verkaufen, und diesen ist es erlaubt, es zu kaufen.

Julius H. Schoeps und Hiltrud Wallenborn (Hrsg.), Juden in Europa, Ihre Geschichte in Quellen, Bd. 1, Darmstadt 2001, S. 120 f.

M 3 Abgrenzung durch Kleidervorschriften
Die Kirche legt 1215 auf dem vierten Laterankonzil zur Kenntlichmachung der Juden fest:

In einigen Provinzen unterscheidet die Kleidung die Juden oder Muslime von den Christen, aber in anderen ist eine solche Regellosigkeit eingerissen, dass sie durch keine Unterscheidung kenntlich
5 sind. Es kommt daher manchmal vor, dass irrtümlich Christen mit jüdischen oder muslimischen und Juden oder Muslime mit christlichen Frauen sich vermischen. Damit also den Ausschweifungen einer so abscheulichen Vermi-
10 schung in Zukunft die Ausflucht des Irrtums abgeschnitten werde, bestimmen wir, dass Juden und Muslime beiderlei Geschlechts in jedem christlichen Land und zu jeder Zeit durch ihre Kleidung öffentlich sich von den anderen Leuten
15 unterscheiden sollen [...].

Julius Höxter, Quellentexte zur jüdischen Geschichte und Literatur, Neuausgabe Wiesbaden 2009, S. 260 f. (vereinfacht)

M 4 Juden als Sündenböcke
Ein Priester schreibt in einer Chronik zum Ausbruch der Pestepidemie im Jahr 1349:

Im selben Jahr [1349], wurden die Juden in Erfurt entgegen dem Willen des Rates von der Bürgergemeinde erschlagen, hundert oder mehr. [...] Man sagt auch, sie hätten in Erfurt die Brunnen vergif-
5 tet und auch die Heringe, sodass niemand in der Fastenzeit davon essen wollte. Ob sie Recht haben, weiß ich nicht. Eher glaube ich, der Anfang ihres Unglücks war das unendlich viele Geld, das Adlige, Bürger und Bauern ihnen schuldeten.

Gisela Möncke, Ausgewählte Quellen zur deutschen Geschichte des Mittelalters, Bd. 37, Darmstadt 1982, S. 198 f. (vereinfacht und gekürzt)

M 5 Darstellung jüdischer Menschen
Luzerner Weltchronik von Diebold Schilling, 1513 (Ausschnitt)
Das Bild zeigt eine typische Darstellung jüdischer Menschen während des Mittelalters und der Frühen Neuzeit. Jeder Betrachter konnte sie sofort als Juden erkennen.

---

1. a) Arbeite die Rechte heraus, die Bischof Rüdiger von Speyer den Juden gewährte (M2).
   b) Stelle dar, welche Situation sich daraus für die Juden an anderen Orten ableiten lässt.
2. M5 zeigt eine mittelalterliche Darstellung jüdischer Menschen. Beschreibe ihre Kleidung und nenne, was dir daran auffällt.
3. Arbeite die Gründe für die Kenntlichmachung der Juden heraus, die die Kirche 1215 auf dem Laterankonzil getroffen hat (M3).
4. Der Autor von M4 äußert sich kritisch über die Gründe für die Verfolgung der Juden. Überprüfe seine Aussage mit dem Darstellungstext.
5. Anfang 1349. Du lebst als Jüdin/Jude in einer Stadt, in der die Pest ihre ersten Opfer fordert. Schreibe einen Brief an einen Verwandten und schildere, wie sich deine christlichen Mitbürger verhalten und was du noch befürchtest. Berücksichtige den Darstellungstext und M1–M5.

- 1096: Judenverfolgungen im Zusammenhang mit dem 1. Kreuzzug
- 1215: Juden müssen an ihrer Kleidung Zeichen tragen
- 1349/50: Judenverfolgungen im Zusammenhang mit der Pest Ghettos entstehen

1 Jetzt forschen wir selbst!

Randgruppen in der Stadt

Wie die Menschen in einer mittelalterlichen Stadt lebten und arbeiteten, welche unterschiedlichen Gruppen es gab und wie sie ihre Stadt organisierten, das hast du auf den vorherigen Seiten erfahren. Eine große Zahl von Bewohnern, die in der Stadt kein Bürgerrecht genossen, fehlt noch. Diese Personengruppen sollst du nun selbst erforschen: die Randgruppen. Wer zählte dazu, wie lebten diese Menschen und welche Stellung hatten sie in der städtischen Gemeinschaft?

Vorschläge für Forschungsthemen:
Thema 1: Welche Bedeutung hatten die Randgruppen in der mittelalterlichen Stadt?
Thema 2: „Stadtluft macht frei" – macht Armut unfrei?

M 1 Zwei Totengräber bei der Arbeit
Buchmalerei, Frankreich, um 1400 (Ausschnitt)

Beschreiben
Thema 1: *Fasse zusammen*, welche Menschen in der mittelalterlichen Stadt zur Gruppe der „Unehrlichen" zählten und wie sie lebten.
Thema 2: *Arbeite heraus*, welche Einschränkungen ihrer Freiheit die Randgruppen hinnehmen mussten.

Untersuchen
Thema 1: *Untersuche*, wie die Bürger die Randgruppen behandelten.
Thema 2: *Analysiere* die Ursachen, die für die Lebenssituation der Randgruppen verantwortlich war.

M 2 Bettler empfangen Almosen
Gemälde von Borgognone, Italien, 1490 (Ausschnitt)

Einordnen
Thema 1: *Prüfe*, ob die Einschränkungen des Bettelns in Kirchen dem christlichen Gebot der Nächstenliebe entspricht.
Thema 2: *Überprüfe*, ob die Schenkungen der wohlhabenden Bürger dazu beitrugen, die Freiheit der Randgruppen zu stärken.

Präsentieren
Thema 1: *Erstelle eine Plakat*, auf dem du die Bedeutung, die die Randgruppen in der mittelalterlichen Stadt hatten, darstellst.
Thema 2: *Entwirf ein Gespräch* zwischen einem Henker, einem Totengräber und einem Bettler, in dem sie die Frage klären, ob sie sich in ihrer Stadt frei fühlen.

M 3 Ein Bader wäscht und behandelt Badegäste
Holzschnitt von Jost Ammann (nachträglich koloriert), 1568

Randgruppen in der Stadt

M 4 Landstreicher, Gauner, Bettler

Nürnberg erlässt um 1370 als erste deutsche Stadt eine Verordnung über das Bettlerwesen:

Über die Landstreicher, Gauner und alle Bettler ist man so übereingekommen:
Es soll niemand in den Kirchen und in der Stadt betteln, es sei denn er hat vom Rat die Erlaubnis
5 dazu. Hierfür bekommt er ein Abzeichen.
Man soll keinem das Abzeichen geben und ihn betteln lassen, von dem nicht zwei oder drei Zeugen einen Eid leisten, dass er die Almosen wirklich braucht. Wenn aber der Rat denkt, dass das
10 Leute sind, die sehr wohl wandern oder arbeiten können und des Almosens nicht bedürfen, denen soll man nicht erlauben zu betteln und ihnen kein Abzeichen geben. [...]
Die Bettler sollen in allen Kirchen an den beiden
15 Seiten der Eingänge sitzen oder stehen, wo man meistens die Kirche verlässt oder sie betritt. Und die Bettler sollen nicht bei den Altären noch sonstwo in der Kirche betteln. [...]
Fremden Landstreichern und Gaunern, die länger
20 als drei Tage in der Stadt sind und betteln, wird das Betteln verboten und sie werden für ein Jahr der Stadt verwiesen.
Wenn der Rat aber erfährt, dass arme Leute hierdurch ihren Lebensunterhalt verlieren, dann soll
25 er es verkehren [zurücknehmen], damit es den armen Leuten nicht zu schwer wird.

Nach: Willi Rüger, Mittelalterliches Almosenwesen. Die Almosenordnungen der Reichsstadt Nürnberg. Nürnberger Beiträge zu den Wirtschafts- und Sozialwissenschaften 31, 1932, S. 68 f.

M 5 Armenhilfe? Eigennutz?

Nicht selten treffen reiche städtische Bürger in Urkunden und Testamenten solche Regelungen:

1362 vermacht ein Lübecker Kaufmann und Bürgermeister Wittenborg einen Geldbetrag „zum Heil meiner Seele" dem gemeinen Almosen.
1420 vermacht der Bürger Henning Rene den Sie-
5 chen [Kranken] eine Stiftung, „damit sie Gott für mich bitten".
Der Arzt Johann Wisebeder macht in Frankfurt eine große Almosenstiftung, „um von den Armen den ewigen Lohn zu erwerben".

Heinz Dieter Schmid, Fragen an die Geschichte, Bd. 2, Frankfurt a. M. ⁶1981, S. 117

M 6 Wer wurde ausgegrenzt? Mit welchen Folgen?

Ein moderner Historiker urteilt:

Ein weiterer Grund für die Ausgrenzung konnten unehrenhafte Tätigkeiten und insbesondere unehrenhaftes Gewerbe sein. [...]
Spielleute, Gaukler und überhaupt alle, die für Unterhaltung zuständig waren, zählten meist dazu. [...] Als unehrenhaft galt zudem oft, wer Ab-
5 fälle und Ausscheidungen beseitigte oder berufsmäßig tote Tiere weiterverarbeitete. Betroffen sein konnten zudem Leineweber, Henker, Hebammen, Müller und weitere Berufe. Unehrenhafte Verhaltensweisen führten gleichfalls zu einem Leben am Rande der Gesellschaft: Kriminalität war im Mittelalter nicht unbekannt, und da es Körperstrafen gab, konnte man
10 den Menschen auch ansehen, wenn sie gefehlt hatten. [...]
Schließlich wurde auch nicht akzeptiert, wer vom Idealbild des vernunftbegabten, nach Gottes Ebenbild geschaffenen Menschen abwich. Geistige oder körperliche Behinderungen führten damit zur Randständigkeit.
Die Benachteiligungen, denen diese Randgruppen ausgesetzt waren, rich-
15 teten sich nach dem Grad der Ächtung. Beleidigungen, soziale Meidung, Kontaktverbote oder eine Beschränkung des Zugangs zu höher angesehenen städtischen Gemeinschaften waren für die Betroffenen unangenehm genug. Schwerer noch wogen der Wegfall jeglichen Rechtsschutzes oder gar eine aktive Verfolgung.

Oliver Plessow, Die Stadt im Mittelalter, Stuttgart 2013, S. 118 f.

M 7 Vermögen der Augsburger Bürger im 14. Jh.

Steuern pro Person im Jahr (Gulden)	Personen (insg. 4485)	Vermögen (Gulden)
0 (Bettler)	107	0
0 (Tagelöhner)	151	0
0 (Habenichtse, Handwerker)	2700	0
unter ½	420	bis 50
½ – 1	532	50–100
1–3	266	100–400
3–6	98	400–800
6–10	59	800–1400
10–15	48	1400–2000
15–20	26	2000–2667
20–25	16	2667–3333
25–30	15	3333–4000
30–40	13	4000–5333
40–50	14	5333–6667
50–60	4	6667–8000
60–70	3	8800–9333
70–80	7	9333–10667
80–90	2	10667–12000
90–100	4	12000–13333

Heinrich Reincke, Bevölkerungsprobleme der Hansestädte, in: Carl Haase (Hrsg.), Die Stadt im Spätmittelalter, Bd. 3, Darmstadt 1973, S. 298

Wer hat das Sagen in der Stadt?

M 1 Ratssitzung
Holzschnitt, 15. Jh. Die Ratsherren sind mit ihren Familienwappen gekennzeichnet. Diesen Brauch haben sie von den adligen Rittern übernommen. Das große Wappen im Vordergrund verrät, in welcher Stadt dieser Stadtrat tagt: in Augsburg.

Wer soll die Stadt regieren?
Die neu gegründeten Städte wurden zunächst von Ministerialen, Burggrafen oder anderen Vertretern der Stadtherren verwaltet. Sie kassierten die Zölle, prägten die Münzen und kontrollierten das Marktgeschehen und die Maße und Gewichte. Außerdem mussten sie dafür sorgen, dass ihre Stadt im Kriegsfall genug Soldaten stellte.

Die angesehenen Kaufmannsfamilien, die Patrizier, forderten jedoch mehr Freiheiten und Rechte. Nach italienischem Vorbild schlossen sie sich seit dem 12. und 13. Jh. zu Gemeinschaften, sogenannten Kommunen, gegen den Stadtherrn zusammen. Gemeinsam wollten sie insbesondere durchsetzen, in der Stadt selbst Recht sprechen zu dürfen. Oft kauften sie den Stadtherren die neuen Rechte ab. Manchmal erkämpften sie sich die **städtische Selbstverwaltung** auch mit Gewalt. Wo dies gelang, wurden aus ehemaligen Königsstädten Reichsstädte und aus Adels- und Bischofsstädten „Freie Städte". Zu ihnen zählten Lübeck, Köln, Erfurt, Frankfurt am Main, Mainz, Speyer, Augsburg und Regensburg. Hier waren die Bürger in ihren Mauern weitgehend unabhängig vom bisherigen Stadtherrn. In vielen Städten konnten sich aber auch die Stadtherren behaupten.

Zunftkämpfe
Sobald die Patrizier ihre Städte selbst verwalten durften, wählten sie aus ihrer Mitte den **Stadtrat**. Dieser wählte einen Bürgermeister. Beide zusammen bildeten die Regierung der Stadt: Sie kontrollierten den Handel, vereinbarten gegenseitige Zollfreiheiten mit anderen Städten, sorgten für Bau und Unterhalt der Stadtmauer, kümmerten sich um Schulen, Kirchen und Spitäler und sprachen Recht.

Gegen die alleinige Macht der Patrizier wehrten sich bald die Handwerker aus den Zünften.[1] Sie hatten großen Anteil am Wohlstand der Städte, protestierten gegen die steigenden Abgaben sowie gegen die Misswirtschaft der Patrizier und forderten eine Beteiligung an der Stadtregierung. Zwischen 1300 und 1500 wurden mehrere hundert solcher „Zunftkämpfe" ausgetragen: Nur we-

[1] siehe S. 40 f.

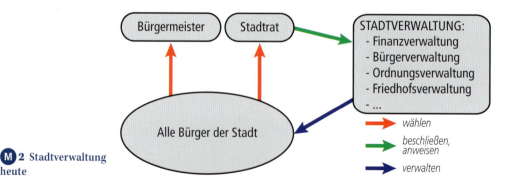

M 2 Stadtverwaltung heute

Europa im Mittelalter

M 3 Einsetzung von Stadtherren
Kaiser Otto II. setzt 979 Bischof Hildebold von Worms als Stadtherrn ein und gewährt ihm damit weitreichende Rechte:

Wir [Kaiser Otto] überlassen Bischof Hildebold von Worms zu dauerndem Besitz den Ertrag aus allen Zöllen und die ganze Gerichtsbarkeit in der Stadt und in der Vorstadt. [...] Keine Gerichtsper-
5 son soll in der Stadt künftig irgendwelche Machtbefugnis ausüben, außer der Person, welche der Bischof als Vogt an ihre Spitze gestellt hat.

MGH DO II 199 (übersetzt von F. Harteker)

M 4 Herrschaft durch Beamte
Dieser Auszug aus dem ältesten Straßburger Stadtrecht um 1200 zeigt, dass der Stadtherr zwar allein regiert, aber Helfer und Verwalter hat:

5. Alle Beamten dieser Stadt unterstehen der Herrschaft des Bischofs.

7. Die vier Beamten, aus denen das Stadtregiment besteht, setzt der Bischof selber in ihr Amt ein,
5 nämlich den Schultheißen, den Burggrafen, den Zolleinnehmer und den Münzmeister.

8. Der Schultheiß soll über Diebstahl, Frevel und Geldschulden über alle Bürger der Stadt und alle aus dem Bistum Hereinkommenden richten.
10 9. Zum Amt des Burggrafen gehört es, die Meister fast aller Handwerke in der Stadt zu bestimmen.

Wolfgang Lautemann und Manfred Schlenke (Hrsg.), Geschichte in Quellen 2, Mittelalter, München ⁴1996, S. 723 ff. (gekürzt)

M 5 Wer darf in den Rat?
Der Herzog von Sachsen erlässt Mitte des 12. Jh. für Lübeck diese Kriterien für die Ratsmitglieder:

Wählt man jemanden in den Rat, der soll zwei Jahre darin sitzen, im dritten soll er frei sein, man kann ihn aber bitten, den Rat zu besuchen. Wir bestimmen auch, dass niemand in den Rat kom-
5 me, der nicht ehelich, von freier Geburt und niemandes Eigentum sei, auch darf er bei keinem Herrn irgendein Amt bekleiden. Er soll „von gutem Ruf sein" und auch seine Mutter muss frei und niemandes
10 Eigentum gewesen sein. Er soll liegendes Eigentum [Grundbesitz] innerhalb der Mauern haben, er darf zu seinem Eide nicht gezwungen sein und seine Nahrung nicht mit Handwerk erworben haben.

Lautemann/Schlenke, a. a. O, S. 733 (gekürzt)

M 6 Zünfte im Rat
Im zweiten Zunftbrief von Augsburg (1368) wird festgelegt, dass auch Zünfte in Zukunft ein Mitspracherecht im städtischen Rat haben werden:

Wir [Ratsmitglieder und Bürger] ordnen an, dass sich aus allen Handwerken der Stadt 18 Zünfte bilden sollen, von denen jede einen Zunftmeister haben soll, der in den Rat geht. [...]
5 So haben wir angeordnet, dass aus den 18 Zünften 29 Personen in den Rat gehen sollen. Man soll dann aus den ehrbarsten und angesehensten Bürgern 15 in den Rat wählen. Und die genannten 29 und die Ratsmitglieder der Gemeinde sollen
10 zwei Bürgermeister wählen, einen von den Bürgern und einen von den Zünften der Gemeinde.

Nach: Die Chroniken der deutschen Städte, Bd. 4, Leipzig 1869, S. 135-139 (sprachlich vereinfacht und gekürzt)

M 7 Menschen in der Stadt
Durchschnittliche Anteile der gesellschaftlichen Schichten in einer mittelalterlichen Stadt.

---

1. Arbeite aus den Quellen M3 und M4 heraus, wer über eine Stadt herrschen konnte und wie diese Herrschaft durchgesetzt wurde.
2. Nenne die Voraussetzungen, um in den städtischen Rat gewählt zu werden (M5).
3. Der zweite Augsburger Zunftbrief (M6) stellt einen vorläufigen Endpunkt einer längeren Entwicklung der Stadtherrschaft dar. Beschreibe die Entwicklung der Stadtherrschaft und Mitbestimmung mit M3 bis M7.
4. Bewerte die mittelalterliche Stadtherrschaft mit Bezug auf Mitbestimmung der Menschen.
5. M7 zeigt, wie Städte heute verwaltet werden.
   a) Beschreibe und erkläre das Schaubild.
   b) Vergleiche die Stadtherrschaft im Spätmittelalter mit der von heute.

Wo der Pfeffer wächst: Handel mit Asien

M 1 Reich beladen
Buchmalerei, Spanien, um 1375
Die Zeichnung in einem Atlas zeigt eine Karawane aus berittenen Händlern und Treibern, die mit Lastkamelen aus China nach Europa zurückkehrt.

Gewürze und andere Luxuswaren

Heute finden wir in jedem Supermarkt Gewürze in großer Auswahl. Manche gehören so sehr zu unserer Küche, dass wir uns oft gar nicht mehr klar machen, dass sie ursprünglich vom anderen Ende der Welt stammen: Pfeffer und Ingwer aus Indien, Muskatnuss und Nelke von indonesischen Inseln. Solche Würzmittel haben ein viel kräftigeres Aroma als einheimische. Deshalb schätzten die Menschen im Mittelalter exotische Gewürze sehr hoch. Aber kaum jemand konnte sie sich leisten, denn ihr langer Handelsweg hatte seinen Preis: Pfeffer wurde zeitweise mit Gold aufgewogen!
Eine anderer Luxusartikel aus Asien ist Seide. Der hauchdünne Spinnfaden der Seidenraupe kann zu leichten, glänzenden Stoffen gewebt werden. Obwohl Seide seit dem Hochmittelalter auch am Mittelmeer hergestellt wurde, blieben der Rohstoff und die Gewebe aus China unsagbar teuer.

„Seidenstraße" – „Glasstraße"

Asiatische Güter kamen über die „**Seidenstraße**" nach Europa. In Wirklichkeit handelt es sich um ein ganzes Netz von Routen zwischen chinesischem Meer und Mittelmeer. Von China aus könnte das Wegesystem auch „Glas-" oder „Weinstraße" heißen, denn diese Produkte kamen aus Westen.
Nicht jeder Händler musste bis ins Ursprungsgebiet der Waren reisen: Märkte unterwegs, auf denen sich Karawanen aus Ost und West trafen, boten Gelegenheit zum Güteraustausch. Jeder Schritt dieses **Zwischenhandels** verteuerte die Produkte.

Fernhandel: Wagnis und Gewinn

In europäischen Städten war der Händlerberuf entstanden. Für hohe Gewinne mussten Kaufleute entweder große Mengen billiger Waren oder aber teure Luxusgüter verkaufen. Gerade hier konnte der Profit riesig sein, weshalb Händler lange Reisen und hohe Risiken in Kauf nahmen. Für Geschäfte mit Gütern aus Asien interessierten sich besonders die erfahrenen Seehändler in Genua und Venedig.

Marco Polo – ein Kaufmann und mehr

Die venezianische Familie Polo hatte Niederlassungen in Konstantinopel und auf der Krim. Auf einer Reise an die Wolga waren zwei Polo-Brüder, die mit Juwelen handelten, weit nach Osten verschlagen worden und in einem Jahr bis Peking gelangt. Der chinesische Kaiser nahm sie freundlich auf und entließ sie mit der Bitte, ihm Gelehrte zur Verbreitung des Christentum zu schicken, nach Hause.
Mit zwei Mönchen brachen die Polos 1271 erneut nach Asien auf. Diesmal war auch der 17-jährige **Marco Polo** dabei. Nach einer abenteuerlichen Reise traf die Gruppe 1275 in Shangdu ein, der Sommerresidenz des Kaisers. Wegen ihrer Kenntnisse waren die Italiener bei Hof angesehen. Marco reiste als Beamter durch China. Aus Furcht, nie wieder fortgelassen zu werden, nahmen die Polos 1292 an einer Gesandtschaft nach Persien teil. Von dort kehrten sie 1295 nach Venedig zurück. Die 500 kg Seide, die sie mitführten, waren in Kleinasien beschlagnahmt worden. Marco Polo schrieb später ein sehr erfolgreiches Buch über seine Reise.

M 2 „Hundsköpfe" in Ceylon beim Gewürzhandel
Buchmalerei in einer Ausgabe des Reiseberichts von Marco Polo, Paris, um 1412

Seidenstraße   Zwischenhandel   Marco Polo

Fenster zur Welt: Europa und Asien im Kontakt

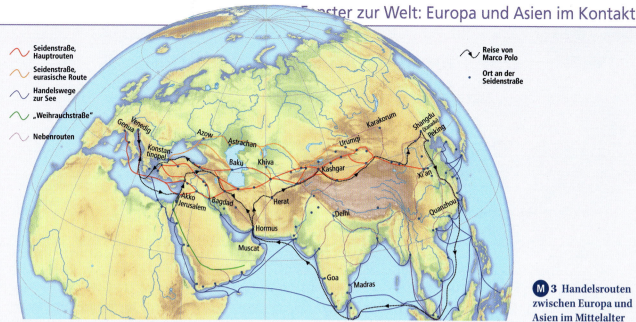

M 3 Handelsrouten zwischen Europa und Asien im Mittelalter

M 4 Handbuch des Kaufmanns

Der Bankier Francesco Pegolotti aus Florenz verfasst um 1340 ein „Handbuch des Kaufmanns". Den Kaufleuten im China-Handel rät er:

Lass dir einen Bart wachsen. In *Azow* besorge dir einen Dolmetscher. Spare nicht, ein schlechter wird dich teuer zu stehen kommen. Außerdem besorge dir mindestens zwei gute Diener. Wenn
5 du eine Frau mitnimmst, wird man dich unterwegs respektvoller behandeln.
Von *Azow* nach *Astrachan* brauchst du 25 Tagesrationen. Du solltest überhaupt in allen Hauptstädten Mehl und gesalzenen Fisch einkaufen.
10 Fleisch bekommst du unterwegs überall.
Der Weg von *Azow* nach China ist vollkommen sicher, bei Tag wie bei Nacht. Nur wenn ein Kaufmann unterwegs stirbt, werden Beamte des örtlichen Herrschers seine Waren an sich nehmen.
15 China hat eine Menge Städte. In einer, quasi der Hauptstadt, sind sehr viele Kaufleute, dort findet großer Handel statt. Die Stadt heißt *Cambalec*[1].
Rechne so: Ein Kaufmann mit Dolmetscher, zwei Dienern und Waren im Wert von 25 000 Gulden[2]
20 dürfte für die Reise nach China 60 bis 80 Sommi[3] Silber ausgeben, nicht mehr, wenn er haushaltet.

Für den Rückweg nach *Azow* rechne einschließlich Lebenshaltung, Bezahlung der Diener, Gebühren und Zölle mit etwa 5 Sommi pro Lasttier,
25 eher weniger. Ein Sommo ist etwa 5 Gulden wert. Ein Ochsenwagen fasst 10 Zentner, ein Kamelwagen (drei Kamele) 30 Zentner, ein Pferdewagen 6 ½ Zentner Seide, 250 Pfund auf den Zentner gerechnet. Ein Ballen Seide wiegt 110 - 115 Pfund.
30 Jeder, der nach China reist, sollte Leinentücher mitführen. Die lassen sich in *Khiva* gut absetzen. Dort sollte er Silber-Sommi kaufen und ohne weitere Käufe weiterreisen, es sei denn er kauft einige Ballen außerordentlich edle Waren, die nicht
35 viel Platz wegnehmen.
Alles Silber, das du mitführst, wird in China vom Herrscher eingezogen und gegen Papiergeld getauscht. Damit kannst du Seide und alle anderen Waren bequem kaufen. Alle Leute sind verpflich-
40 tet, es anzunehmen, und du zahlst damit keinen höheren Preis.
Für einen Sommo bekommst du 19 bis 20 Pfund Rohseide oder 3 bis 3 ½ Stücke Seidentuch.

Nach: Henry Yule, Cathay and the Way Thither. A Collection of Medieval Notices of China, Vol. II, London 1866, S. 291 - 295 (vereinfachend übersetzt von Markus Sanke)

Info: Technologietransfer

Aus Asien kamen entlang der Seidenstraßen nach Europa:
- Steigbügel
- Papier
- Schießpulver
- Kompass
- Buchdruck
- Porzellan

[1] Cambalec: heute Peking
[2] Gulden: Goldmünze von 3,5 g. Für ca. 10 Gulden bekam man ein Pferd. Ein Pfund Rohseide war in Italien 2 - 4 Gulden wert.
[3] Sommo, Pl. Sommi: 368 g schwerer Silberbarren, speziell für den Handel mit Asien angefertigt

---

1. Beschreibe die Bedeutung der Seidenstraße für Europa und Asien (Darstellung, M1 - M4).
2. Charakterisiere die Abbildung M2. Beurteile, warum Reisebeschreibungen wie die von Marco Polo in Europa sehr erfolgreich waren.
3. Als Kaufmann aus Genua willst du in den Handel mit Gewürzen und Seide einsteigen. Schreibe einen Plan: Was musst du vorbereiten, wie gehst du vor, welchen Gewinn erwartest du, was kann schiefgehen?

Das Imperium des Dschinghis Khan

M 1 Dschingis Khan Buchmalerei in einer persischen Chronik, um 1300
Auf ihren wendigen Pferden, ausgerüstet mit Steigbügeln, konnten die Mongolen hervorragend reiten. Pfeil und Bogen waren ihre gefürchteten Waffen.

Info:
Eine Legende aus der Mongolenzeit erzählt: Eine Jungfrau mit einem Topf voll Gold konnte unbehelligt von einem Ende des Reiches zum anderen gelangen.

Das größte Reich der Weltgeschichte

Schon der Weg nach Palästina konnte sehr riskant sein. Wie kam es, dass Europäer im 13. Jh. – erstmals seit der Antike – sogar bis China kamen?
Der Mongole Temüdschin hatte mehrere Nomadenstämme in der asiatischen Steppe vereinigt, die sich zuvor bekämpft hatten. 1206 wurde er zum „Großkhan" ernannt, zum Herrscher über alle Fürsten (Khane). Er wurde **Dschingis Khan** („Weltherrscher") genannt und begann, die Nachbarvölker anzugreifen. Frieden schloss er erst, wenn sie seine Herrschaft anerkannten. Dschingis' Reiter eroberten mit brutaler Härte einen Raum, der bei seinem Tod ganz Zentralasien umfasste. In manchen Gegenden wurde ein Drittel der Bewohner getötet. Die Nachfahren Dschingis Khans dehnten das **Mongolenreich** weiter aus: 1280 standen 25 Millionen km² unter der Kontrolle des Großkhans.

Wie konnte das Mongolenreich funktionieren?

Das Riesenreich, in dem eine Million Mongolen über 140 Millionen Menschen herrschten, blieb stabil, weil die Mongolen es sehr geschickt regierten:
– Nach der Eroberung neuer Länder ließen sie den Bewohnern ihre Lebensweise.
– Im Mongolenreich herrschte religiöse Toleranz.
– Die Khane verlangten nur die Anerkennung ihrer Herrschaft und die Zahlung von Tributen.
– Der Khan suchte den Rat einheimischer Fürsten.
– Eine Post erlaubte schnellste Kommunikation zwischen den Regionen und der Hauptstadt.
– Händler aller Länder waren willkommen und wurden von mongolischen Kriegern geschützt.
– Eine einheitliche Währung im ganzen Reich förderte den Handel. Papiergeld wurde eingeführt.
– Dschingis Khan ließ eine Schrift für das Mongolische schaffen. Die Verwaltung nutzte sie.
– Ein strenges Gesetzbuch regelte den Alltag.
– Im Mongolenreich war ein Aufstieg nach Verdienst möglich; die Abstammung galt wenig.

Mongolensturm – Mongolenfriede

Gerüchte vom Vorstoß der Mongolen drangen seit etwa 1230 nach Europa. Anfangs glaubte man, die „Tataren", wie man sie nannte, hätten einen christlichen König, ja, sie würden den Kreuzfahrern im Heiligen Land zu Hilfe kommen. Als Mongolen 1240 Kiew zerstörten und im Jahr darauf in Schlesien einfielen, folgte die Ernüchterung: Bei Liegnitz besiegten mongolische Reiter 1241 ein polnisch-deutsches Heer. Zwei Tage später wurde die Armee des ungarischen Königs vernichtet.
In Europa verbreiteten sich Angst und Schrecken. Chronisten sahen im **Mongolensturm** ein Zeichen für den Weltuntergang. Wie ein Wunder kam es Zeitgenossen vor, dass die Reiter nicht weiter westwärts zogen, sondern abrückten – wohl um einen Nachfolger für den toten Großkhan zu wählen.
Für manche war der Aufstieg des mongolischen Imperiums aber auch ein Segen: die Kaufleute. Hatten die vielen Herrschaften in Asien den Handel bislang fast unmöglich gemacht, gab es jetzt nur noch eine einzige Macht: den Großkhan, der zudem fremde Händler förderte, da sie seinen Reichtum vermehrten. Die spätere Forschung prägte für diese Zeit, in der auch viele Reiseberichte über Asien entstanden, den Begriff „**Pax mongolica**".

Ende des Imperiums

1259 begann ein Streit, wer der neue Großkhan sein sollte. In China hatte Kublai Khan, ein Enkel von Dschingis, 1279 die Song-Dynastie abgelöst und die mongolische Yuan-Dynastie begründet. Das Mongolenreich zerfiel in vier unabhängige Khanate, die keine gemeinsamen Ziele verfolgten. Alle Khane verloren bis zum 16. Jh. ihre Macht. Zugleich wurde für Europäer der Weg nach Asien wieder schwierig – die Pax mongolica war vorüber.

Fenster zur Welt: Europa und Asien im Kontakt

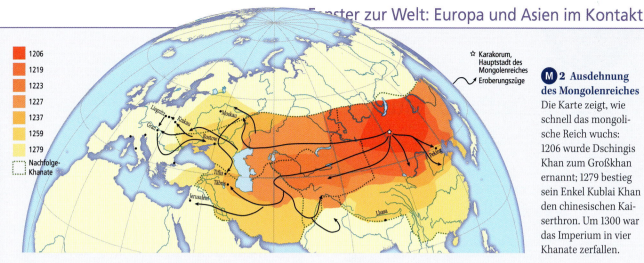

M 2 Ausdehnung des Mongolenreiches
Die Karte zeigt, wie schnell das mongolische Reich wuchs: 1206 wurde Dschingis Khan zum Großkhan ernannt; 1279 bestieg sein Enkel Kublai Khan den chinesischen Kaiserthron. Um 1300 war das Imperium in vier Khanate zerfallen.

M 3 Der Großkhan an das „Königlein"
1238 erhält der ungarische König Béla diesen Brief:
Ich, der Khan, Bote des Himmelskönigs, der mir die Macht gab, auf Erden alle zu erheben, die sich mir unterwerfen, meine Gegner aber zu unterdrücken, wundere mich über Dich, Königlein von Ungarn, weil Du, obgleich ich 30 Mal
5 Gesandte an Dich geschickt habe, mir keinen davon zurückgeschickt hast. Ich weiß, dass Du ein reicher und mächtiger König bist, viele Krieger hast und allein ein großes Reich beherrschst. Deshalb fällt es Dir schwer, Dich mir freiwillig zu unterwerfen, doch es wäre besser für Dich und heilsamer!

Nach: Felicitas Schmieder, Europa und die Fremden. Die Mongolen im Urteil des Abendlandes, Sigmaringen 1994, S. 73 f.

M 4 Schreckensnachrichten über die „Tataren"
Eine Kölner Chronik berichtet zum Jahr 1241:
Es heißt, sie haben viele Völker jenseits des Meeres und am Meer überwältigt und das Russenreich unterworfen. In diesem Jahr sind sie in Polen eingefallen, das sie verheerten und plünderten. Die Polen vertrieben oder erschlugen sie. Herzog
5 Heinrich von Schlesien, der sich in tapferem Kampf stellte, wurde bei Liegnitz besiegt. Viele Ritter fielen, die Tataren schnitten Herzog Heinrich den Kopf ab. Dann wandten sie sich gegen Mähren und legten an einem Tag den Weg von vier Tagesreisen zurück. Mit Ausnahme der Burgen verwüste-
10 ten sie ganz Mähren. Bei ihrem Weitermarsch streiften sie das Gebiet des Bistums Meißen und erschlugen viele. Dann kamen sie nach Ungarn und wüteten mörderisch.

Nach: Wilfried Hartmann, Deutsche Geschichte in Quellen und Darstellung, Bd. 1, Stuttgart 1995, S. 428 (stark gekürzt und vereinfacht)

M 5 Der Mongolensturm – aus persischer Sicht
Der persische Historiker Juvaini berichtet über die Mongolen:
Am nächsten Morgen umschloss das mongolische Heer die Festung [Samarkand]. In kurzer Zeit nahm es die Tore und stürmte die Festung. Tausend Männer zogen sich in die Moschee zurück und kämpften wild. Dschingis Khan setzte
5 Brandtöpfe ein, die Moschee und alle darin verbrannten. [...] Alle in der Festung wurden vor die Stadt geführt. Ihre Köpfe wurden nach mongolischer Art geschoren, um die Angst zu zerstreuen. Aber bei Sonnenuntergang ging der Tag ihres Lebens zu Ende, in der Nacht wurden alle Männer ins Meer der
10 Zerstörung gestürzt. [...] Als Stadt und Festung zerstört waren, wurden die Überlebenden gezählt. 30 000 wurden wegen ihrer Berufe ausgewählt. Dschingis Khan gab sie an Söhne und Verwandte. Die gleiche Zahl wurde ins Heer gesteckt. Von denen, die in der Stadt bleiben durften, wurde – da sie
15 am Leben waren – 100 000 Denar Lösegeld erhoben.

Der gleiche Chronist erzählt dieses spätere Ereignis:
Sie kamen in die Stadt Quchan, die seit dem ersten Einfall der Mongolen in Ruinen lag, die Häuser verlassen, die Kanäle trocken. Keine Mauer stand mehr außer die der Moschee. Da ich das Interesse des Khans am Wiederaufbau kannte, lenkte ich
20 seine Aufmerksamkeit auf Quchan. Er hörte mir zu und erließ den Befehl, die Kanäle zu reparieren, die Häuser aufzubauen, einen Basar zu gründen, das Schicksal der früheren Einwohner zu erleichtern und sie wieder dort anzusiedeln. Alle Kosten sollen aus dem Staatsschatz kommen. Der oberste Minis-
25 ter gab 3 000 Golddenare, um die Arbeiten zu bezahlen.

Nach: J. A. Boyle, Genghis Khan. The History of the World Conqueror. Manchester ²1997, S. 121 f. und 617 (vereinfachend übersetzt von Markus Sanke)

---

1. Arbeite heraus, wie das Mongolenreich regiert werden konnte und warum es unterging.
2. Stelle den Zusammenhang zwischen Mongolensturm und Pax mongolica dar.
3. Dschingis vor Gericht: Die Staatsanwaltschaft klagt ihn an, ein blutiger Unterdrücker zu sein. Die Verteidigung stellt ihn als klugen Herrscher dar. Wählt eure Rolle und spielt das Verfahren.

Wandel in Zeit und Raum: dynamische Karten

Im vorigen Schuljahr habt ihr gelernt: Geschichtskarten können Antworten geben auf die Frage: „Was war früher wo?" Aber Karten können nicht nur zeigen, wie etwas zu einem Zeitpunkt war, sondern auch, welche Veränderungen in längeren Zeiten stattfanden. Die erstgenannten Karten nennt man „statisch" (Status: Zustand), letztere heißen dagegen „dynamisch" (Dynamik: Bewegung).

Schritte zur Analyse einer „dynamischen Geschichtskarte":

1. Schritt: Die Karte beschreiben
- Welches Thema hat die Karte?
- Welchen Raum und welchen Zeitraum behandelt die Karte?
- Mit welchen grafischen Mitteln stellt sie Veränderungen dar?
- Welche sonstigen Informationen enthält die Karte?

2. Schritt: Die Karte analysieren und einordnen
- Was verändert sich im dargestellten Raum und Zeitraum?
- Welche Zwischenschritte kann man erkennen?
- Was muss ich schon wissen, um die Karte richtig zu verstehen?
- Welche Gründe können der Karte entnommen werden?
- Welche Folgen der Entwicklung können abgeleitet werden?

3. Schritt: Die Karte bewerten
- Welche historische Veränderung erklärt die Karte?
- In welchem Zusammenhang steht diese Veränderung?
- Welche Zusammenhänge werden verdeutlicht?
- Welche Fragen beantwortet die Karte nicht?

Folgende Formulierungen helfen dir bei der Aufgabe:

1. Schritt: *Die Karte behandelt … – Der dargestellte Raum umfasst … – Der behandelte Zeitraum reicht von … bis … – Veränderungen werden dargestellt durch … – Zusätzlich enthält die Karte …*

2. Schritt: *Zum Zeitpunkt … gab es … – Am Ende des Zeitraums … – … und … waren besonders stark/gering betroffen. – Die Karte legt nahe, dass … Gründe/Folgen der Entwicklung waren, weil …*

3. Schritt: *Die Karte zeigt, wie sich … über … veränderte. – Dieser Vorgang hängt zusammen mit … – Folgen für die Menschen waren damals … – Der Zusammenhang zwischen … und … ist einleuchtend/nicht einleuchtend, weil … – Die Karte gibt keine Auskunft darüber, wie/was/ob/ …*

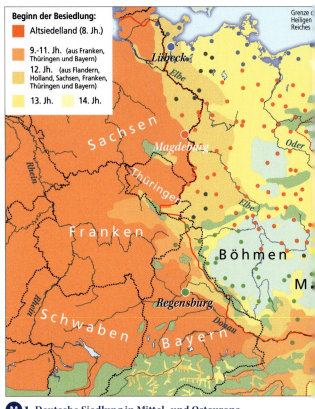

M 1 Deutsche Siedlung in Mittel- und Osteuropa

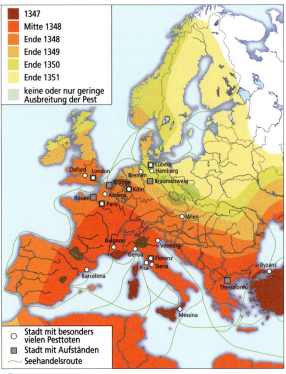

M 2 Der „Schwarze Tod" – Ausbreitung der Pest 1347 - 1352

Dynamische Geschichtskarten auswerten

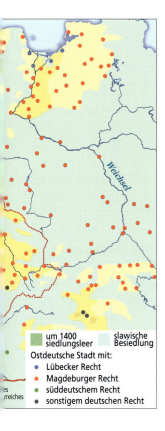

Kontext zu M1:
Das große Bevölkerungswachstum im Reich konnte durch Stadtgründungen und intensivierte Landwirtschaft nicht aufgefangen werden. Dagegen waren Gebiete östlich von Elbe und Oder zwar nicht siedlungsleer, aber viel dünner besiedelt.
Bis um 1400 werden in Ostmitteleuropa[1] von Menschen aus dem Westen zahlreiche Dörfer und Städte gegründet. Dieser Vorgang wird als „deutsche Ostsiedlung" bezeichnet.

Bis zum 11. Jh. führte meist die kriegerische Eroberung von östlichen Gebieten zur Ansiedlung deutschsprachiger Menschen. Später riefen dann Fürsten (deutsche wie slawische) zur Einwanderung auf und vergaben Vergünstigungen.
Die neuen Städte übernahmen oft das Stadtrecht einer älteren Stadt.
Die Anwesenheit deutschsprachiger Gruppen hatte auf die Kultur und Geschichte in diesem Raum bis in das 20. Jh. große Auswirkungen.

So könnte eine Bearbeitung von M1 aussehen:

1. Beschreiben:
Die Karte bildet den Raum zwischen Rhein und Weichsel, Ostseeküste und Alpen ab. Sie zeigt mit verschiedenen Flächenfarben, in welchen Gebieten zu welcher Zeit deutsche Besiedlung begann. Der behandelte Zeitraum umfasst das 8.-14. Jh. Aus der Legende erfahren wir, woher die Siedler überwiegend stammten. Mit Punkten sind ostdeutsche Stadtgründungen angegeben, die Symbolfarbe unterrichtet über das dort geltende Stadtrecht.

2. Analysieren und einordnen:
Im Kartenzeitraum hat sich die deutsche Besiedlung weit nach Osten vorgeschoben. Im gesamten Raum wurden Städte mit deutschem Stadtrecht gegründet, oft an Magdeburger oder Lübecker Recht angelehnt. Nur extreme Höhenlagen waren siedlungsleer. Östlich der deutschen Siedlung lagen Gebiete mit slawischen Einwohnern. Auch hier sind deutsche Stadtgründungen festzustellen.

3. Bewerten:
*Wir erfahren: Deutschsprachige Siedler zogen im Mittelalter in großer Zahl nach Osten und gründeten Dörfer und Städte. Dies ergänzt unsere Kenntnis der „Verstädterung": Städte wurden nicht nur in deutsch besiedelten Gebieten gegründet, sondern auch östlich der Sprachgrenze. Die Reichsgrenze wurde weit verschoben.
Wir erfahren nicht: Warum zogen die Siedler nach Osten? Wurden sie gerufen? Wer lebte vorher in diesen Räumen oder waren sie siedlungsleer? Wie gestaltete sich das Zusammenleben von Deutschen und Slawen? (Siehe dazu die Kontext-Informationen.)*

Kontext zu M2:
1347 legte im Hafen von Messina ein schauriges Schiff an: Mehr als die Hälfte der Mannschaft war an einer rätselhaften Krankheit gestorben. Die Seuche war in Asien schon seit Langem bekannt, nun griff sie auch auf Europa über.
Was niemand wusste: Ratten tragen den Erreger der Pest in sich, ohne selbst krank zu werden. Rattenflöhe, die Menschen beißen, stecken diese an. 2 - 6 Tage später werden die Patienten schwach und bekommen hohes Fieber. Ihre Lymphknoten schwellen zu Beulen an. Innerhalb von zwei Wochen sterben die Infizierten. Vorher stecken sie andere Menschen durch Tröpfcheninfektion an.
In den vier Jahren nach dem ersten Auftreten in Europa fordert die Pestepidemie etwa 25 Millionen Todesopfer – ein Drittel der Gesamtbevölkerung. Besonders schwer betroffen: die Städte.

Jetzt bist du dran:
1. Bearbeite die „dynamische Geschichtskarte" M2 nach den Arbeitsschritten im Methodenkasten links.
2. Informiere dich über die „Große Pest" in Europa 1347-1352. Nutze dazu auch den Internettipp.
3. Finde heraus, welche Auswirkungen die spätmittelalterliche Pest auf die Menschen hatte, die aus der Karte M2 nicht hervorgehen.
4. Stelle fest, mit welchen Mitteln die anderen Karten dieses Buches arbeiten, und beurteile, ob es sich um „dynamische Karten" handelt.

Internettipp:
Mehr zur Großen Pest im 14. Jh. erfährst du unter 31042-07

[1] Ostmitteleuropa: die heutigen Staaten Polen, Tschechien, Slowakei und Ungarn

1 Das weiß ich – das kann ich!

Am Anfang dieses Kapitels stehen zwei Leitfragen:
Das Leben der Menschen im Mittelalter – fern und doch nah?
Warum und in welcher Weise begegnen sich im Mittelalter fremde Kulturen?
Mit den selbst entwickelten Arbeitsfragen zu den fünf Kategorien (S. 12 f.) kannst du sie nun beantworten:

Gesellschaft

Im 11. Jh. entstand die Vorstellung einer von Gott in drei Stände gegliederten Gesellschaft, in der Klerus, Adel und Bauern ihre jeweiligen Aufgaben zu erfüllen hatten. Die Ständeordnung war jedoch nicht unabänderlich. Im Spätmittelalter kam es zu Veränderungen und Kritik. Aus ursprünglich unfreien Dienstmannen entwickelte sich das Rittertum, das den Aufstieg in den Adel schaffte. Ritter schufen sich eigene Regeln und Werte. Eine städtische Sondergruppe waren die Juden, die sich von ihrem christlichen Umfeld unterschieden. Die Beziehungen zu Christen waren zum Teil eng, wiederholt kam es aber auch zu massiven Judenverfolgungen, in denen die Juden als „Sündenböcke" herhalten mussten.

Kultur

Die Kultur im Mittelalter war von der Religion bestimmt. Antriebskraft der Menschen war ihre Frömmigkeit. In der christlichen Kirche spielten Klöster eine besondere Rolle. Hier lebten Mönche oder Nonnen nach strengen Regeln zusammen. Klöster waren durch ihre Klosterschulen auch Zentren der Bildung. Mönche und Nonnen erbrachten oft große kulturelle Leistungen. Juden konnten dank Schutzprivilegien zeitweise unbehelligt ihren Glauben leben. Ein solches Privileg allein war aber keine Garantie für sicheres jüdisches Leben. Ein Krieg zwischen den Kulturen entzündete sich im Rahmen der Kreuzzüge, als Christen versuchten, die Heiligen Stätten von den Muslimen zu befreien. Beide Seiten betrachteten diesen Konflikt als „Heiligen Krieg".

Vernetzung

Die Kreuzzüge waren gewaltsame Begegnungen zwischen Christen und Muslimen. Die Feindbilder von der jeweils anderen Seite wirken bis heute fort. Durch Kulturaustausch gelangten aber auch Kenntnisse über Errungenschaften der islamischen Kultur in den christlichen Westen.

Herrschaft

Das Königtum des Heiligen Römischen Reiches bündelte zahlreiche Aufgaben: Könige mussten das Reich vergrößern, die Grenzen sichern und im Innern für Recht und Frieden sorgen. Das Königtum des Mittelalters war ein Reisekönigtum. Dabei war der König auf Hilfe seiner Getreuen angewiesen. Er vergab Land und Rechte (Lehen) an Untertanen, die ihm wiederum durch einen Treueid zu Hilfe und Rat verpflichtet waren (Lehnssystem). Burgen boten den adligen Familien mit ihren Untergebenen Schutz. Sie waren zugleich Zeichen für der Macht ihrer Besitzer. Ursprünglich verwalteten unfreie Dienstmannen (Ministerialen) das Land des Königs oder eines Fürsten von den Burgen aus.
In den zahlreichen im Mittelalter gegründeten Städten befreite das Bürgerrecht aus der Herrschaft des Landesherrn – „Stadtluft macht frei". Angesehenen Familien (Patriziern) gelang es im Laufe der Zeit, die städtische Selbstverwaltung in ihre Hände zu nehmen und aus ihrer Mitte den Stadtrat zu wählen.

Wirtschaft

Im Mittelalter lebten die meisten Menschen im Dorf und von der Landwirtschaft (Agrargesellschaft). Herrschaft über Land und Leute im ländlichen Raum hatte die Form der Grundherrschaft: Ein Grundherr besaß das Land und verlieh es an die dort lebenden Menschen. Als Gegenleistung bekam er Abgaben und Frondienste. Der Grundherr war zugleich Herrscher und Beschützer. Als Lehen konnten auch Rechte vergeben werden, die von großer wirtschaftlicher Bedeutung waren (Zoll, Münzprägung). Durch solche Privilegien konnte ein Vasall seine Macht vergrößern.
Der Markt hatte eine zentrale Bedeutung für eine Stadt. Auf ihm wurden die Produkte der umliegenden Bauernhöfe verkauft. Hier boten auch die städtischen Handwerker ihre Erzeugnisse an. Um ihre wirtschaftlichen und politischen Interessen besser zu vertreten, schlossen sich die Handwerker zu Zünften zusammen.

„Das Mittelalter – ganz anders als die Gegenwart!" Finde möglichst viele Unterschiede zwischen beiden Epochen. Kannst du auch Merkmale finden, die gleich geblieben sind?

Kompetenz-Test
Einen Fragebogen, mit dem du überprüfen kannst, was du schon erklären kannst und was du noch üben solltest, findest du unter 31042-08

Europa im Mittelalter

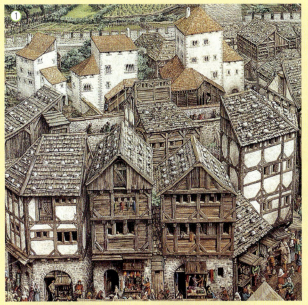

M 1 Zwei Lebenswelten im Mittelalter
① Rekonstruktion einer Stadt im 13. Jh.
② Rekonstruktion des ländlichen Raums um 1000

M 2 Ein hochadliges Ehepaar
Ekkehard II. von Meißen (um 985 - 1046) und seine Frau Uta, Stifterfiguren im Naumburger Dom, Mitte 13. Jh. Die Markgrafen von Meißen regierten ein wichtiges Gebiet im Osten des Reiches. So wurden sie engste Berater von Fürsten und Kaisern. Die Ehe von Ekkehard und Uta blieb kinderlos. Sie stifteten ihr beträchtliches Vermögen der Kirche. Daran erinnern noch heute diese Figuren.

M 3 Das Weltbild im Mittelalter
Nachzeichnung einer Weltkarte aus der Zeit um 1260

1. Fasse die grundlegenden Veränderungen zusammen, die den Übergang von der Antike zum Mittelalter ausmachen.
2. Du lebst in einem der beiden Räume von M1, dein Sitznachbar lebt im anderen. Beschreibe eine Einzelheit, die für dein Leben wichtig ist. Dein Nachbar schildert dann, wie diese Einzelheit bei ihm aussieht. Sammelt so viele Merkmale wie möglich.
3. Geschichte erzählt: Denkt euch gemeinsam eine spannende Kurzgeschichte zum Leben eines adligen Paares im Mittelalter aus (M2). Aber alles, was ihr erzählt, müsst ihr auch mit Stellen im Buch belegen.
4. Auf M3 bildet Jerusalem den Mittelpunkt der Welt. Erläutere.
5. Diskutiert auf Grundlage von M3 und eurem Wissen die Redewendung vom „christlichen Mittelalter" in Europa.

2 Aufbruch in die Neuzeit

Im Jahr 1888 tauchte plötzlich ein merkwürdiges Bild auf, das bis heute Rätsel aufwirft: „Der Wanderer am Weltenrand". Die Erde erscheint als Scheibe, der Himmel als „Käseglocke". Den Blick fesselt aber besonders ein Mensch, der – unsicher und ergriffen zugleich – zu erfassen versucht, was sich außerhalb der „Glocke" befindet. Bei diesem Bild schien für viele Betrachter die Deutung ebenso klar wie die Zeit, aus der es stammen müsse. Das Bild zeige angeblich, wie die Menschen zu Beginn des 16. Jh. sich und die Welt verstanden hätten. Es wurde und wird oft auf die Zeit um 1530 datiert, ohne dass es dafür einen Beleg gibt. „Der Wanderer am Weltenrand" – eine Täuschung oder gar Fälschung?

M Der Wanderer am Weltenrand
Anonymer Holzschnitt, 100 x 119 mm, 1888
Das Bild wurde erstmals veröffentlicht in einem Werk des französischen Astronomen Nicolas Camille Flammarion über Himmelskunde.
Beschreibt, was wohl im „Wanderer am Weltenrand" vorgeht. Erklärt anschließend, warum manche Betrachter in diesem Bild einen echten Beleg für die Wende vom Mittelalter zur Neuzeit zu erkennen glauben. Lest dazu auch noch einmal S. 12.

Fragen an … die Frühe Neuzeit

Der Mensch „bricht auf", erschließt „Neues" und überwindet „Altes". So wurde immer wieder die Zeit beschrieben, um die es auf den folgenden Seiten geht. Dafür schien der „Wanderer am Weltenrand" das perfekte Bild zu sein! Das „Alte" war das Mittelalter, das „Neue" die anbrechende Neuzeit. Doch wie wir beim „Wanderer am Weltenrand" sehen konnten, haben unsere Vorstellungen von „alt" und „neu", von „dem Mittelalter" und „der Neuzeit" eine große Wirkung. Oft werden diese Vorstellungen gar nicht mehr hinterfragt und man läuft Gefahr, nur noch das zu sehen, was man sehen will. Zu Beginn dieses Schuljahres haben wir uns bereits mit der Vorstellung vom „finsteren Mittelalter" auseinandergesetzt und gesehen, wie dieses negative Bild zustande kam (S. 12). Umso „heller" schien dann vor diesem „dunklen Hintergrund" eben auch die Neuzeit.

Die etwa um 1500 beginnende Epoche nennen Historiker „Frühe Neuzeit" oder „Frühmoderne". Und dafür gibt es gute Gründe: Im 15. und 16. Jh. lassen sich Entwicklungen feststellen, die noch zweihundert Jahre zuvor undenkbar gewesen wären. Künstler stellten den Menschen auf unerhörte Weise dar, Forscher und Gelehrte stellten Fragen, die bislang als undenkbar galten. Unternehmer wagten Risiken, die Bisheriges in den Schatten stellten, und europäische Abenteurer drangen in Gegenden vor, die nie zuvor ein Europäer betreten hatte.

Im folgenden Kapitel geht es um diese Veränderungen in der Frühen Neuzeit. Am Ende des Abschnittes sollt ihr selbst beurteilen, was sich im Vergleich zum Mittelalter tatsächlich geändert hat, ob diese Veränderungen schon „in der Luft lagen" oder ob vielmehr bedeutende Persönlichkeiten dabei die entscheidende Rolle gespielt haben. Und schließlich geht es darum zu überprüfen, ob die Frühe Neuzeit bereits auf die Welt verweist, wie wir sie heute kennen.

Leitfrage *Die Epoche der Frühen Neuzeit – warum spricht man von einer „neuen Zeit"? Warum kam es zu Veränderungen und wie wirkten sich diese aus?*

Martin Luther verteidigt sich auf dem Reichstag in Worms 1521 vor dem Kaiser und den Fürsten.

Schon im 14. Jh. haben italienische Stadtbürger ein Bankkonto, von dem sie Geld abheben können.

Entwickelt Fragen zur Frühen Neuzeit und ordnet sie den fünf „Frage-Bereichen" (Kategorien) zu. ▶

 Herrschaft

…
…

 Wirtschaft

…
…

um 1450: Gutenberg erfindet den Buchdruck

Fragen an … die Frühe Neuzeit

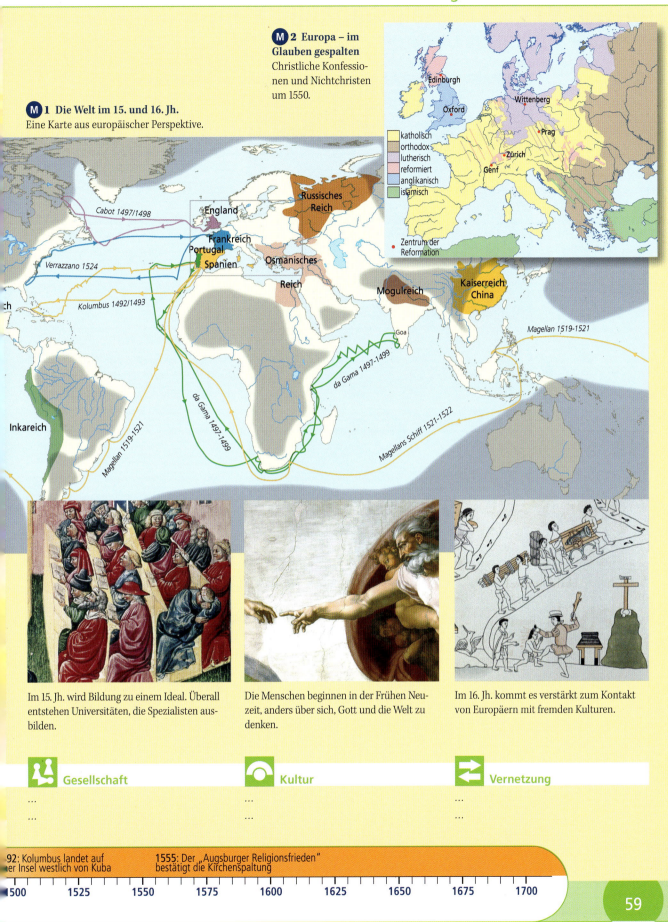

M 1 Die Welt im 15. und 16. Jh.
Eine Karte aus europäischer Perspektive.

M 2 Europa – im Glauben gespalten
Christliche Konfessionen und Nichtchristen um 1550.

Im 15. Jh. wird Bildung zu einem Ideal. Überall entstehen Universitäten, die Spezialisten ausbilden.

Die Menschen beginnen in der Frühen Neuzeit, anders über sich, Gott und die Welt zu denken.

Im 16. Jh. kommt es verstärkt zum Kontakt von Europäern mit fremden Kulturen.

Gesellschaft
…
…

Kultur
…
…

Vernetzung
…
…

1492: Kolumbus landet auf einer Insel westlich von Kuba

1555: Der „Augsburger Religionsfrieden" bestätigt die Kirchenspaltung

Neues Denken: das Erwachen des Individuums

M 1 „Selbstbildnis im Pelzrock"
Ölgemälde (67 x 49 cm) von Albrecht Dürer, 1500
Albrecht Dürer fertigte mehrere Selbstporträts an, dieses laut Inschrift im Alter von 28 Jahren. Er war der erste bildende Künstler, der nahezu alle seine Werke mit einer Signatur versah, dem Monogramm „AD".

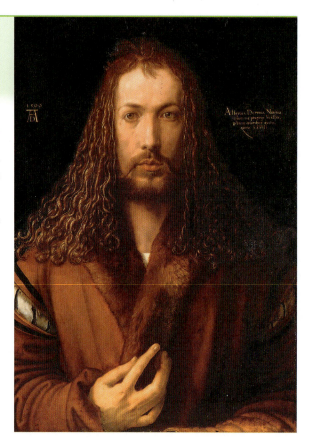

Ein Maler überwindet Grenzen
Was für ein Wagnis! Albrecht Dürer, bedeutendster deutscher Maler seiner Zeit, bricht mit seinem „Selbstbildnis im Pelzrock" im Jahre 1500 wichtige Regeln der Porträtmalerei. Er präsentiert sich in einer Pose, die eigentlich religiösen Bildnissen Jesu Christi vorbehalten ist. Und als wäre das nicht genug der Anmaßung, trägt er auf dem Gemälde die Haartracht und den Pelzkragen eines reichen Patriziers oder Adligen. Dabei zählt der Künstler, Einwohner der Reichsstadt Nürnberg, nach der traditionellen mittelalterlichen Ständeordnung zu den Handwerkern und einfachen Bürgern. Diesen ist es vielerorts sogar verboten, Kennzeichen höherer Schichten (Kleidung, Waffen, Schmuck oder eben gewisse Pelze) zu tragen.

Menschen denken neu
Damit stand Dürer für das Denken einer neuen Zeit. Hatte im Mittelalter noch die Vorstellung gegolten, das Leben sei durch eine göttliche Ordnung vorbestimmt, so begannen Menschen sich nun als **Individuum** zu begreifen. Selbstbewusst hinterfragten einige die engen Grenzen der alten Ständegesellschaft und der christlichen Lehre, wonach das irdische Leben nur der Vorbereitung auf das Jenseits diene. Jeder sollte nun einen freien Willen haben und sein eigenes Schicksal selbst in die Hand nehmen können.

Der Künstler als „Star"
Künstler wie Albrecht Dürer sahen sich nicht länger als Handwerker, sondern als schöpferische, ja geniale Persönlichkeiten, die mit ihrem Schaffen die Welt gestalten konnten. Nicht wenige erlangten große Berühmtheit und hatten eine Vielzahl von Bewunderern. Auch heute sind einige von ihnen noch allseits bekannte „Stars", zu deren Werken Tausende ins Museum pilgern: Sicher kennst du die „Mona Lisa", heute im Pariser Louvre ausgestellt, und ihren Schöpfer, den Italiener Leonardo da Vinci, oder die „David"-Statue von Michelangelo, die auf dem zentralen Platz der Stadt Florenz aufgestellt wurde.

Bildung zählt mehr als Herkunft
Das Nürnberger Genie und seine italienischen Kollegen befassten sich über ihre Malerei hinaus intensiv mit so unterschiedlichen Fachgebieten wie Mathematik, Geometrie, Baukunst, Technik, Redekunst, Musik, Literatur und Naturwissenschaften. Sie entsprachen damit dem ebenfalls aus Italien stammenden Idealbild eines „Uomo universale", eines vielfach gebildeten Menschen. Ein solcher erarbeitete sich nun Ansehen und gar Wohlstand durch Bildung. Bisher hatten vor allem Geburt und Stand darüber bestimmt, welchen Rang man in der Gesellschaft einnahm.

Aufbruch in die Neuzeit

M 2 Der Mensch als Mitte der Welt
Giovanni Pico della Mirandola, italienischer Philosoph und Gelehrter, stirbt bereits mit 31 Jahren in Florenz. In seiner posthum (nach seinem Tod) veröffentlichten Rede über die Würde des Menschen spricht Gott zu Adam folgende Worte:

Wir haben dir keinen bestimmten Wohnsitz, noch ein eigenes Gesicht, noch irgendeine besondere Gabe verliehen, o Adam, damit du jeden beliebigen Wohnsitz, jedes beliebige Gesicht und
5 alle Gaben, die du dir sicher wünschst, auch nach deinem Willen und nach deiner eigenen Meinung haben und besitzen mögest. Den übrigen Wesen ist ihre Natur durch die von uns vorgeschriebenen Gesetze bestimmt und wird dadurch in
10 Schranken gehalten. Du bist durch keinerlei unüberwindliche Schranken gehemmt, sondern du sollst nach deinem eigenen freien Willen, in dessen Hand ich dein Geschick gelegt habe, sogar jene Natur dir selbst vorherbestimmen. Ich habe
15 dich in die Mitte der Welt gesetzt, damit du von dort bequem um dich schaust, was es alles in dieser Welt gibt. Wir haben dich weder als einen Himmlischen noch als einen Irdischen, weder als einen Sterblichen noch einen Unsterblichen ge-
20 schaffen, damit du als dein eigener, vollkommen frei und ehrenhalber schaltender Bildhauer und Dichter dir selbst die Form bestimmst, in der du zu leben wünschst. Es steht dir frei, in die Unterwelt des Viehes zu entarten. Es steht dir ebenso
25 frei, in die höhere Welt des Göttlichen dich durch den Entschluss deines eigenen Geistes zu erheben.

Giovanni Pico della Mirandola, Über die Würde des Menschen, übers. von Herbert Werner Rüssel, Zürich 1988, S. 10 f.

M 3 Die Erschaffung Adams
Ausschnitt aus der Deckenmalerei der Sixtinischen Kapelle in Rom von Michelangelo, 1508 - 1512
Vor Michelangelo hatte kein Maler gewagt, diesen Augenblick der Vollendung der biblischen Schöpfungsgeschichte so zu gestalten.

---

1. *Ein adliger Patrizier und ein hoher Geistlicher aus Nürnberg unterhalten sich über das neue Selbstporträt Albrecht Dürers. Beide sind empört über die „Dreistigkeit" des Malers. Gestalte einen Dialog (M1, Darstellungstext).*
2. a) *Charakterisiere Adam und Gott, wie sie Michelangelo in M3 darstellt. Sammle hierzu Adjektive für beide in einer Tabelle.*
   ● b) *Überprüfe, inwiefern das Bild zum neuen Verhältnis des Renaissance-Menschen zu Gott und den christlichen Lehren des Mittelalters passt (M3, Darstellungstext). Formuliere ein entsprechendes Fazit unter deiner Tabelle.*
3. a) *Beurteile, ob man den Text Pico della Mirandolas auch unter Michelangelos Fresko in der Sixtinischen Kapelle schreiben könnte (M2, M3, Darstellungstext).*
   ● b) *Bewerte, ob du heute die Stellung des Menschen zur Welt noch so beschreiben würdest, wie Pico della Mirandola in M2.*

2 Neues Denken: die „Wiedergeburt" der Antike

M 1 Gegenüberstellung: Villa Rotonda (Renaissance) – Pantheon (antikes Rom)
① Die Villa Rotonda bei Vicenza ist ein Bauwerk des italienischen Architekten Andrea Palladio (1508-1580). Ihr Zentrum wurde nach dem Vorbild des Pantheons in Rom als Rundbau mit Kuppel gestaltet.
② Das Pantheon wurde im 2. Jh. n. Chr. als Tempel errichtet und ist heute das am besten erhaltene antike Gebäude in Rom. Hinter der Säulenhalle befindet sich ein runder Zentralbau mit einer Kuppel von über 43 m Durchmesser. Sie war bis 1436 die größte Kuppel der Welt.

Das Altertum wird wiederentdeckt …

Dass Menschen sich als Individuum sahen und es wagten, Dinge neu zu denken, kam nicht von ungefähr aus Italien. Hier gab es Stadtstaaten wie Florenz, Mailand oder Venedig, mächtig geworden durch erfolgreiche Kriegszüge, reich durch Fernhandel. Deren weltoffene Händler, Denker, Künstler und auch Herrscher interessierten sich für die untergegangene und fast vergessene Herrlichkeit des Römischen Reiches und die Kultur der alten Griechen und Römer. Für ihre neue Weltsicht erschienen ihnen die Ideen und Denkweisen der Philosophen, Schriftsteller und Gelehrten der Antike passender als so manche überkommene Lehre des Mittelalters.

… und wieder gelesen

Viele Bücher und Schriften aus dem Altertum waren durchaus noch vorhanden: Vor allem die Mönche und Nonnen in den Klöstern hatten sie durch ihre Abschriften vor dem „Aussterben" bewahrt. Dabei war aber vieles verfälscht und verkürzt worden, auch weil man lange Zeit nur dasjenige für erhaltenswert erachtete, was den Glaubenssätzen der Kirche nicht widersprach. Für eine möglichst originalgetreue Wiederherstellung und Verbreitung der antiken Texte sorgten nun Wissenschaftler, die sich **Humanisten** (lat. *humanus*: menschlich) nannten. Sie vertraten die Auffassung, die Beschäftigung mit Bildung im Sinne der Antike mache die Menschen besser, tugendhafter und vollkommener. Bis heute nennt man Gymnasien, an denen Griechisch und Latein gelehrt wird, „humanistisch".

Alles neu?

Für das Zeitalter der „Wiederentdeckung" des Altertums haben Wissenschaftler Jahrhunderte später den Begriff **Renaissance** (franz.: Wiedergeburt) geprägt. Sie machten sich damit die Sichtweise der Menschen um 1500 zu eigen, diese neue Epoche stelle nach dem „finsteren" Mittelalter eine Wiederkehr der lichten, hellen Welt des Altertums dar. Viele Historiker sehen in Humanismus und Renaissance den Beginn einer neuen Epoche, der Neuzeit, die bis heute andauert. Andere geben jedoch zu bedenken, dass viele typisch mittelalterliche Verhältnisse und Denkweisen auch weiterhin galten und die meisten Menschen in ganz Europa nach wie vor unter denselben Bedingungen lebten wie Jahrhunderte zuvor. Das neue Denken und die Begeisterung für die Antike blieb weitgehend ein Kennzeichen der reichen städtischen Oberschicht.

Humanismus   Renaissance

Aufbruch in die Neuzeit

M 2   Beschäftigung mit den „großen Alten"

Der Florentiner Niccolò Machiavelli (1469-1527) ist einer der bedeutendsten Philosophen, Staatsmänner und Schriftsteller seiner Zeit. 1512 fällt er nach 14 Jahren im Dienst seiner Stadt in Ungnade und muss alle seine Ämter abgeben. Zurückgezogen auf seinem Landgut lebend, schildert er einem Freund seinen Alltag unter anderem so:

Wenn der Abend kommt, kehre ich nach Hause zurück und gehe in mein Arbeitszimmer. An der Schwelle werfe ich die Bauerntracht ab, voll Schmutz und Kot, ich lege prächtige Hofgewän-
5 der an und, angemessen gekleidet, begebe ich mich in die Säulenhallen der großen Alten. Freundlich von ihnen aufgenommen, nähre ich mich da mit der Speise, die allein die meinige ist, für die ich geboren ward. Da hält mich die Scham
10 nicht zurück, mit ihnen zu sprechen, sie um den Grund ihrer Handlungen zu fragen, und ihre Menschlichkeit macht, dass sie mir antworten. Vier Stunden lang fühle ich keinen Kummer, vergesse alle Leiden, fürchte nicht die Armut, es
15 schreckt mich nicht der Tod; ganz versetze ich mich in sie.

Niccolò Machiavelli, Politische Schriften, hrsg. von Herfried Münkler, übersetzt von Johannes Ziegler und Franz Nikolaus Baur, Frankfurt a. M. 1991, S. 433 ff. (vereinfacht)

M 3   Antikenbegeisterung in Italien

In einem Text zur Wiederentdeckung antiker Autoren im 14. Jh. wird beschrieben, wie dadurch im Bürgertum ein neues Bildungsideal aufkommt:

Nunmehr pauken die Söhne der Patrizier, Bankiers und Kaufleute nicht mehr nur lateinische Verbformen, sondern üben sich in Wort und Schrift. Sie analysieren die alten Poeten, um bald
5 selber lateinische Gedichte zu schreiben. Der antiken Prosa werden Lehrstücke für Reden und Briefe entnommen, als Muster für das spätere politische Wirken. Die Schüler lernen die Methoden der Geschichtsschreibung, so das Prüfen und Ab-
10 wiegen von Quellen. Sie nehmen die Schriften der antiken Philosophen zum Maßstab für die Rolle des Menschen in Religion und Gesellschaft. Ihrem Vorbild Cicero nacheifernd, fordern die Humanisten den kritischen, gestaltenden Menschen: Wie
15 Bienen, die Pollen aus vielen Blüten saugen, um Honig und Wachs zu schaffen, sollen die Heranwachsenden so viele alte Autoren wie möglich lesen, um dadurch Neues zu schaffen. [...]
Auch entstehen durch die Beschäftigung mit dem
20 Altertum ganz neue Wissenschaftszweige: Gelehrte studieren antike Inschriften und begründen damit die Epigrafik. Reisende erforschen die Ruinen des alten Rom und werden so zu den ersten Archäologen. Andere Gelehrte suchen durch
25 Vergleiche möglichst vieler Fassungen eines Textes, die Ursprungsversion der Klassiker zu rekonstruieren, und entwickeln dabei die Grundlagen der Philologie. Und mancher Historiker bedient sich nun griechischer Quellen, um seine Kennt-
30 nislücken der römischen Geschichte zu schließen. [...]
Allerdings bleibt die grassierende Antikenbegeisterung nicht ohne Kritik: „Viele machen sich glauben, es genüge, Griechisch schreiben und lesen
35 zu können, um Philosoph zu werden, als wäre der Geist des Aristoteles, wie der Kobold im Kristall, im griechischen Alphabet eingeschlossen", heißt es im Werk des zeitgenössischen Philosophen Sperone Speroni.

Nach: Anja Herold, Erben der Antike, in: Geo Epoche 19, Die Renaissance in Italien 1300-1560, Hamburg 2005, S. 54-62

---

1. a) Erläutere, wen Machiavelli in M2 mit den „großen Alten" meint und welcher Tätigkeit er laut Text abends nachgeht.
b) Arbeite heraus, wie sehr der Autor die „großen Alten" schätzt.

2. Als Tochter/Sohn eines Florentiner Patriziers um 1400 hast du ein Hobby: das Sammeln antiker Handschriften. Dein Vater ist ganz und gar nicht begeistert. Er will dafür „weder Zeit noch Geld verschwenden". Gestalte einen Antwortbrief, der alle Aspekte der Humanisten berücksichtigt (Darstellung, M2 und M3).

3. Informiert euch in Kleingruppen über den Lebenslauf von Albrecht Dürer, Michelangelo, Leonardo da Vinci oder Erasmus von Rotterdam. Gestaltet gemeinsam eine Wandzeitung.

1475-1564: Michelangelo
1471-1528: Albrecht Dürer
1452-1519: Leonardo da Vinci
Mit der Renaissance beginnen Denken, Wissenschaft und Kunst der Neuzeit

Neuzeit

1300   1400   1500   1600

Naturwissenschaft: Experiment und Erkenntnis

M 1 Vorlesung an einer mittelalterlichen Universität Miniatur, um 1350
Universitäten wurden seit dem 11. Jh. in europäischen Städten gegründet. Ausschließlich männliche Studenten lernten die „sieben freien Künste": Rechnen, Geometrie, Musik, Astronomie, Grammatik, Logik und Redekunst. Später konnten sie sich auf Theologie, Jura oder Medizin spezialisieren.

Neu: versuchen und beobachten
In den Klöstern und Universitäten des Mittelalters entschied meist die Kirche, was gelehrt und gelernt wurde. Die Aneignung dieses Wissens geschah durch das Abschreiben alter Texte, Vorlesungen oder gelehrte Diskussionen auf Lateinisch.
Leonardo da Vinci (1452-1519), italienischer Künstler und „Uomo universale" (umfassend gebildeter Mann), ging einen neuen Weg: Seine Arbeitsweise war die Naturbeobachtung. Für ihn war nur gesichert, was er selbst durch Untersuchungen und Experimente beobachtet, erforscht und erprobt hatte. Damit bereitete er den modernen Naturwissenschaften den Weg, griff jedoch auch, ganz im Sinne der Renaissance, auf ganz ähnliche Praktiken antiker Gelehrter zurück.

Leonardo: Forscher und Erfinder
Da Vinci hinterließ weit über 7000 Seiten Skizzen und Zeichnungen, darunter viele Studien zur Anatomie des menschlichen Körpers. Nach eigenem Bekunden hatte er hierfür mindestens dreißig Leichname seziert, wegen des kirchlichen Verbots meist heimlich. Darüber hinaus führte er Versuche zum Verhalten des Lichts in der Luft durch, berechnete seine Gemälde geometrisch und erforschte die Hebelgesetze der Mechanik. Er betätigte sich als Ingenieur, der Brücken und Kriegsgerät für seine Auftraggeber baute, und als Erfinder mit einer ungeheuren Vorstellungskraft. Mit seinen Konstruktionen nahm er vieles vorweg, was erst Jahrhunderte später verwirklicht werden sollte, etwa Pläne für ein Unterseeboot, für Flugapparate, Panzerwagen, Automobile, einen Fallschirm oder einen Taucheranzug.

Kopernikus: ein neues Bild des Kosmos
Auch andere Forscher stellten wie Leonardo geltende Meinungen infrage. Nikolaus Kopernikus (1473-1543), Domherr und Gelehrter im Ermland (heute: Polen), untersuchte die Bewegungen der Himmelskörper. Aus dem Studium antiker Autoren und anhand eigener Berechnungen gewann er die Erkenntnis, dass die Planeten sich in kreisförmigen Bahnen um die Sonne bewegen (heliozentrisches Weltbild). Damit stand Kopernikus im Gegensatz zu den christlichen Vorstellungen von der Welt. Sowohl katholische als auch evangelische Gläubige[1] hielten am System des antiken Astronomen Ptolemäus fest, das die Erde und damit den Menschen ins Zentrum des Universums stellte. Kopernikus' Lehre wurde als interessante, aber nicht bewiesene Theorie abgetan. Viele zeitgenössische Astronomen glaubten, in der Bibel und in den Lehren der Kirche genügend Belege für das geozentrische Weltbild mit der Erde im Mittelpunkt zu finden.
So wurden Kopernikus' Veröffentlichungen kaum zur Kenntnis genommen. Späteren Forschern jedoch dienten sie als Grundlage, etwa Galileo Galilei, Johannes Kepler oder Isaac Newton. Auf lange Sicht wirkten sie bahnbrechend für die Sicht des Menschen auf die Welt und das Universum. So spricht man heute allgemein von einer **kopernikanischen Wende**, wenn man eine grundsätzliche und folgenreiche Veränderung einer Denkart beschreibt.

---
[1] siehe S. 80-83

Aufbruch in die Neuzeit

M 2 Wie man zu Erkenntnissen gelangt

Leonardo da Vinci (1452-1519) charakterisiert seine Arbeitsweise als „Naturforscher" so:

Dies ist die wahre Regel, nach der die Naturforscher vorzugehen haben: Während die Natur stets mit dem Gesetz beginnt und mit der Erfahrung endet, müssen wir umgekehrt verfahren. Wir gehen von der Erfahrung aus, um das allgemeine Gesetz zu ergründen. […] Bevor du ein allgemeines Gesetz aufstellst, musst du zwei oder drei Versuche durchführen und beobachten, ob sie jedes Mal die gleichen Wirkungen hervorbringen. […] Viele werden meinen, mich zu Recht tadeln zu sollen, indem sie darauf hinweisen, dass meine Beweise dem widersprechen, was früher einmal Männer von hohem Ansehen gelehrt haben. Sie machen sich dann jedoch nicht klar, dass meine Behauptungen aus der einfachen und reinen Erfahrung entstehen, welche die wahre Lehrmeisterin aller ist.

Leonardo da Vinci, Philosophische Tagebücher, Hamburg 1958, S. 12 ff.

M 3 Adern, Gelenke und Eingeweide

Seinen „Ruhestand" verbringt Leonardo ab 1516 als Gast des französischen Königs. Franz I. stellt ihm ein Herrenhaus zur Verfügung und kauft ihm die Mona Lisa ab. Durch einen Schlaganfall halb gelähmt, empfängt das Genie Besuch von Bewunderern aus ganz Europa. Einer, der Sekretär des Herzogs von Aragón (Spanien), erzählt:

Dieser Herr hat eine besondere Abhandlung über den Körperbau zusammengestellt, mit Illustrationen nicht nur der Glieder, sondern auch der Muskeln, Nerven, Adern, Gelenke, Eingeweide und allem, was an den Körpern der Männer wie auch der Frauen studiert werden kann, so wie noch kein anderer Mensch es jemals getan hat. All das haben wir mit unseren eigenen Augen gesehen; und er sagte, er hätte bereits mehr als dreißig Leichen zerlegt, Männer wie Frauen jeden Alters. Er hat auch über die Natur des Wassers geschrieben, und über verschiedene Maschinen und andere Dinge, die er in einer endlosen Zahl von Bänden niedergeschrieben hat, und all das in Umgangssprache.

Kenneth Clark, Leonardo da Vinci, Reinbek 1989, S. 167 f.

M 4 Die Sonne im Zentrum: das Weltbild des Kopernikus

Zeichnung aus dem Manuskript des Nikolaus Kopernikus, vor 1540, mit moderner Beschriftung (rote Schrift)

Die Zeichnung zeigt die Sonne und sechs Planeten des Sonnensystems auf kreisförmigen Bahnen. Der äußerste Kreis stellt die Sphäre der Fixsterne dar („stellarum fixarum sphera imobilis"). Kopernikus hatte bestimmt, dass das Buch erst nach seinem Tod veröffentlicht werden durfte.

---

1. Charakterisiere die Arbeitsweise Leonardo da Vincis als Forscher (Darstellungstext, M2-M3).
2. Begründe, warum die Kirche(n) das heliozentrische Weltbild ablehnte(n) und bekämpfte(n) (Darstellungstext).
3. Vergleiche die Arbeitsweisen von Kopernikus und Leonardo (Darstellungstext).
4. Angenommen, Leonardo da Vinci könnte mit einer Zeitmaschine an ein Gymnasium in unserer Zeit reisen und dort den Unterricht beobachten. Gestaltet einen Bericht, in dem er seine Beobachtungen festhält.

Die Erfindung des Herrn Gutenberg

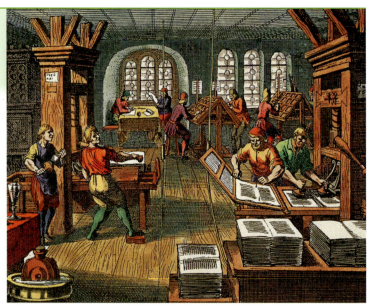

M 1 Druckerwerkstatt
Kupferstich von Matthäus Merian dem Älteren, 1632, nachträglich koloriert
Der Kupferstich zeigt die wichtigsten Arbeitsschritte bei der Herstellung eines gedruckten Buches.

Der „Mann des Jahrtausends"

1999 wählte das bedeutende amerikanische „Time Magazine" einen Deutschen aus Mainz zum „Mann des Jahrtausends": **Johannes Gutenberg**, Erfinder des **Buchdrucks** mit beweglichen Lettern. Offensichtlich war man der Ansicht, seine Neuerung aus der Mitte des 15. Jh. habe die Welt mehr verändert als manches politische Ereignis.

Die Erfindung verbreitete sich sehr schnell, und schon den Zeitgenossen war ihre Tragweite bewusst. So nannte etwa der Humanist Erasmus von Rotterdam den Buchdruck ein „beinahe göttliches Werkzeug".

Denn gerade die Humanisten waren sehr daran interessiert, Bücher und andere Schriften – entweder aus eigener Hand oder von wiederentdeckten griechischen und römischen Autoren – schnell zu vervielfältigen. Zwar gab es in den großen Städten Buchhändler, die in eigenen Schreibstuben wichtige und begehrte Titel durch Lohnschreiber von Hand kopieren ließen. Aber diese Bücher konnten sich nur Reiche leisten, und das mehrmalige Abschreiben produzierte fast zwangsläufig Fehler.

Gutenbergs Erfindung

Schon vor Gutenberg hatten Fernhändler zwei Neuheiten mitgebracht, die aus dem Orient, ursprünglich sogar aus China stammten. Dies war einerseits die Herstellung von Papier, das im Vergleich zum herkömmlichen Pergament aus Tierhaut Bücher viel kostengünstiger machte. Andererseits fand die Technik des Holzschnitts Verbreitung. Sie erlaubte zumindest den Druck von einzelnen Schrift- oder Bildseiten.

Die entscheidende Idee Gutenbergs war nun, Buchseiten mit einzelnen Buchstabenstempeln (Lettern) aus Metall, angeordnet in einem Setzkasten, zu drucken. Außerdem ersann er ein Verfahren zu deren Herstellung und eine Druckerpresse. Auf letztere geht das heutige Wort für das Medium der gedruckten Zeitung zurück, die Presse.

Erstes Ergebnis der Tüftelei waren 180 gedruckte großformatige Bibeln. Deren Produktion hatte knapp drei Jahre in Anspruch genommen. Trotzdem kostete eine dieser „Gutenberg-Bibeln" nur etwa ein Zehntel von dem, was man für eine handgeschriebene bezahlen musste, etwa 25–40 Gulden. Das war noch immer ein stolzer Preis, nämlich der Gegenwert von zwei Pferden.

Bücher für alle?

In der Folgezeit nahm das Bücherdrucken in ganz Europa zu.[1] Immer mehr Menschen erwarben ein Buch, Humanisten und Gelehrte legten sich ganze Bibliotheken an, und in den Stadtschulen wurde oft aus gedruckten Büchern gelernt. Druckereien übernahmen meist auch die Aufgaben von Verlagen, sorgten also auch für die Verbreitung von Büchern und beauftragten Autoren. Dadurch wurden sie zu Zentren einer neuen, städtisch-bürgerlichen, öffentlichen Buchkultur. Humanisten wie Erasmus von Rotterdam, die in ganz Europa umherreisten, wählten ihren Wohnort auch danach aus, wo es Druckereien gab.

Dennoch: Auch im Zeitalter der massenweisen Produktion mit Setzkasten und Druckerpresse stellte ein Buch eine teure Anschaffung dar, die sich vor allem wohlhabende Stadtbürger und Gelehrte leisteten. Hinzu kam, dass in der Stadt nur etwa jeder dritte, auf dem Land nur wenige überhaupt des Lesens und Schreibens mächtig waren.

[1] siehe Zeitleiste S. 67

Aufbruch in die Neuzeit

M 2 Bucherstellung in einem mittelalterlichen Kloster
Buchmalerei, Toledo (Spanien), 1282
Mönche und Nonnen schrieben Bücher von Hand ab und verzierten sie mit aufwändigen Initialen (= großformatigen Anfangsbuchstaben) und Bildern. Für die Erstellung einer Bibel brauchte ein Schreiber zwei Jahre.

M 3 Kostbare Schätze
In der „Schedel'schen Weltchronik" von 1493 wird Gutenbergs Erfindung so charakterisiert:
Die Kunst der Druckerei hat sich zuerst in deutschem Land, in Mainz am Rhein, im Jahre Christi 1440 ereignet und seither schier in alle Orte der Welt ausgebreitet. Dadurch [sind] die kostbaren
5 Schätze schriftlicher Weisheit, die in alten Büchern lange Zeit unbekannt im Grab der Unwissenheit verborgen lagen, ans Licht gelangt. Und wenn diese Kunst früher erfunden worden wäre, so wären zweifellos viele Bücher von Livius, Cice-
10 ro oder Plinius und anderen hochgelehrten Leuten nicht aus Unachtsamkeit verloren gegangen. So sind die Erfinder der handwerklichen Kunst des Buchdrucks nicht wenig Lobes würdig. Wer kann aussprechen, mit was für Lob, Preis, Ehre
15 und Ruhm die Deutschen zu erheben sind, die den Druck erfunden haben, durch den der lang verschlossene Brunn unaussprechlicher Weisheit dem Menschen zugeführt wird.
Nach: Stephan Füssel, „Dem Drucker aber sage er Dank ...", in: Stephan Füssel, Gert Hübner und Joachim Knape (Hrsg.), Artibus, Wiesbaden 1994, S. 167 (vereinfacht)

M 4 Papier oder Pergament?
Der deutsche Benediktinerabt Johannes Trithemius schreibt 1494 in „Vom Lob des Schreibers":
Niemand möge sagen: Wozu muss ich mich noch mit dem Abschreiben schinden, wo doch die Druckkunst so viele und so große Bücher ans Licht bringt, dass man um billiges Geld eine gro-
5 ße Bibliothek einrichten kann? Fürwahr, wer so daherredet, der schickt sich an, durch sein Nichtstun Finsternis einreißen zu lassen. Wer wüsste nicht, wie groß der Unterschied zwischen Schrift und Druck ist? Geschriebenes, wenn man
10 es auf Pergament bringt, wird an die tausend Jahre Bestand haben. Gedrucktes aber, da es auf Papier steht, wie lange wird es halten? Wenn Gedrucktes in einem Band aus Papier an die 200 Jahre Bestand haben wird, wird es hoch kommen.
15 [...] Ein von seinem Tun erfüllter Schreiber aber wird immer eine Aufgabe finden, durch deren Erledigung er sich ein Verdienst erwirbt. Er lässt nicht zu, dass er, in seiner Tätigkeit gelähmt, unter dem Drucker steht. Er ist ein freier Mann.
Hans Widmann, Vom Nutzen und Nachteil der Erfindung des Buchdrucks aus der Sicht der Zeitgenossen des Erfinders, Mainz 1973, S. 42 (gekürzt und vereinfacht)

Internettipp:
Willst du einmal in einer Gutenberg-Bibel blättern? Eine digitale Fassung findest du im Gutenberg-Museum unter 31042-09

---

1. Erkläre, wieso Gutenberg zuallererst die Bibel druckte (Darstellungstext).
2. a) Arbeite heraus, wie die beiden Verfasser in M3 und M4 den Buchdruck bewerten.
   b) Erkläre die beiden unterschiedlichen Sichtweisen, indem du den jeweiligen biografischen Hintergrund der Autoren recherchierst.
3. Die Erfindung des Internets wird häufig als genauso weltverändernd beurteilt wie die des Buchdrucks. Gestalte ein Interview, in dem du deine Eltern oder Großeltern befragst, wie sich ihr Leben durch das Internet verändert hat und wie sie diese Veränderung bewerten.

2 Methode

Menschen schaffen Welt-Bilder

Über manche Landkarten aus vergangener Zeit muss man sich wundern: Aus heutiger Sicht ließen die Kenntnisse der Verfasser über Kontinente, Länder und Meere sehr zu wünschen übrig.

Besonders deutlich wird dies bei Karten aus dem Mittelalter: Offenbar dienten sie nicht vorrangig dazu, Reisenden den Weg zu weisen. Die Zeichner und ihre Auftraggeber wollten weniger die Wirklichkeit als ihre – oft religiös geprägten – Vorstellungen von der Welt abbilden.

Erst die Entdecker des 15.-16. Jh. brauchten für ihre Seereisen genaue geografische Angaben. Im Gegenzug trugen ihre Erkenntnisse zu immer besseren Karten bei. Diese wurden nun oft genordet, erhielten Windrosen und Gitternetze, um sie in Verbindung mit dem Kompass nutzen zu können. Eingezeichnete Breiten- und Längengrade halfen bei der Navigation, denn zumindest den Breitengrad (Linie parallel zum Äquator) konnten Seefahrer damals schon bestimmen.

Dennoch: Auch Darstellungen aus der Zeit der Renaissance und später zeigen, dass es ihren Erstellern nicht nur um die reine Wegweiserfunktion ging. Wie machen wir Weltkarten also zu ertragreichen Quellen, die uns Aufschluss geben über Wissen und Absichten der Autoren und uns ihre „Welt-Bilder" näher bringen?

Großes Schloss am Rande von Asien: das Paradies

Menschenfresser

Um historische Karten auszuwerten, kannst du so vorgehen:
1. Schritt: Was sehe/lese ich?   beschreiben und herausarbeiten
Geografischer Raum, Himmelsrichtungen, Abbildungen, Beschriftungen, Gebiete. Auch: Entstehungszeit und Kartograf

2. Schritt: Was weiß/denkt/will der Zeichner?   beurteilen
Geografische Kenntnisse des Zeichners? Mögliche Quellen? Herkunft/Haltungen/Aussagen/Vorstellungen des Zeichners? Zweck/Funktion/Nutzen der Karte, Absicht des Zeichners, mögliche(r) Auftraggeber?

3. Schritt: Was habe ich gelernt?   reflektieren und einordnen
Welche neuen Erkenntnisse bietet die Karte? Gibt es Verbindungen zu bereits Gelerntem? Habe ich noch offene Fragen?

Diese Formulierungen helfen bei der Auswertung historischer Karten:
1. Schritt: Die Karte stammt von ... – Die Darstellung umfasst ... – ist genordet/geostet. – Ihr Thema ist ... – Auffällig ist, dass ...
2. Schritt: Der Verfasser kennt ... genau/nicht. – Der Vergleich mit einer modernen Karte zeigt ... – Als Quelle diente wohl ... – Wichtig war dem Zeichner ... – Die Karte diente sicherlich ... – Der Urheber wollte ...
3. Schritt: Das lässt sich vergleichen mit ... – Einiges kenne ich aus der Beschäftigung mit ... – Mir war neu, dass ... – Ich wüsste gern noch ...

Historische Karten auswerten

- Sieben Sphären der Himmelskugel nach Ptolemäus
- In der äußeren Sphäre werden die Namen der „Himmlischen Heerscharen" (verschiedene Ränge von Engeln) genannt
- Die heilige Stadt Jerusalem befindet sich etwa im Zentrum der Karte
- Ozean umgibt fast die ganze Erdscheibe
- Die Karte ist gesüdet, d. h. Norden ist unten

M 1 Weltkarte des Andreas Walsperger
Pergament, 57,7 x 75 cm, entstanden in Konstanz 1448/49
Über den Zeichner wissen wir nur, dass er zeitweilig Benediktinermönch war. Auf einem Beiblatt zur Karte heißt es:
„In dieser Figura ist die Weltkarte oder geometrische Beschreibung der Erde enthalten, aufgestellt nach der Kosmografie des Ptolemaeus."
„Die roten Punkte bezeichnen christliche Städte, die schwarzen Punkte Städte der Ungläubigen."
„Wer messen will, wie viele Meilen eine Stadt von einer anderen entfernt ist, nehme einen Zirkel und setze eine seiner Spitzen in die Mitte des Punktes, der durch den Namen einer Stadt gekennzeichnet ist, und die andere Spitze auf den Punkt einer anderen Stadt. Dann setze er den Zirkel auf untenstehende Skala; jeder Strich entpricht zehn Meilen."

So könnte eine Bearbeitung von M1 aussehen:

1. Schritt: Beschreiben
*Urheber der Karte: Mönch Andreas Walsperger,
Entstehungszeit/-ort: Mitte 15. Jh., Konstanz
Die Welt ist als kreisrunde Scheibe dargestellt („Radkarte"); Karte ist nicht genordet (Süden oben)
Kontinente: Europa, Afrika, Asien, umgeben von Meeren; Eintragungen: Seen, Flüsse, Inseln, Städte
Einige Zeichnungen von Gebäuden, zahlreiche Beschriftungen (lateinisch)
Farbig differenziert: christliche/heidnische Stadt
Auffällig: Rotes Meer groß und rot; Jerusalem im Zentrum; Paradies im Osten (Stadt mit Türmen)
Um die Erde herum sind himmlische Sphären angeordnet: Planeten, Sternbilder, Namen von Engeln
Keine Gitternetzlinien, keine Himmelsrichtungen
Aber: Längenmaßstab auf Extrablatt vorhanden*

2. Schritt: Beurteilen
*Kartograf kannte nicht den Kontinent Amerika
Recht genau: Europa, Nordafrika und Vorderasien
Ungenau/unvollständig: Afrika, Asien, Nordeuropa
Küstenverlauf im Norden/Osten folgt Kreisform
Afrika ist im Süden halb „abgeschnitten"
Die Karte nennt als (eine) Quelle den antiken Geografen Claudius Ptolemäus (100 – 160 n. Chr.)
Der Verfasser ist Benediktinermönch, sein Weltbild ist christlich geprägt (Jerusalem, Paradies)
Die Karte will die Welt realistisch abbilden, fügt aber legendäre und religiöse Motive hinzu
Funktion: Verbreitung des europäisch-christlichen Weltbildes; Darstellung des Wissens der Zeit*

3. Schritt: Einordnen
*Mitte des 15. Jh. stellen Weltkarten große Teile der Erde recht ungenau dar. Vieles beruht nicht auf Forschungen, sondern auf ungefähren Vorstellungen oder religiöser Überlieferung.
Walsperger handelt noch nicht nach der Methode des Naturforschers Leonardo da Vinci, sondern übernimmt Informationen aus antiken Quellen.
Die Karte gibt das Bild der Europäer von der Welt vor der „Wissensexplosion" und den Entdeckungsfahrten in der 2. Hälfte des 15. Jh. wieder.
Offene Fragen: Wer sind Walspergers Auftraggeber? Wie fortschrittlich ist seine Weltdarstellung im Vergleich zu älteren Karten?*

M 2 Umzeichnung des Behaim-Globus
Nürnberg, 16. Jh.
Der Nürnberger Kaufmann Martin Behaim (1459 - 1507) bekam 1492 vom Stadtrat den Auftrag, einen Globus mit der gesamten bekannten Welt anzufertigen. Er fertigte ihn bis 1494 aus Leinwand, Pergament und Papier mit 51 cm Durchmesser. Behaims „Erdapfel" ist der älteste erhaltene Erdglobus.

Jetzt bist du dran:
Werte die Karte M2 aus, indem du nach den Schritten links vorgehst.

Eine Welt des Geldes

M 1 Lohnauszahlung in einer Bank Gemälde von Sano di Pietro, um 1450
Schon seit dem 14. Jh. gab es in italienischen Städten Banken mit Schalterhallen. Viele Stadtbürger führten dort ein Konto, auf das ihr Lohn überwiesen wurde und von dem sie Geld abheben konnten.

Schon mal gehört? Konto, Giro, Bank …

Heutige Bankkunden merken es oft gar nicht: Viele Worte, die uns hier begegnen, stammen aus Italien. Wir führen ein „Conto" auf der „Banca", meist als „Giro"-Konto. Der aktuelle „Saldo" steht auf dem Kontoauszug. Wir nehmen einen „Credito" auf, und unser Einkommen berechnen wir „brutto" und „netto".

Das moderne **Bankwesen** ist im Wesentlichen eine Erfindung der Italiener. Im späten Mittelalter und in der Renaissance versuchten sie durch Neuerungen, den **Fernhandel** zu erleichtern und sicherer zu machen: Kaufleute mussten nun keine großen Geldmengen mitführen – sie wickelten ihre Zahlungen über die „Banca", das Geschäft eines Geldwechslers, vor Ort ab. Hohe Beträge, etwa für den Bau eines Schiffes oder den Kauf einer großen Warenlieferung, finanzierten sie mit geliehenem Geld, einem „Credito", und zahlten dafür Zinsen.

Warum ausgerechnet Italien?

Die Fernhandelskaufleute in den großen Städten Nord- und Mittelitaliens profitierten von ihrer Lage: Sie verbanden den Nord- und Ostseeraum mit dem Mittelmeerraum und beherrschten außerdem das Geschäft mit dem Orient, dessen Luxuswaren und Gewürze in ganz Europa begehrt waren. Wer so handelte, brauchte große Summen für neue Investitionen und wollte diese möglichst bargeldlos über weite Strecken übertragen.

Händler wirtschaften in großem Stil

Zugleich entwickelte sich eine neue Auffassung vom kaufmännischen Wirtschaften. Der Handelsmann früherer Zeiten war in der Regel zufrieden mit dem, was er unmittelbar am Verkauf seiner Ware verdiente. Etwa seit dem 14. Jh. gründeten sich zunehmend Handelsgesellschaften, die, unterstützt durch das neue Bankwesen, einen möglichst hohen Gewinn erarbeiten sollten. Hierfür unterhielten sie nicht nur Handelsbeziehungen mit ganz Europa und darüber hinaus, sondern verteilten zudem ihr Kapital auch auf mehrere Geschäftszweige. Großkaufleute betätigten sich als „Verleger", die eine große Zahl von Handwerkern und Heimarbeitern mit Rohstoffen wie etwa Garn zur Tuchherstellung belieferten und die fertige Ware wiederum an die Kundschaft brachten.

Geld ist Macht: die Fugger und die Medici

Reiche Handelshäuser kamen auf die Idee, mit ihrem Geld selbst Bankgeschäfte zu betreiben. Sie vergaben Kredite selbst an höchste Adelskreise. Kaiser Karl V. lieh sich z. B. von der Kaufmannsfamilie der Fugger, die in der Reichsstadt Augsburg lebte, eine Million Gulden. Dafür erhielt sie von ihm und anderen Fürsten das alleinige Recht, Kupfer, Silber und Blei abzubauen.

Die Medici, die bedeutendste Handels- und Bankiersfamilie in Florenz, nutzte ihren wirtschaftlichen Erfolg sehr geschickt als „Sprungbrett" in die Politik. In Italien stiegen Medici zu Stadtherren auf und wurden schließlich Großherzöge der Toskana. Wie die Fugger machten sie Päpste und Könige durch Kreditgeschäfte von sich abhängig. Sie schafften es sogar, viermal Mitglieder der Familie auf den Papstthron zu bringen und ihre Töchter mit den Herrscherhäusern Frankreichs und Österreichs zu verheiraten.

Aufbruch in die Neuzeit

M 2 Das Handelsimperium der Fugger
Die Fugger besaßen um 1500 Niederlassungen, Produktionsstätten und Bergwerke in ganz Europa.

Info: Die Firma Fugger
1367: Hans Fugger lässt sich in Augsburg nieder.
vor 1450: Die Familie ist im Textilhandel tätig.
1454: Jakob I. wird Mitglied im Großen Rat.
um 1470: Kontakte zum päpstlichen Hof: Verkauf von kirchlichen Ämtern, Rechten und Ablässen gegen Gebühr
ab 1480: Gold-, Silber- und Kupferminen in Salzburg u. Tirol; Metallhandel, Münzprägung
nach 1490: Jakob II. errichtet ein Kupfermonopol, indem er weitere Kupferminen erwirbt. Kaiser und Fürsten erhalten hohe Kredite.
um 1500: Die Fugger sind Bankiers von Kaisern und Päpsten.
1510: Jakob II. leitet die Geschäfte der Familie.
um 1510: Bau der „Fuggerei" (Siedlung für Augsburger in Not)
nach 1511: Die Fugger kontrollieren die Blei-, Silber-, Kupfer- und Quecksilberproduktion.
1514: Der Kaiser erhebt Jakob II. zum Grafen.
1519: Jakob II. finanziert die Wahl des Königs von Spanien zum Kaiser (Karl V.).
1525: Jakob II. stirbt. Der Kaiser schuldet der Firma 1 Mio. Gulden.

M 3 Muss der Handel „gerecht" sein?
1512 erlässt der Reichstag diese Regeln gegen bestimmte Methoden der Handelsgesellschaften:
Im Reich sind in letzter Zeit viele große Handelsgesellschaften entstanden. Und es gibt viele Personen, die Kaufmannsgüter (z. B. Gewürze, Erz, Wolltuch) allein in ihre Hände und Kontrolle ge-
5 bracht haben, um damit Handel zu treiben. Sie setzen den Preis dieser Güter zum eigenen Vorteil ganz nach Belieben fest. Damit fügen sie dem Reich und allen Ständen großen Schaden zu und verstoßen gegen Recht und allen Anstand.
10 Deshalb haben Wir zu Förderung des allgemeinen Nutzens angeordnet, dass solch schädliche Handlungen künftig verboten sind. Wer dagegen verstößt, dessen Hab und Gut soll eingezogen und der Obrigkeit seines Orts gegeben werden.
15 Diese Gesellschaften und Kaufleute werden künftig durch keine Obrigkeit im Reich geschützt. Doch soll niemandem verboten sein, mit jemandem eine Gesellschaft zu gründen, Waren, wo es ihnen gefällt, zu kaufen und zu verhandeln.

Nach: Karl Zeumer, Quellensammlung zur Geschichte der Deutschen Reichsverfassung in Mittelalter und Neuzeit, Tübingen ²1913, S. 308 (frei bearbeitet)

M 4 Ausgaben und Kredite der Medici
a) Was zahlen die Medici für Bauten in der Stadt Florenz?

1391 - 1434	36 000 fl[1]
1434 - 1464	400 000 fl
1464 - 1471	263 000 fl

b) Wer schuldet den Medici Geld?

König von England, 1480 - 1500	30 000 fl
Herzöge von Burgund, 1489	148 000 fl
König von Frankreich, 1516	300 000 fl

---

1. Erstelle eine Mindmap mit dem Titel „Erfolgsrezept(e) der Fugger" (Darstellung, Info, M2).
2. Gestalte einen Antwortbrief an den Reichstag aus der Sicht Jakob Fuggers (Info, M3).
3. Erläutere, warum es sich für die Medici lohnte, viel Geld für öffentliche Bauten in Florenz und für Kredite an Könige und Herzöge zu investieren (M4, Darstellungstext).

[1] fl: Abk. für „Gulden", eine seit 1252 geprägte Münze aus 3,5 g Gold (erfunden in Florenz, daher „fl")

Diesseits und jenseits des Atlantiks

M 1 Abenteuer im Land der Inka
Der Belgier Hergé, eigentlich Georges Remi (1907-1983), war einer der bedeutendsten Comic-Zeichner Europas. Seine bekannteste Schöpfung ist die Abenteuer-Serie „Tim und Struppi". „Der Sonnentempel" erschien 1946. Die Kultur der amerikanischen Ureinwohner wurde damals meist noch gering geschätzt.

Comic-Helden in Peru
Die Suche nach ihrem entführten Freund Professor Bienlein führt Tim und Struppi nach Peru, wo sie im Sonnentempel Reste der Kultur der Ureinwohner finden. Der Comic erschien 1946, etwa 450 Jahre nach der Entdeckung Amerikas, und hat bis heute zahlreiche Auflagen erlebt.
Doch wo und wie haben die Ureinwohner Mittel- und Südamerikas überhaupt gelebt? Leben sie dort immer noch? Und wie kommen die Europäer dorthin?

Entdeckung eines neuen Kontinents?
Neue und verbesserte Instrumente zur Orientierung auf dem offenen Meer und neue hochseetaugliche Schiffe ermöglichten im 15. Jh. längere Seefahrten.
Fantastische Berichte der ersten Entdecker und erfolgreiche Entdeckungsfahrten stachelten viele Seefahrer zusätzlich an, auch den Seeweg nach Indien zu finden.
Mit ihrem Interesse, unbekannte Länder zu erkunden, waren sie jedoch nicht allein. Europäische Könige, vor allem die Spanier und Portugiesen, waren daran interessiert aus den neuen Ländern Geld vor allem für ihre Kriege zu erbeuten, Händler und Kaufleute erhofften sich durch die neuen unbekannten Waren großen Gewinn, Forscher spornte der mögliche Ruhm an und Abenteurer reizte das Unbekannte.

Die Entdeckung Amerikas
Fest davon überzeugt, den Seeweg nach Indien errechnet zu haben, brach **Christoph Kolumbus** (um 1451-1506) 1492 mit drei Karavellen vom spanischen Gomera auf. Nach 36 Tagen landete er am 12. Oktober 1492 auf Guanahani (heute San Salvador), kurz danach erreichte er Kuba und Haiti – immer noch in dem Glauben, Indien auf dem Seeweg erreicht zu haben.
Herzlich von den „Indianern" begrüßt, meldete er seinen Geldgebern, den spanischen Herrschern, stolz seine Landung – wir wissen heute, dass er nicht Indien, sondern Inseln in der Karibik, vor der Küste Amerikas, entdeckt hatte.

Die Ureinwohner Amerikas
Der „neue" Kontinent war jedoch bereits besiedelt. In Mittelamerika, dem heutigen Mexiko, lebten die Maya und **Azteken**, in Südamerika, vor allem in Peru, die **Inkas** und im Amazonasgebiet zahlreiche kleinere Stämme.
Azteken und Inkas, die Hochkulturen Mittel- und Südamerikas, hatten im 14. und 15. Jh. große Reiche gebildet.[1] Ähnlich wie die europäischen Kulturen hatten sie eine gesellschaftliche Hierarchie gebildet, waren handwerklich hoch begabt und lebten von Landwirtschaft und Handel.
Anders jedoch als die Europäer waren sie keine Christen, Juden oder Muslime, sondern verehrten zahlreiche Götter und Göttinnen (Polytheismus). Auch ihre Maßstäbe für Armut und Reichtum waren anders – so hatte Gold für sie häufig nur kultische Bedeutung.

---
[1] siehe M1, S. 58f.

Christoph Kolumbus   Azteken   Inkas

Fenster zur Welt: An den Küsten des Atlantiks

M 2 Der „Stein der Sonne"
Durchmesser 3,6 m, Gewicht 24 Tonnen, gefunden 1790 am Haupttempel in Tenochtitlan (Mexiko Stadt) Forscher halten diesen Stein für die Abbildung des komplizierten aztekischen Kalenders. Im Zentrum steht der Sonnengott Tonatiuh. Um ihn herum zeigt ein Ring die Zeichen der 20 Tage, die jeden der 18 Monate bilden. Die Zacken deuten Sonnenstrahlen an, außen folgt eine Darstellung verschiedener Götter(feste).

M 4 Die Landung des Christoph Kolumbus
Kupferstich von Theodor de Bry (1528 - 1598), 1594
Theodor de Bry aus Lüttich gehört zu den wichtigsten Verlegern von Entdeckungsberichten des 16. Jh.

M 3 „Sie sind treuherzig und gutgläubig"
Aus dem Reisebericht von Christoph Kolumbus, 1492:

Am 33. Tage nach meiner Abfahrt von Gades [= Cadiz] kam ich ins „Indische Meer", wo ich sehr viele und von unzähligen Menschen bewohnte Inseln fand. In feierlicher Verkündigung und mit entrollten Fahnen habe ich sie alle für unseren allergnädigsten König in Besitz genommen, ohne dass jemand widersprochen hätte. [...] Sie [die Einwohner] haben auch keine Waffen, sie sind ihnen völlig unbekannt. [...] Sie sind von Natur aus schüchtern und furchtsam. [...] Sie sind treuherzig und gutgläubig und mit allem, was sie haben, sehr freigiebig. [....] Es kam nämlich vor, dass ein Matrose für ein einziges Stoffband so viel gediegenes Gold erhielt, wie drei Dukaten schwer sind. [...] Sie treiben keine Abgötterei. Im Gegenteil, sie glauben fest, dass alle Kraft, alle Macht, überhaupt alles Gute im Himmel sei. [...] Sie sind auch nicht lässig und roh, im Gegenteil, sie besitzen einen sehr scharfsinnigen Verstand.

Heiko Oberman (Hrsg.), Kirchen- und Theologiegeschichte in Quellen, Bd. 6, Neukirchen-Vluyn 2004, S. 216

---

1. Recherchiere, was ein „Astrolabium" und was eine „Karavelle" ist und erkläre, warum diese technischen Verbesserungen für die Entdeckungsfahrten wichtig waren. Benutze auch die Karte auf S. 58 f.
2. Arbeite heraus, was der Kalender über die Kultur der Azteken aussagt. Vergleiche deine Feststellung mit dem Deckblatt M1. Erkläre, warum es zu diesen Unterschieden kommt.
3. Betrachte das Bild M4 sehr genau (vor allem Haltung der Personen, Mimik, Gestik usw.). Versetze dich danach entweder in die Position eines Einwohners oder eines Eroberers und stelle die Landung aus deiner Sicht dar.
4. Erarbeite aus M3, wie Christoph Kolumbus seine Ankunft beschreibt. Überlege vor allem, für wen er schreibt und welche Absicht er damit verfolgt.
5. Gestalte mithilfe der Materialien einen „zeitgenössischen Bericht" über die Landung von Kolumbus.

2 Von der Entdeckung zur Eroberung

Info: Tenochtitlan wird belagert
Mit Schiffen und Kanonen unterbanden die Konquistadoren die Versorgung der Stadt über den See mit Kanus. Beim Frontalangriff über die Dammwege verwickelten die Verteidiger die Spanier in erbitterte Häuserkämpfe. Die Eroberer rissen nahezu jedes Haus in Tenochtitlan nieder und konnten den Widerstand am 13. August 1521 [...] endgültig brechen. [...] Hernán Cortés [...] errichtete neue Gebäude aus den Trümmern. So entstand der Palast der spanischen Vizekönige aus den Überresten des Palastes des Moctezuma und die Kathedrale auf dem Gelände vor dem Templo Mayor. Mit der Errichtung des Vizekönigreichs Neuspanien 1535 wurde Tenochtitlan schließlich zur Hauptstadt des neuen Vizekönigreichs und in „Ciudad de México" (Mexiko-Stadt) umbenannt.

Nach wikipedia, Stw. „Tenochtitlan" (gekürzt und überarbeitet)

M 1 Drei Kulturen
Foto von 2008
Die Plaza de las Tres Culturas („Platz der drei Kulturen") liegt in der Altstadt von Mexiko-Stadt. An diesem Platz stehen Bauwerke aus drei verschiedenen Bauphasen. Sie sind etwa 600 Jahre, 500 Jahre und 60 Jahre alt.

Geschichte eines Platzes
Der Platz der drei Kulturen im Norden von Mexiko City: der aztekische Marktplatz Tlateloco, die Ruinen eines spanischen Klosters und moderne Wohnhäuser. Drei Kulturen auf engstem Raum – aber wie kam es dazu?

Verhängnisvoller Kontakt
Nachdem Kolumbus den Seeweg nach Amerika entdeckt hatte, folgten weitere Expeditionen in die „neue Welt". Unterstützt von den europäischen Herrschern, vor allem den spanischen und portugiesischen Königen, brachen viele Europäer auf, die neue Welt als **Konquistadoren** zu erobern und zu besiedeln. 1493 übertrug der Papst den spanischen Herrschern die neu entdeckten Länder als Eigentum und damit auch den Auftrag, die Ureinwohner zum christlichen Glauben zu bekehren. Andere Moralvorstellungen und die von einigen Stämmen praktizierten Menschenopfer führten zu der Ansicht, dass die Ureinwohner keine Menschen seien. Auch wenn Papst Paul III. dieser Auffassung bereits 1537 entschieden entgegentrat, waren die indigenen Völker durch die **Encomienda** (spanisch: „Anvertrauung") den europäischen Eroberern völlig ausgeliefert.

Gerüchte um den sagenumwobenen Goldschatz „El Dorado" (spanisch: „der Goldene") versetzten viele Konquistadoren in einen wahren Goldrausch. Die Wut darüber, diesen Schatz nicht zu finden, führte dazu, dass unvorstellbare Grausamkeiten an den Ureinwohnern verübt wurden.

Viele Expeditionen der Konquistadoren scheiterten aber auch an den unbekannten geografischen und klimatischen Bedingungen des neuen Kontinents. Von den Europäern eingeschleppte Krankheiten wie Grippe oder Masern, gegen die die Ureinwohner keine Abwehrkräfte hatten, verminderten die Einwohnerzahl der Ureinwohner zusätzlich.

Die Landnahme durch Spanier und Portugiesen in Mittel- und Südamerika ist ein Beispiel für **Kolonisation**: In der neuen Epoche, die wir in diesem Kapitel betrachten, beginnt zugleich die Aneignung nahezu der ganzen bekannten Welt durch einige europäische Kolonialmächte.

Konquistador Encomienda **Kolonisation**

Fenster zur Welt: An den Küsten des Atlantiks

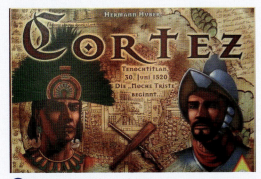

M 2 Strategiespiel „Cortez"
2001, ab 10 Jahre. Aus der Spielanleitung:
Spielziel: Der Kampf um Tenochtitlan beginnt und jeder Spieler versucht, die Herrschaft in der Hauptstadt der Azteken zu erreichen, indem er dort mehr eigene Spielfiguren als seine Mitspieler besitzt und dadurch Schätze einstreicht. Dazu erhält jeder einen geheimen Auftrag, einen bestimmten Tempel in Tenochtitlan zu besetzen. Auch Gold und Bestechung sind zum Sieg hilfreich.

M 3 Größer als Konstantinopel und Rom
Ein spanischer Augenzeuge schreibt nach der Zerstörung über die aztekische Stadt Tenochtitlan:
Wir ritten über den großen Marktplatz. Dort fanden wir zahlreiche Verkaufsstände. Jede Warengattung hatte ihren Platz. Da gab es Gold und Silberarbeiten, Juwelen, Stoffe aller Art, Federn,
5 Baumwolle und Sklaven. Der Sklavenmarkt war hier groß. Dann kamen die Stände der einfacheren Waren mit grobem Zeug, mit Zwirn, Kakao. Auf halbem Weg [zum Tempel] stieg der Fürst [Moctezuma] aus der Sänfte. Er bestieg den Tem-
10 pel und brachte dem Kriegsgott Rauchopfer dar. Wir sahen die drei Dammstraßen, die nach Mexiko führten: Wir sahen die große Wasserleitung und die langen hölzernen Brücken, die die Verbindung zwischen den vielen Teilen des Sees er-
15 möglichten. Auf dem See wimmelte es von Fahrzeugen, die Waren und Lebensmittel aller Art geladen hatten. Wir stellten fest, dass man Mexiko nur über die Zugbrücken oder in Kähnen erreichen konnte. Aus allen Orten ragten die weißen
20 Opfertempel wie Burgen über die Häuser, über kleinere kapellenartige Bauten und Befestigungstürme hinweg. Leute, die Konstantinopel und Rom gesehen hatten, erzählten, dass sie noch nirgendwo einen so großen und volkreichen Markt
25 gefunden hätten.
Nach: Denkwürdigkeiten des Hauptmanns Bernal Díaz del Castillo, in: G. A. Narciß (Hrsg.), Bibliothek klassischer Reiseberichte, Stuttgart 1955, S. 277 ff. (gekürzt)

M 4 „Als freies Eigentum behalten"
In seiner „Verordnung über die Auswanderung" bestimmt der spanische König 1495:
Alle, die ohne staatliche Hilfe nach der Insel [Hispaniola] gehen und sich dort niederlassen wollen, können dies ungehindert tun. Sie können dort als freie Männer leben, brauchen keine Steuern zu
5 zahlen und dürfen die Häuser, die sie bauen, die Felder, die sie bearbeiten, und die Pflanzungen, die sie anlegen, als ihr freies Eigentum für sich und ihre Erben behalten gemäß der Zuteilung [der] von uns damit Beauftragten. Sie sollen zu-
10 nächst Unterhalt für ein Jahr erhalten; ferner verlangen wir, dass sie, falls sie mit Erlaubnis nach Gold graben, für sich den dritten Teil des gefundenen Goldes behalten dürfen, während die anderen zwei Drittel für Uns bestimmt sind.
Nach: Wolfgang Lautemann und Manfred Schlenke (Hrsg.), Geschichte in Quellen, Bd. 3: Renaissance, Glaubenskämpfe, Absolutismus, München ²1976, S. 64 (gekürzt und vereinfacht)

M 5 Entwicklung der Bevölkerung Lateinamerikas

Haiti-Hispaniola
1492   1 Million
1520   16 000

Mexiko
1519   25 Millionen
1532   16,3 Millionen
1568   2,6 Millionen
1595   1,3 Millionen

Afroamerikaner im spanischen Amerika
1570   40 000
1650   850 000

---

1. Erkläre, welche Bedeutung der „Platz der drei Kulturen" (M1) für das Selbstbewusstsein des heutigen Staates Mexiko hat. Berücksichtige dabei auch die Infos in M1 und den Bericht über die Zerstörung der Stadt M3.
2. Beschreibe, wie auf dem Cover des Spiels (M2) Spanier und Azteken dargestellt werden.
3. Gestalte mit M3 einen Plan von Tenochtitlan.
4. Versetzt euch in die Lage eines mittellosen spanischen Landarbeiters zur Zeit der Verordnung M4. Überzeuge deine Familie davon, nach Hispaniola auszuwandern, indem du mit deinem Sitznachbarn einen Dialog gestaltest.
5. Erstelle eine Grafik zur Entwicklung der Indianerbevölkerung (M5). Was sagt die Grafik über die Bevölkerungsentwicklung aus?
6. Entwickle eine Anleitung für ein Spiel „Anti-Cortez", bei dem es nicht um die Eroberung und Zerstörung Tenochtitlans geht, sondern in der du die kulturellen Besonderheiten der Stadt in den Mittelpunkt stellst, um so ihre Zerstörung zu verhindern (M1 - M3, M5).

1325/45: Gründung der Hauptstadt Tenochtitlan auf den Inseln im Texcoco-See durch Azteken
1519 - 1521: Spanische Eroberung des Aztekenreiches durch Hernán Cortés
1521: Eroberung und Zerstörung Tenochtitlans
1532/33: Spanische Eroberung des Inkareiches durch Francisco Pizarro

Die Ausbeutung der Kolonien

M 1 Federschmuck? Aztekische Kopfbedeckung, um 1500
Federn verschiedener Vogelarten (Flamingo, Kuckuck, Quetzal), Goldplättchen, Lederbänder. Höhe 1,16 m, max. Breite 1,75 m.
Unter der Bezeichnung „Federkrone Moctezumas" wird ein kostbarer Federkopfschmuck verstanden, der sich im Weltmuseum Wien befindet. Es handelt sich wahrscheinlich um den Kopfschmuck eines Priesters. Eine Verbindung zum vorletzten aztekischen Herrscher Moctezuma Xocoyotzin ist nicht belegt.

Internettipp:
Mehr zum Kopfschmuck M1 erfährst du unter 31042-10

Mexiko in Wien?

Wer diesen weltberühmten Federschmuck ansehen will, muss nicht nach Mexiko reisen – er liegt im „Weltmuseum Wien". Wie kommt der aztekische Federschmuck dorthin, sodass in Mexiko heute nur eine Kopie zu sehen ist? Welchen Zusammenhang gibt es zwischen dem Aztekenreich und der österreichischen Hauptstadt?

Handel „über drei Ecken"

Viele Konquistadoren hatten sich in der Hoffnung auf Reichtum für ihre Expeditionen hoch verschuldet. Auch die Könige von Spanien und Portugal brauchten für ihre Kriege Geld. Die Händler warteten auf neue, Gewinn versprechende Waren. Wie aber konnte Amerika Gewinn abwerfen?
Zunächst raubte und plünderte man alles, was wertvoll war. Auf diese Weise gelangte der Federschmuck nach Wien. Südamerika ist aber auch reich an Bodenschätzen, vor allem Silber und Kupfer. Auch die Landwirtschaft bringt hohe Erträge. Daher begannen Europäer, Amerika auf diesen Gebieten auszubeuten: In Bergen ließen sie nach Metallen suchen. Sie bauten die in Europa begehrten **Luxuswaren** Kaffee, Baumwolle und Zuckerrohr in großem Maßstab an. Auch einheimische Produkte wie Kakao und Tabak versprachen hohe Gewinne. Allerdings waren die Ureinwohner den Strapazen des Bergbaus und der intensiven Landwirtschaft nicht gewachsen. Viele starben unter dieser Belastung. Aber inzwischen hatten Europäer auch weite Küstengebiete in Westafrika erobert. Um weiterhin möglichst großen Gewinn zu machen, verschleppten Europäer von dort Sklaven nach Amerika.

Zwischen diesen Regionen entwickelte sich reger Handel: Europa lieferte Afrika Rum, Gewehre und billige Stoffe. Damit wurden in Afrika Sklaven gekauft, die man in die Karibik verschleppte. Von der Karibik nach Europa gelangten Zucker, Tabak, Baumwolle und Kaffee. Sklaven aus Afrika mussten also in Südamerika Rohstoffe in Bergwerken abbauen oder auf Plantagen ernten. Und in Europa entstanden **Manufakturen**, die aus den Rohstoffen Waren herstellten, die u. a. nach Afrika exportiert wurden. Gewinner dieses **Dreieckshandels** waren die Europäer, Verlierer die Ureinwohner Afrikas und Südamerikas.

Bekehrung um jeden Preis

Auch der Wunsch, Azteken, Mayas und Inkas zum Christentum zu bekehren, führte dazu, deren eigene Kultur und Religion zu verachten. Der als „Götzendienst" bezeichnete Polytheismus der Indios sollte überwunden werden. So wurde die Gewalt gegen die Ureinwohner auch religiös legitimiert.
Nur wenige Christen klagten die an den Indios begangenen Verbrechen an. Der Dominikaner Bartolomé de Las Casas war einer der wenigen, der mit seinen Schriften für die Eingeborenen eintrat.

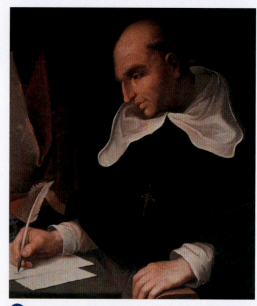

M 2 Bartolomé de Las Casas, Apostel der Indios
Ölgemälde, Sevilla, Ende 17. Jh.

Luxuswaren   Manufaktur   Dreieckshandel

Fenster zur Welt: An den Küsten des Atlantiks

M 3 „Codex von Tlaxcala"
Ausschnitt aus einer Bilderhandschrift von etwa 1580 (Umzeichnung von 1890)
Der Hersteller dieses Codex war in Mexiko als Sohn eines spanischen Vaters und einer indianischen Mutter geboren worden. Die Bilder seines Buches schildern die Geschichte des Volkes der Tlaxcalteken.

M 4 „… bekriegen in jeder Art und Weise …"
König Ferdinand II. erlässt 1513 eine Aufforderung an alle Indios: Durch ihre Verlesung soll die rechtmäßige Eroberung begründet werden:

Im Namen des großen Königs Ferdinand von Spanien und der sehr hohen Königin Doña Juana, unseren Herren: Ich (Name des Konquistadoren), sein Diener, verkünde euch: Einer der früheren
5 Päpste, der [dem Apostel Petrus] als Herr der Welt nachfolgte, machte diese Inseln und dieses Festland dem König und der Königin zum Geschenk. Deshalb bitte ich euch und fordere euch auf, die Kirche anzuerkennen als Herrin und Vor-
10 gesetzte der ganzen Welt, und den Hohenpriester, der Papst genannt wird, in ihrem Namen, und den König und die Königin, unsere Herren, an seiner Statt als Vorgesetzte und Herren und Könige dieser Inseln. Wenn ihr dies tut, werdet ihr das
15 tun, wozu ihr verpflichtet seid. Wenn ihr es aber nicht tut oder in boshafter Weise aufschiebt, so tue ich euch kund, dass ich mit der Hilfe Gottes mit Gewalt eindringen werde gegen euch und euch bekriegen werde in jeder Art und Weise, und
20 euch unterwerfen werde. Und euch und eure Frauen und Kinder werde ich gefangen nehmen und zu Sklaven machen und euch eure Güter nehmen und euch allen Schaden und Böses antun. Und ich erkläre, dass die Tötungen und Schä-
25 den, die sich daraus ergeben werden, eure Schuld sein werden, und nicht die seiner Hoheit noch der Herren, die mit mir gekommen sind.

E. Alcántara Granados, Stigma „Indio". Zur Struktur und Semantik indigener Exklusion in Mexiko, Bielefeld 2014, S. 75–77

---

1. a) Beschreibe die Zeichnung M3 genau.
   b) Unterteile sie dann wie bei einem Comic in verschiedene Bildsequenzen. Gestalte zu jeder Sequenz aus der Perspektive der Ureinwohner eine Sprech- oder Gedankenblase.
   c) Gib der Zeichnung einen Titel.
2. Gestalte eine Grafik zum Dreieckshandel.
3. a) Fasse die „Aufforderung" in M4 in einem Satz zusammen.
   b) Erkläre, was es bedeutet, dass die „Aufforderung" auf Spanisch vorgelesen wurde.
   c) Überprüfe, inwiefern diese Aufforderung in M3 angewandt wird.
4. a) Formuliere fünf Fragen, die du Bartolomé de Las Casas stellen möchtest. Beantworte sie dann mithilfe seiner Kurzbiografie auf S. 79. Recherchiere darüber hinaus im Internet.
   b) Erkläre, wie der Künstler zeigt, dass de Las Casas der „Apostel der Indianer" ist (M2).
   c) Verfasse als „Apostel der Indianer" eine Erwiderung auf die Aufforderung König Ferdinands II. (M4).

1500–1600: Die indianische Bevölkerung wird weitgehend vernichtet

2 Methode

Quellen haben Perspektiven

Wie könnt ihr mit schriftlichen Quellen umgehen, die voneinander abweichen oder sich sogar widersprechen?
Zunächst müsst ihr erkennen, dass ein Geschehen aus einer bestimmten Perspektive (Sicht) beschrieben wird, der Verfasser des Textes also einen eigenen Standpunkt einnimmt. Prüft dazu durch Vergleichen, was der eine erwähnt, der andere weglässt. Dazu könnt ihr die untenstehenden Leitfragen benutzen. Um die Quelle auf ihre Glaubwürdigkeit hin zu überprüfen, ist es wichtig zu wissen, wer der Autor ist und wann, wo und in wessen Auftrag er den Text verfasst hat. So könnt ihr die verschiedenen Perspektiven der Verfasser erkennen. Abschließend solltet ihr beurteilen, wessen Aussagen ihr eher traut.

Folgende Tipps können euch dabei helfen:
1. Informiere dich über den Autor der Quelle. Finde seine Haltung zu den berichteten Ereignissen heraus. War er beteiligt? Hat er die Ereignisse selbst beobachtet? Berichtet er, was er von anderen gehört hat? Berichtet er zeitnah oder liegt eine längere Zeit zwischen den dargestellten Ereignissen und dem Abfassen der Quelle?
2. Überlege, mit welcher Absicht der Autor über die Ereignisse berichtet (Intention). Was will er mit seinem Text erreichen?
3. Überlege, an wen sich der Text richtet (Adressat) und in welchem Verhältnis Autor und Adressat stehen.
4. Lies die Quelle aufmerksam und unterstreiche dabei Begriffe, Sätze oder Satzteile, die du nicht verstehst.
5. Unklare Sachverhalte kannst du mithilfe deines Lehrers/deiner Lehrerin und/oder mit Nachschlagewerken klären.
6. Gib den Inhalt der Quelle in eigenen Worten kurz schriftlich wieder.
7. Markiere im Text farblich Begriffe, Sätze oder Satzteile, in denen der Autor eine Bewertung vornimmt.
8. Entwickle Leitfragen, um die Quellen zu vergleichen.
9. Markiere Unterschiede und Gemeinsamkeiten mit zwei Farben.

Zum Vergleich zweier Quellen könnt ihr diese Sätze verwenden:
Die Quelle … wurde im Jahr … von … verfasst. – Die dargestellten Ereignisse fanden im Jahr … statt. – Bei dem Autor handelt es sich um … – Der Autor berichtet (in Zeile …) davon, dass … – Die Quelle handelt von … und berichtet über …
Der Autor … richtet seinen Text … an … – Er möchte mit dem Text erreichen, dass … – Während Autor … angibt, dass …, spricht der Autor … davon, dass … – Die Autoren widersprechen sich beim Punkt … Hier stellt der Autor … dar, dass …, Autor … hingegen hebt hervor, dass … – Beide Autoren weisen auf … hin.

M 1 Eroberung von Cholula: die Sicht von Hernán Cortés (1485-1547)
Im Herbst 1519 lässt Hernán Cortés zahlreiche Einwohner der Stadt Cholula ermorden. In einem Bericht an Kaiser Karl V. vom 30. Oktober beschreibt Cortés, dass er auf Einladung des Aztekenherrschers Moctezuma in die Stadt gekommen sei. Die mit ihm verbündeten Tlaxcalteken hätten ihn gewarnt, die Einladung sei eine Falle. Weiter heißt es:
Unterwegs hatten wir manche Anzeichen gefunden zur Bestätigung dessen, was die Eingeborenen uns gesagt hatten: Wir fanden die große Heerstraße gesperrt und einen andern Weg gemacht und
5 einige Löcher darin. Einige Stadtstraßen waren mit klebrigem Lehm beschüttet, und viele Steine lagen auf allen Flachdächern. Dadurch veranlassten sie uns zu größerer Behutsamkeit und Vorsicht. […]
10 Während der nächsten drei Tage wurde ich nur sehr schlecht mit Lebensmitteln versorgt, und das wurde jeden Tag schlechter. […] Als ich mich deshalb in einiger Verlegenheit befand, wurde einer Übersetzerin […] durch eine Eingeborene erzählt,
15 ganz nahe bei der Stadt wären viele Soldaten des Moctezuma aufgestellt, und die Stadtbewohner hätten Frauen und Kinder und ihre ganze Habe fortgeschickt. Sie beabsichtigten, uns zu überfallen, um uns alle niederzumetzeln. […] Ich ließ da-
20 her einige der Oberhäupter zu mir rufen, weil ich mit ihnen zu reden hätte, und sperrte sie in einen Saal. [Dort] ließ ich sie binden, stieg aufs Pferd und ließ den Signalschuss geben. Wir führten eine solche Hand, dass in zwei Stunden mehr als 3 000
25 Menschen zu Tode kamen. […] Von mehreren Seiten trieb ich das ganze Volk aus der Stadt, wobei etwa 5 000 Indianer aus Tascalcetal und 400 aus Cempoal [Stadt, deren Bewohner von den Azteken unterdrückt wurden] mir Hilfe leisteten.
30 Nachdem ich in das Quartier zurückgekehrt war, redete ich mit den gefangenen Oberhäuptern und fragte sie, warum sie mich so heimtückisch ermorden wollten. Sie antworteten, dass sie nicht schuld daran wären, sondern die Leute aus Cholula, Unter-
35 gebene des Moctezuma, hätten sie dazu verleitet.

Hernán Cortés, Segunda relación, nach: Ernst Schultze, Die Eroberung von Mexiko. Drei eigenhändige Berichte von Ferdinand Cortez an Kaiser Karl V., Hamburg 1907, S. 86-95

Perspektiven wechseln mit Quellen

M 2 Eroberung von Cholula: die Sicht von Bartolomé de Las Casas (1484-1566)

Bartolomé de Las Casas kennt Cortés persönlich, ist jedoch kein Augenzeuge der Vernichtung von Cholula. Er beschreibt das Ereignis aufgrund mündlicher Berichte wie folgt:

Unter mehreren Mordtaten vollbrachten sie folgende in einer großen Stadt, die mehr als 30 000 Einwohner hatte und Cholula hieß. Alle Großen des Landes und der benachbarten Gegend gingen
5 den Christen in einer Prozession zum Empfang entgegen, die von der Priesterschaft und ihrem Oberpriester angeführt wurde. Die Spanier aber beschlossen, hier ein Blutbad anzurichten, oder – wie sie es nannten – eine Züchtigung vorzuneh-
10 men, die von ihrer Tapferkeit zeugen und zugleich in allen Winkeln des Landes Schrecken verbreiten sollte. Denn wenn die Spanier ein Land überfielen, so fassten sie immer den Entschluss, ein grausames und unerhörtes Gemetzel
15 anzufangen, damit diese sanften Schafe vor ihnen zittern sollten. Zuerst schickten sie zu allen großen und vornehmen Herren in der Stadt und ließen sie zu sich kommen. Sobald sie ankamen und eintraten, um den Befehlshaber der Spanier [Cor-
20 tés] zu sprechen, wurden sie alle sofort gefangen genommen. Man verlangte fünf- bis sechstausend Indianer zum Lasttragen von ihnen. Diese kamen sofort und wurden in den Hof gesperrt. Wenn man sah, wie diese Indianer begannen, die Lasten
25 der Spanier aufzuladen, so müsste man Mitleid und Trauer über sie empfinden. Sie kamen fast ganz nackt, hatten bloß ihre ledernen Decken über die Scham und Netze mit ihren armseligen Lebensmitteln auf den Schultern, setzten sich mit
30 untergeschlagenen Füßen hin und waren sämtlich so still wie die Lämmer.

Als nun alle angekommen und zu den übrigen, die sich bereits im Hof befanden, gebracht worden waren, stellten sich bewaffnete Spanier zur
35 Bewachung an die Türen des Hofes. Alle anderen legten Hand an das Schwert, metzelten und stießen hierauf alle diese geduldigen Lämmer nieder, dass auch nicht ein einziger dem Tode entrann.

Nach: Bartolomé de Las Casas, Kurzgefaßter Bericht von der Verwüstung der Westindischen Länder, hrsg. v. Hans Magnus Enzensberger, Frankfurt 1966, S. 40f. (gekürzt und verändert)

Hernán Cortés (1485-1547)

stammte aus dem niederen spanischen Adel. Er kam 1504 als Soldat in die „Neue Welt" und war 1511 an der Eroberung Kubas durch Diego Velázques beteiligt. Er war ehrgeizig: Als Velázques ihn beauftragte, das Reich der Azteken in Mexiko auszukundschaften und genaue Karten anfertigen zu lassen, begann Cortés 1519 eigenmächtig, das Gebiet zu erobern. In seinen Berichten an den spanischen König Karl V. wollte Cortés sein Vorgehen rechtfertigen. 1521 gelang es Cortés, Tenochtitlan, die Hauptstadt des Aztekenreiches, einzunehmen. Karl V. dankte ihm für die Eroberung und machte ihn zu seinem Stellvertreter in den eroberten Gebieten, dem „Vizekönigtum Neuspanien".

Bartolomé de Las Casas (1484-1566)

kam 1502 als spanischer Soldat in die „Neue Welt". Er nahm 1512 an der Eroberung Kubas teil und war auch an der Ausbeutung der indigenen Bevölkerung beteiligt. 1507 wurde er zum Priester geweiht. Angesichts der spanischen Gräueltaten wurde de Las Casas nun zu einem der schärfsten Kritiker der spanischen Kolonisation. 1523 trat er dem Dominikanerorden bei. 20 Jahre später wurde er zum Bischof von Chiapa in Mexiko ernannt. Bis zu seinem Tod kämpfte er für die Rechte der Indios. So versuchte er mit seinen Schriften, den spanischen König Karl V. dazu zu bewegen, Gesetze zum Schutz der Eingeborenen zu erlassen.

Leitfrage	Hernán Cortés	Bartolomé de Las Casas
Welche Gründe für die Ermordung der Einwohner von Cholula werden angegeben?	Die Bewohner planten zusammen mit Truppen des Moctezuma einen Angriff auf die Spanier, um sie zu töten.	Es gab einen Beschluss der Spanier, in allen Ländern, die sie eroberten, ein Blutbad anzurichten, um Angst zu verbreiten.

Leitfragen	Hernán Cortés	Bartolomé de Las Casas
Wer war an der Eroberung beteiligt?		
Welche Angaben zu Opferzahlen werden gemacht?		
Wie werden die Einwohner Cholulas und ihr Verhalten beschrieben?		
Wie wird das Vorgehen der Spanier beschrieben?		
Wem wird die Schuld an der Ermordung der Einwohner gegeben?		

Jetzt bist du dran: Perspektiven erkennen üben

1. Informiert euch mithilfe der Infoboxen über die Verfasser der Quellen, Hernán Cortés und Bartolomé des Las Casas.
2. Nutzt die Informationen und die Einführungstexte zu den Quellen, um zu beurteilen, wie glaubhaft die jeweiligen Verfasser über das Ereignis in Cholula berichten.
3. Vergleicht, wie die Quellen von den Ereignissen in Cholula berichten. Nutzt dazu die Leitfragen der Tabellen.
4. Schreibt zur Eroberung der Stadt Cholula durch Hernán Cortés einen Beitrag für ein Wissensmagazin für Kinder. Nutzt dazu eure Antworten auf die Leitfragen.

In der Kirche stimmt was nicht

M 1 Das „Jüngste Gericht"
Relief über dem Westeingang zum Freiburger Münster (Ausschnitt), um 1330
Nach dem Tod steht viel auf dem Spiel: Die Vorstellung, das ewige Leben nicht im Himmelreich, sondern in der Hölle zu verbringen, veranlasste viele Menschen zu Wallfahrten, Spenden und guten Werken. Viele hatten auch große Angst.

Internettipp:
Mehr erfährst du im Film „Reformation für Einsteiger" unter 31042-11

Kirche und Glaube im Spätmittelalter

Im Mittelalter hatte der christliche Glaube für die Menschen eine große Bedeutung. Deutlich wird dies am christlichen Kalender, nach dessen Sonn- und Festtagen das ganze Leben ausgerichtet war. Weil Krankheit und Krieg alltäglich waren, setzten sich die Menschen intensiv mit dem Tod auseinander. Sie glaubten an ein ewiges Leben im Jenseits. Vermittlerin dieses Seelenheils war allein die Kirche. Durch ihre Priester, den Klerus, erlangte sie Macht über die Gläubigen.

Zugleich waren hohe Kleriker aber auch Herrscher über Land und Leute. Reformer wie Jan Hus hatten schon am Anfang des 15. Jh. kritisiert, dass viele Priester ihre eigentlichen Aufgaben, sich um die Seelen zu kümmern, vernachlässigten. Weil er predigte, dass die Bibel wichtiger sei als der Papst, wurde er als Häretiker (Häresie: Irrlehre) verfolgt und 1415 verbrannt.

Die Gläubigen hofften, das ewige Leben durch „gute Werke" erlangen zu können: Sie verehrten Heilige und **Reliquien**, fasteten, unternahmen Wallfahrten und Pilgerreisen, stifteten Geld für wohltätige Zwecke – und erkauften sich **Ablass** in Form von Ablassbriefen.

Ablasshandel

Nach damaliger Vorstellung wurden die Seelen nach dem Tod im Fegefeuer gereinigt, bevor sie in den Himmel kommen. Mit dem Kauf eines Ablassbriefes konnte die Zeit im Fegefeuer verkürzt oder erlassen werden. Im Lauf der Zeit entwickelte sich der vom Papst genehmigte Ablasshandel zu einer wichtigen Einnahmequelle der Kirche. Der Buchdruck ermöglichte die massenhafte Verbreitung der Ablassbriefe. Prediger zogen durch die Lande und warben für den Kauf eines Ablasses. Kritiker warnten, dass die Gläubigen so ihre Sünden nicht bereuen und ernsthaft Buße tun würden. Im Jahr 1517 gab Papst Leo X. einen Ablass heraus, dessen Erlös für den Neubau des Petersdoms in Rom bestimmt war. Dessen Vertrieb hatte Erzbischof Albrecht von Brandenburg übernommen.

Luthers Kritik

Martin Luther (1483-1546), ein Mönch und Gelehrter aus Wittenberg, kritisierte am 31. Oktober 1517 in einem Brief an Albrecht von Brandenburg den Ablasshandel. Gleichzeitig veröffentlichte Luther 95 Thesen, in denen er ein Eingreifen der Kirche und eine Aussprache von Gelehrten über den Ablasshandel forderte. Historiker sehen in Luthers Thesen den Beginn der Epoche der **Reformation**. Zunächst beabsichtigte Luther nicht mehr als eine innerkirchliche Kritik an Missständen, die ihm als Seelsorger aufgefallen waren. Erst allmählich entwickelte Luther ein neues Verständnis von der Kirche und dem christlichen Glauben. Seiner Auffassung nach konnten die Gläubigen das Seelenheil allein durch Gottes Gnade (lat. *gratia*), Glauben (lat. *fides*) und Befolgung der biblischen Schrift (lat. *scriptura*) erreichen.

Luthers deutsche Schriften fanden rasch Verbreitung in der Öffentlichkeit. Zu seinen Anhängern zählten Fürsten, Stadträte, Humanisten, Adlige, Kleriker und Mönche. Seine Gegner warfen ihm vor, die Autorität des Papstes zu leugnen. In Rom wurde Anklage wegen Häresie erhoben. Da Luther seine Thesen nicht widerrief, wurde er 1520 exkommuniziert (aus der Kirche ausgeschlossen).

Reliquien   Ablass   Martin Luther   **Reformation**

Aufbruch in die Neuzeit

M 2 Ablasspredigt von Johann Tetzel
Johann Tetzel (1465 - 1519) wirbt 1517 im Auftrag Albrechts von Brandenburg in vielen Predigten für den Kauf von Ablassbriefen:

Bedenke, dass du auf dem tobenden Meer dieser Welt in so viel Sturm und Gefahr bist und nicht weißt, ob du zum Hafen des Heils kommen kannst. Du sollst wissen: Wer gebeichtet hat und zerknirscht ist und Almosen in den Kasten legt, wie ihm der Beichtvater rät, der wird vollkommene Vergebung aller seiner Sünden haben. Was steht ihr also müßig? Laufet alle um das Heil eurer Seele. Hört ihr nicht die Stimme eurer toten Eltern und anderer Leute, die da schreien und sagen: „Erbarmt euch doch meiner, weil die Hand Gottes mich berührt hat. Wir sind in schweren Strafen und Pein, wovon ihr uns mit wenig Almosen erretten könntet, und doch nicht wollt." Tut die Ohren auf, weil der Vater zu dem Sohn, die Mutter zu der Tochter schreit: „Wir haben euch gezeugt, ernährt, erzogen und euch unser zeitliches Gut überlassen; und ihr seid so grausam und hart, dass ihr, wo ihr uns doch jetzt mit leichter Mühe erretten könntet, es nicht wollt und uns in Flammen wälzen lasst, dass wir so langsam zur verheißenen Herrlichkeit kommen." – Ihr könnt jetzt Beichtbriefe haben, durch deren Kraft ihr im Leben und in der Todesstunde und in den nicht vorbehaltenen Fällen so oft wie nötig den vollkommenen Nachlass der für die Sünden schuldigen Strafen haben könnt.

Nach: Heiko A. Oberman (Hrsg.), Die Kirche im Zeitalter der Reformation, Neukirchen-Vluyn 1981, S. 15 f. (gekürzt)

M 3 „Aus tiefer Not schrei ich zu dir"
Text und Melodie dieses Liedes schreibt Martin Luther 1524. Du findest es auch im Evangelischen Gesangbuch unter Nr. 299 und – ohne die zweite Strophe – im katholischen „Gotteslob" unter Nr. 277.

Aus tiefer Not schrei ich zu dir, Herr Gott, / Dein gnädig' Ohren kehr zu mir und meiner Bitt' sie öffne; / denn so du willst das sehen an, was Sünd und Unrecht ist getan, wer kann, Herr, vor dir bleiben?

Bei dir gilt nichts denn Gnad und Gunst, die Sünde zu vergeben; / es ist doch unser Tun umsonst auch in dem besten Leben. / Vor dir niemand sich rühmen kann; / des muss dich fürchten jedermann / und deiner Gnade leben.

Darum auf Gott will hoffen ich, auf mein Verdienst nicht bauen. / Auf ihn mein Herz soll lassen sich und seiner Güte trauen, / die mir zusagt sein wertes Wort. / Das ist mein Trost und treuer Hort; / des will ich allzeit harren.

Und ob es währt bis in die Nacht und wieder an den Morgen, / doch soll mein Herz an Gottes Macht verzweifeln nicht noch sorgen. / So tu Israel rechter Art, / der aus dem Geist geboren ward, / und seines Gottes harre.

O bei uns ist der Sünden viel, bei Gott ist viel mehr Gnade. / Sein Hand zu helfen hat kein Ziel, wie groß auch sei der Schade. / Er ist allein der gute Hirt, / der Israel erlösen wird / aus seinen Sünden allen.

---

1. Das Relief M1 ist für alle sichtbar am Eingang des Freiburger Münsters angebracht. a) Vor der Kirche belehrt ein Vater seine Kinder über die Aussage des Bildes. b) Ein Ablasshändler verweist in seiner Predigt auf das Relief. Spiele eine dieser Szenen nach.
2. a) Arbeite aus M2 Wörter oder Wortgruppen heraus, mit denen Tetzel das Leben der Menschen beschreibt. Erkläre, welche Stimmung er dadurch bei den Zuhörern hervorruft.
b) Arbeite heraus, mit welchen Begründungen Johann Tetzel für den Ablasskauf wirbt.
c) Überprüft, ob und inwiefern wir heute ähnlichen Argumenten wie in der Predigt ausgesetzt sind.
3. a) Arbeite die Schlüsselbegriffe des Liedtextes M3 heraus. Vergleiche ihn mit der Predigt M2.
• b) Luther formulierte seine Ablasskritik auch in Predigten in der Wittenberger Schlosskirche. Gestalte eine solche Predigt gegen den Ablasshandel (Darstellungstext, M3).
4. Entwickelt ein Programm, mit dem Luthers Kirchenreform und sein Glaubensverständnis umgesetzt werden könnte (Darstellung, M3).

1517: Luther veröffentlicht seine 95 Thesen • *1520: Kirchenbann gegen Luther*

2 Die Kirche spaltet sich

M 1 Ein Flugblatt aus dem deutschen Südwesten
Holzschnitt, um 1550
Herzog Christoph von Württemberg (1515 - 1568), umringt von seinen katholischen Gegnern. Von links oben, gegen den Uhrzeigersinn: Bischof – Abt – Domherr – Kaplan – Kardinal – Papst. Der Reigen endet mit einem Gebet des Fürsten: „Gott, du bist mein höchster Herr, erhalt mich, Herr, bei deinem Wort, und steh mir bei an allem End, dass ich beharre bis an mein End. Beschirme mich vor diesen wilden Tieren, die mich von dir, Herr, wollen führen."

Eine Überzeugung breitet sich aus
Überzeugungen breiten sich nicht „einfach so" und „irgendwie" aus. Dass die „Saat" der Überzeugungen Luthers aufgehen konnte, dazu benötigte es auch einen „vorbereiteten Boden": das **Heilige Römische Reich** deutscher Nation.

Religion und Politik
Luthers Auftreten forderte nicht nur den Papst und die Kirche heraus. Es stellte zugleich eine Herausforderung für das Reich dar, das als Heiliges Römisches Reich (lat. *sacrum imperium*) auf einem einheitlichen christlichen Bekenntnis basierte. Luthers Gedanken waren auch ein Thema auf vielen Reichstagen, zu denen sich die Fürsten und **Reichsstände** versammelten, um mit dem Kaiser über die „Luthersache" zu verhandeln.
Auf dem Wormser Reichstag 1521 wurde mit dem Wormser Edikt die **Reichsacht** über Luther verhängt. Seine Schriften durften weder gelesen noch gedruckt werden. Da Luther zu dieser Zeit aber schon Anhänger in den Reichsstädten und unter den Fürsten hatte, wurde das Urteil nicht überall umgesetzt. Auf dem Reichstag in Speyer 1529 protestierten Luthers Unterstützer gegen die Durchsetzung des Wormser Edikts – seitdem wurden sie „Protestanten" genannt. 1530 fassten die Anhänger Luthers die Grundlagen ihres Glaubensverständnisses im sogenannten „Augsburger Bekenntnis" zusammen. Die Konflikte innerhalb des Reiches dauerten aber an, und schließlich kam es zur Spaltung der Kirche.

Reformation als Medienereignis
Zahlreiche überlieferte Flugblätter sind heute eine wichtige Quelle für diesen Streit. Historiker nennen die Reformation manchmal sogar ein „Medienereignis": Illustrierte Flugblätter waren das „Massenmedium" der Reformationszeit, sie konnten in kurzer Zeit und in großer Anzahl gedruckt und verbreitet werden. Luther und seine Anhänger nutzten dieses Medium früh, um Predigten und theologische Erkenntnisse in deutscher Sprache einer breiten Öffentlichkeit zugänglich zu machen.

Territorialstaaten und Reichsstädte
Im Spätmittelalter hatten die Fürsten der **Territorialstaaten** des Reiches immer mehr Macht an sich gezogen. Diesen Vorgang nennt man „Territorialstaatsbildung" oder „Territorialisierung".
Die Reformation löste einen neuen Schub an Territorialisierung aus. Im Herzogtum Württemberg war die Reformation – genau wie in vielen anderen Territorien des Reiches – eine typische „Fürstenreformation": Herzog Ulrich von Württemberg (1534 - 1550) führte den neuen Glauben ein, sein Sohn Christoph (1550 - 1568) baute eine evangelische **Landeskirche** auf und formte einen reformatorischen „Musterstaat". Der Staat übernahm viele Aufgaben, die zuvor vor allem die Kirche geleistet hatte, etwa Bildung und Armenfürsorge. Der Landesherr an der Spitze des Staates sicherte sich aber auch Einfluss auf „seine" Landeskirche.
Für die Ausbreitung der Reformation waren aber auch die vielen Reichsstädte im deutschen Südwesten[1] wichtig. Jede von ihnen hat eine eigene Reformationsgeschichte. Es gibt also nicht „die Geschichte der deutschen Reformation", sondern viele verschiedene „Reformationsgeschichten".

---
[1] Im heutigen Baden-Württemberg waren das Aalen, Biberach, Bopfingen, Esslingen, Giengen an der Brenz, Heilbronn, Isny, Konstanz, Offenburg, Reutlingen, Rottweil, Schwäbisch Gmünd, Schwäbisch Hall, Ulm, Weil der Stadt und Wimpfen.

Aufbruch in die Neuzeit

M 2 Wendekopf
Holzschnitt (26,5 x 16,0 cm), um 1520/22
Die lateinischen Verse lauten übersetzt:
Wenn Du, Leser, fragst, was für ein ungeheuerliches Bild hier vorliegt: /
Aus ihm kannst Du die Lehre Luthers erfahren /
Denn wie Dir beim ersten Anblick der ehrwürdige Prediger erscheint /
Ist er umgewendet in Wahrheit nichts anderes als ein Narr /
Dem ersten Anschein nach verkünden so die Prediger glänzende Worte /
die doch nichts als Narrheiten enthalten.

Wie ein guter Hausvater in seinem
Haus wirkt, so wirkt auch ein frommer Fürst in seinem Lande. [...] Die Schulen hat ihre fürstliche Gnaden immer als Einrichtungen angesehen, in denen die Kirche und die öffentliche Ordnung gepflanzt und gepflegt werden. Daher hat er sich auch besonders um sie gekümmert. Die Klöster [in Württemberg] hat er in ihre uralte, ursprüngliche und richtige Bestimmung zurückgeführt – nämlich Schulen zu sein. Deshalb hat er dort Klosterschulen einrichten lassen, in denen die Jugend in den verschiedenen Fächern und Sprachen, besonders aber in der Theologie unterrichtet wird. [...] Aber auch viele Bürger- und Landschulen hat Herzog Christoph einrichten lassen. Dort soll die Jugend nicht nur schreiben und lesen, sondern in erster Linie den Katechismus[2] lernen, um so später auch andere im Katechismus unterrichten zu können. So hat es Herzog Christoph seinen Untertanen ermöglicht, unter seinem väterlichen Schirm das Reich Gottes zu suchen. Die Regierungszeit Christophs war eine Zeit der Erbauung, Pflanzung und Aufrichtung des württembergischen Staatswesens.

Balthasar Bidembach, Kurtzer und warhaffitiger Bericht von dem hochlöblichen und christlichen Leben [...] Herrn Christoffen, Hertzogen zu Wirtemberg [...], Tübingen 1570 (bearb. von Julian Kümmerle)

M 3 Der Hofprediger berichtet
Balthasar Bidembach (1533 - 1578) ist Hofprediger des Herzogs Christoph in Stuttgart. Er und seine beiden Brüder besetzen wichtige Stellen im entstehenden lutherischen Staatswesen. Von den Vorgängen im Land berichtet er 1570:
Der Glaube, das Bekenntnis und die christlichen Tugenden Herzog Christophs waren schon zu seinen Lebzeiten nicht verborgen, sondern sind aller Welt offenbar. [...] So hat er immer wieder viel Zeit mit Lesen und Studieren aller Werke Martin Luthers, in deutscher und lateinischer Sprache, verbracht sowie alle Bücher von Johannes Brenz[1] mit besonderem Fleiß gelesen. [...]

[1] Johannes Brenz: Priester in Schwäbisch Hall, Anhänger der Reformation; Organisator der evangelischen Landeskirche in Württemberg
[2] Katechismus: Buch, in dem die Grundlagen des christlichen Glaubens erläutert werden

---

1. Legt M2 zwischen euch.
   a) Beschreibt euch gegenseitig die Figur, die ihr aus eurer Position seht.
   b) Erklärt, wessen Partei dieses Blatt ergreift. Beurteilt, ob die Reformation ein „Medienereignis" bzw. eine „Medienschlacht" war.
2. Arbeite heraus, wie Hofprediger Bidembach den Herzog von Württemberg darstellt (M3).
3. Beurteile, welche Vorteile ein „frommer Landesherr" für die reformatorische Kirche im Territorialstaat hat bzw. welche Vorteile „fromme Untertanen" und „treue Theologen" für den Landesherrn haben (M1 und M3).

1517: Luther veröffentlicht seine 95 Thesen • 1520: Kirchenbann gegen Luther • 1521: Wormser Edikt: Reichsacht gegen Luther • 1529: Protest auf dem Reichstag zu Speyer • 1530: Augsburger Bekenntnis • 1534: Einführung der Reformation in Württemberg

2 Bauern erheben sich

M 1 Karnöffelspiel
Papier, Faksimile 1978 nach Originalen aus dem 16. Jh.
Bei diesem Kartenspiel konnte der „Karnöffel", ein Landsknecht, sogar Kaiser, König und Papst ausstechen. Es war im 16. Jh. sehr beliebt.

[1] Der Bundschuh war eine typisch bäuerliche, einfache Fußbekleidung.

Ein Krieg als Zeitmarke

Auf die Frage nach seinem Alter antwortete mancher Mann in der zweiten Hälfte des 16. Jh.: „War ein Bub im Bauernkrieg." Wie konnte es dazu kommen, dass Ereignisse in den Jahren 1524-1526 eine genaue Altersangabe ersetzten?
Bauernproteste waren zu Beginn des 16. Jh. nichts Außergewöhnliches. Schon im 15. Jh. hatte es Zusammenschlüsse von Bauern im Zeichen des Bundschuhs[1] gegeben, und im Herzogtum Württemberg war 1514 die Bewegung des „Armen Konrad" entstanden.
Im Juni 1524 begannen Bauern in einigen Dörfern im Südschwarzwald, Beschwerden über die Obrigkeit zu formulieren. Sie klagten über steigende Abgaben, viele Frondienste und Willkür der Grundherren. Den meisten Bauern ging es nicht darum, überhaupt keine Abgaben und Frondienste mehr zu leisten. Sie wollten vielmehr „Altes Recht" wiederherstellen und darüber mit den Landesfürsten und Grundherren verhandeln.
Der Aufstand weitete sich rasch aus, auch in den Städten erhob sich der „gemeine Mann". Die Bauern begründeten ihre Forderungen mit dem Evangelium, das Grundlage für die gerechte Ordnung sein sollte. Die „Zwölf Artikel" der Memminger Bauern waren die am weitesten verbreiteten Forderungen. Um sie durchzusetzen, schlossen sich die Bauern in „Haufen" zusammen und wählten Anführer. Als sie im März 1525 erkannten, dass die Landesherren nicht zu Verhandlungen bereit waren, stürmten sie Klöster, Schlösser und Burgen. Die Haufen waren sich über die Ziele nicht einig. So gelang es der Obrigkeit, die sich im „Schwäbischen Bund" zusammengeschlossen hatte, bis Juni 1526, die Aufstände niederzuschlagen. Der **Deutsche Bauernkrieg** forderte etwa 70 000 Todesopfer. Manche Fürsten verhängten schwere Strafen gegen die Aufständischen. Andere waren bereit, auf einige ihrer Forderungen einzugehen, um neue Erhebungen zu vermeiden.
Historiker sind sich einig, dass die Reformation Einfluss auf die Bauernaufstände hatte: Nach Luthers Vorbild beriefen sich die Bauern mit ihren Forderungen auf die Bibel. Trotzdem lehnte Luther den Aufstand ab (vgl. M4).

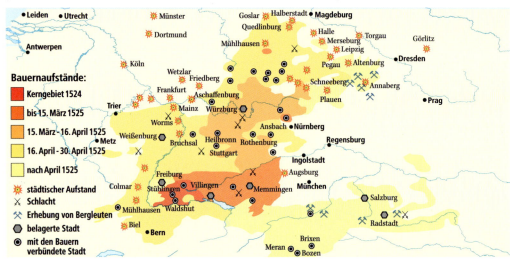

M 2 Schauplätze und Verlauf des „deutschen Bauernkrieges" 1524-1526

Aufbruch in die Neuzeit

M 3 Aus den „Zwölf Artikeln" der Bauern
Die Artikel werden im März 1525 von Vertretern verschiedener Bauernhaufen erarbeitet. Ihr Druck ist in den Aufstandsgebieten sehr verbreitet.

1. Es ist unsere Bitte, dass jede Gemeinde ihren Pfarrer selbst wählt und ihn auch absetzen kann.
2. Wir geben den Zehnten gern. Er soll aber zum Unterhalt des Pfarrers und als Almosen dienen.
3. Aus der Schrift ergibt sich, dass wir frei sind, und deshalb wollen wir's sein. Nicht, dass wir völlig frei sein und keine Obrigkeit haben wollen: Das lehrt uns Gott nicht.
4. Bisher ist es Brauch gewesen, dass kein Untertan Wild, Geflügel oder Fische fangen durfte. Dies ist eigennützig und entspricht nicht dem Wort Gottes und der brüderlichen Liebe.
6. Unsere Dienste gegenüber den Grundherren werden von Tag zu Tag vermehrt. Wir wollen nicht so hart belastet werden und erkennen nur die Dienste an, die unsere Eltern geleistet haben.
9. Wir wünschen, dass man aufgrund alter geschriebener Strafsatzungen Recht spricht und nicht nach Lust und Laune des Grundherrn.
10. Wiesen und Äcker, die sich Herren zu Unrecht angeeignet haben, sollen wieder an die Gemeinde zurückgegeben werden.
11. Nach dem Tod eines Erbbauern soll der Besitz nicht an den Grundherrn zurückgehen, damit den Witwen und Waisen nichts genommen wird.
12. Wenn einer der Artikel nicht dem Wort Gottes entspricht, wollen wir ihn fallen lassen, wenn man uns dies mit der Heiligen Schrift beweist.

Nach: Günther Franz (Hrsg.), Quellen zur Geschichte des Bauernkrieges, München 1963, S. 174 ff. (zusammengefasst, vereinfacht und in heutiges Deutsch übertragen)

M 4 Wider die stürmenden Bauern
Luther wendet sich in seiner Schrift „Wider die stürmenden Bauern" vom Mai 1525 direkt an die Aufständischen:

Dreierlei gräuliche Sünden wider Gott und Menschen laden diese Bauern auf sich, daran sie den Tod verdienet haben an Leib und Seele mannigfältiglich. Zum ersten, dass sie ihrer Obrigkeit Treu und Huld geschworen haben, untertänig und gehorsam zu sein [...]. Zum andern, dass sie Aufruhr anrichten, rauben und plündern [...]. Zum dritten, dass sie solche schreckliche, gräuliche Sünde mit dem Evangelio decken.

Wolfgang Lautemann und Manfred Schlenke (Hrsg.), Geschichte in Quellen. Renaissance – Glaubenskämpfe – Absolutismus, München ²1976, S. 154

M 5 Über die Ursachen des Aufruhrs
Der Geistliche Thomas Müntzer schließt sich 1518 der Reformation an. Über die Ursachen des Bauernaufruhrs schreibt er im Spätherbst 1524:

Sieh zu, die Grundsuppe des Wuchers, der Dieberei und Räuberei sind unsere Herren und Fürsten: Sie nehmen alle Kreaturen als Eigentum. Darüber lassen sie dann Gottes Gebot ausgehen unter die Armen und sprechen: Gott hat geboten, du sollst nicht stehlen. [...] Da sagt dann der Doktor Lügner[1] auch noch: Amen. Dabei machen die Herren das selber, dass ihnen der arme Mann feind wird. Die Ursache des Aufruhrs wollen sie nicht wegtun, wie kann es auf die Dauer gut werden? Wenn ich das sage, muss ich aufrührerisch sein, wohlan!

Thomas Müntzer, Schriften und Briefe, hrsg. von Gerhard Wehr, © 1989 Diogenes Verlag AG Zürich, S. 113 (leicht vereinfacht)

[1] Dr. Lügner: Gemeint ist Martin Luther.

---

1. a) Formuliere für jeden Artikel aus M3 eine kurze Überschrift.
   b) Erläutere, wie die Memminger Bauern ihre Forderungen begründen.
   c) Erkläre den Zusammenhang der Forderungen mit der Reformation.
2. Für die bewaffneten Aufstände von 1524 bis 1526 wird oft die Bezeichnung „Deutscher Bauernkrieg" verwendet. Analysiere die Karte M2 und erörtere, ob der Begriff treffend ist.
3. Die Schriften Luthers (M4) und Müntzers (M5) werden einem Bauernhaufen vorgelesen. Ein Bauer teilt die Meinung Luthers, ein anderer beruft sich auf Müntzer und will weiter für seine Forderungen kämpfen. Sie geraten darüber in Streit. Gestalte einen Dialog der beiden.

◄ 1493: Beginn der „Bundschuh-Bewegung" • 1514: „Armer Konrad" • Januar 1525: Beginn der Unruhen in Oberschwaben • 4.4.1525: Erste Schlacht des Bauernkrieges (Leipheim bei Ulm) • Mai/Juni 1525: Sieg der Fürsten (Schwäbischer Bund)

Konfessionalisierung

M 1 Konfessionen
Hinweistafel am Ortseingang von Ilmenau
In den meisten Städten Deutschlands leben Menschen aus verschiedenen christlichen Konfessionen zusammen.

Internettipp:
Christliche Konfessionen stellen sich vor – unter 31042-12

Christliche Konfessionen heute

Vielleicht bist du auf deinem Weg in die Schule an einem solchen Hinweisschild vorbeigekommen. Aber auch in der Schule begegnen dir die verschiedenen christlichen **Konfessionen**. Wenn Religionsunterricht auf dem Stundenplan steht, ist es für dich und deine Mitschüler selbstverständlich, dass die Klasse geteilt wird. Wenn ihr darüber sprecht, womit „die anderen" sich in „ihrem" Religionsunterricht beschäftigen, stellt ihr wahrscheinlich fest: So ganz anders ist es gar nicht. Aber wie kommt es zu der Trennung? Warum gibt es überhaupt unterschiedliche Konfessionen? Die Gründe dafür liegen in der Vergangenheit.

Ein Christentum, drei Konfessionen

Historiker haben für den Vorgang, der zur Bildung und Ausprägung der verschiedenen christlichen Glaubensrichtungen geführt hat, einen Begriff „erfunden": **Konfessionalisierung**. Den Zeitraum bezeichnen sie als konfessionelles Zeitalter und meinen damit meist die Zeit zwischen dem **Augsburger Religionsfrieden** 1555 und dem Westfälischen Frieden 1648. Im Augsburger Religionsfrieden wurde nach langem Ringen das Luthertum reichsrechtlich anerkannt. Für den Calvinismus, der auf Johannes Calvins (1509-1564) Wirken u. a. in Genf zurückgeht und als besonders strenge Form des evangelischen Glaubens gilt, war dies erst im Westfälischen Frieden 1648 der Fall. Der Augsburger Religionsfriede legte fest, dass der Landesfürst (in Reichsstädten der Stadtrat) entscheiden darf, welcher Glaube für seine Untertanen gilt. „Cuius regio, eius religio" – wem das Land gehört, der darf auch den Glauben bestimmen. So hat es später der Greifswalder Rechtsgelehrte Joachim Stephani (1544-1623) ausgedrückt.

Glaube – Privatsache?

„Der Glaube ist doch meine Privatsache" – so sagen wir heute. Für die Menschen in der Frühen Neuzeit war dies jedoch anders. Beruf, Familie, Schule, Alltag, öffentliches Leben im Dorf und in der Stadt – nahezu alles war vom Glauben durchdrungen. Dies war natürlich schon im Mittelalter so. Neu war nach der Reformation jedoch, dass sich nun mehrere christliche Glaubensbekenntnisse bildeten und in Konkurrenz zueinander standen. „Konkurrenz belebt das Geschäft" – auch das sagen wir heute. So ähnlich müssen wir es uns auch im 16. und 17. Jh. vorstellen. Das lutherische, das calvinistische (reformierte) und das katholische Bekenntnis standen in Konkurrenz zueinander und prägten das Leben ihrer Anhänger. Dadurch kam es oft zu Streit, manchmal sogar zu kriegerischen Auseinandersetzungen.

Da Kirche und Staat nicht getrennt, sondern eng verbunden waren, hatten die Fürsten und Stadtmagistrate auch ihren Nutzen von der konfessionellen Prägung der Gesellschaft. Denn die Bürger wurden durch die Konfessionalisierung zu frommen und anständigen Untertanen – so sehen es manche Historiker heute. Somit hätten die Konfessionen auch zum Auf- und Ausbau der Macht der Territorialstaaten beigetragen.

Für die Menschen der damaligen Zeit war jedoch ein anderes Problem drängender: Aus einem Glauben waren drei Konfessionen geworden, die alle versprachen, allein das Seelenheil zu vermitteln.

Aufbruch in die Neuzeit

M 2 Wie man sich zu benehmen hat
Aus der Genfer Kirchenordnung 1541:

Bei einem Fehlverhalten sollten die Gemeindemitglieder zunächst freundlich ermahnt werden. Sollte dies nichts nützen, war so zu verfahren: Unter den öffentlichen und allgemeinen Vergehen
5 (Lügenhaftigkeit, Verleumdungssucht, lose oder beleidigende Worte, Unbesonnenheit, Geiz, unbeherrschter Zorn) gibt es Fehltritte, bei denen ein Verweis genügt. In derartigen Fällen soll es das Amt der Ältesten sein, die Schuldigen vorzuladen
10 und ihnen in Liebe Vorhaltungen zu machen, damit sie in diesem Stück wieder zurechtkommen. Und wenn all das auf die Dauer nichts nützen sollte, muss man ihnen ankündigen, als Verächter Gottes hätten sie vom Abendmahl wegzubleiben,
15 bis man bei ihnen eine Änderung des Lebenswandels bemerke. Hat einer sich eines Verbrechens schuldig gemacht (Irrlehre, Abspaltung von der Kirche, Auflehnung gegen die Kirchenordnung, Gotteslästerung, Meineid, Dieberei, Trunk-
20 sucht, Tanz und ähnliche Ausschweifungen), das Zurechtweisung samt einer gerichtlichen Strafe nach sich zieht, soll man ihm ankündigen, er habe, nach Lage des Falls kürzer oder länger, vom Abendmahl fernzubleiben, damit er sich vor Gott
25 demütige und seinen Fehltritt besser erkenne.

Nach: Corpus Reformatorum, 38, S. 5 ff. (gekürzt)

M 3 Das Bekenntnis prägt das Leben
„Konfessionsbild" aus der Peter-und-Paul-Kirche in Ulm, 1711
Die Szenen: Kirchenmusik – Predigt – Taufe – Beichte – Hochzeit – Religionsunterricht – Abendmahl – Übergabe der Augsburger Konfession 1530 durch den sächsischen Kurfürsten an Karl V. Hinter dem Kaiser: Landgraf Philipp von Hessen und der Reutlinger Bürgermeister Jos Weis.

1. Erläutere, zu welcher Konfession M2 und M3 gehören, und erkläre anhand der Quellen, wie Konfessionalisierung „funktioniert".
2. Bewerte die Regelungen in M2: „gut gemeinte Hilfe zu einem anständigen Leben" oder „unerhörte Einmischung in das Privatleben"?
3. Die Beschreibung der Konfessionalisierung stammt von Historikern des 20. Jh. Beurteile, ob man eine Epoche in der Rückschau besser verstehen kann als die Menschen damals ihre eigene Zeit.

•1555: Augsburger Religionsfriede   1648: Westfälischer Friede•
1555 – 1648: konfessionelles Zeitalter
1550   1575   1600   1625   1650

2 Jetzt forschen wir selbst!

Luther-Bilder heute

Schon zu seinen Lebzeiten war Martin Luther umstritten: Er wurde geliebt oder gehasst, als Held verehrt oder verteufelt. Bis heute wird Luther unterschiedlich bewertet – und für ganz unterschiedliche Zwecke in Anspruch genommen. So entstehen auch heute noch immer neue „Luther-Bilder". Hier setzt das Fach Geschichte an: Es prüft, inwieweit sich diese heutigen Deutungen zu Recht auf den eigentlichen Luther im 16. Jh. berufen können – oder nicht auch Spiegelbilder unserer Zeit sind.

Vorschläge für Forschungsthemen:
Thema 1: „Jede Zeit findet in Gestalten der Vergangenheit das, was sie bestätigt."
Thema 2: Luther-Bilder im Fakten-Check
Thema 3: Ein seltsames Objekt namens „Martin Luther"
Aber vielleicht fallen euch ja noch andere Themen ein?

M 1 Luthersocken
Aufschrift auf dem Etikett:
„Luthersocke – ein Stück Selbstbewusstsein"
„Hier stehe ich ...": So soll Luther auf dem Reichstag zu Worms 1521 seine Weigerung bekräftigt haben, seine Lehre zu widerrufen.

M 2 Kleiner Luther – großes Interesse
Die ersten 34 000 Figuren (Preis: 2,39 EUR) waren nach wenigen Tagen ausverkauft. Auf eBay wurde die Figur kurzzeitig für 1 000 EUR gehandelt. Inzwischen wurden mehrere Auflagen produziert.
Luther hält eine aufgeschlagene Bibel, in der steht: „Bücher des Alten Testaments. ENDE. Das Neue Testament übersetzt von Doktor Martin Luther." Auf einem Beipackzettel finden sich Informationen zu „500 Jahre Reformation" mit einer Karte von Luthers Lebensstationen.

Beschreiben
Thema 1: *Erklärt* euch gegenseitig die obige Aussage.
Thema 2: *Nennt* die geschichtlichen Ereignisse, auf welche sich die Forschungsgegenstände M1, M2 und M4 beziehen.
Thema 3: *Beschreibt* die gegenständliche Quelle M4.

Untersuchen
Thema 1: *Überprüft* die Aussage anhand der Materialien.
Thema 2: *Vergleicht* die heutige Darstellung der Ereignisse mit der tatsächlichen Situation damals.
Thema 3: *Recherchiert*, was es mit dem Dampflokomobil auf sich hat.

Einordnen
Thema 1: *Bewertet* die Art und Weise der heutigen Erinnerung an Martin Luther.
Thema 2: *Überprüft*, wie in den Materialien mit der „historischen Wahrheit" umgegangen wird.
Thema 3: *Ordnet* das Dampflokomobil in die Geschichte des Landes ein, in dem es sich heute befindet.

Präsentieren
Thema 1: Martin Luther schaut vom Himmel auf die Erde herab und sieht, wie sich unsere Zeit an ihn erinnert. *Verfasst dazu eine „Luther-Predigt"*.
Thema 2: Du wirst beauftragt, *ein kritisches Gutachten* aus Sicht eines Historikers für eine „Luther heute-Ausstellung" zu *verfassen*. Darin sollst du darlegen, ob die Objekte die Ereignisse damals korrekt wiedergeben, einseitig oder gar falsch sind.
Thema 3: Ihr kehrt von einer Reise nach Afrika zurück und *erzählt eurer Klasse* von einer merkwürdigen Begegnung mit „Martin Luther".

Luther-Bilder heute

M 3 Bist du ein Luther-Typ?
Auf der Homepage der „Evangelischen Kirche in Deutschland" (EKD) findet sich ein sogenannter Luther-Test, der die sehr beliebten Persönlichkeitstests auf Luther übertragen will:

Du bist ein kleiner Mitarbeiter eines internationalen Konzerns. Eines Tages erkennst du, dass in dem Unternehmen vieles schief läuft. Jede wichtige Entscheidung wird an Gremien und Ausschüsse verwiesen. Hunderte von Mitarbeitern sind nur mit der Ausarbeitung von Entscheidungsvorlagen beschäftigt. Der Konzern ist wie gelähmt. Da du besonders clever bist, hast du eine ebenso einfache wie verblüffende Idee, wie alles besser werden kann: Jede Abteilung entscheidet täglich selbst auf Grundlage allgemein anerkannter Richtlinien. Du beginnst mit Begeisterung für deine Idee zu werben. Schnell hast du ein paar Freunde gewonnen. Doch dann kommt es, wie es kommen muss: Da deine Idee bestehende Strukturen und alteingefahrene Machtpositionen gefährdet, gibt es Ärger …

1. Der Abteilungsleiter fordert dich auf, die Werbung für deine Idee zu unterlassen. Ein Teil der Mitarbeiter ist aber bereits auf deiner Seite. Was tust du?
a) Obwohl es mir nicht leicht fällt, unterlasse ich die weitere Werbung für meine Idee.
c) Ich trete weiter unbeschränkt für meine Idee ein.
b) Ich nehme meiner Idee einige Spitzen und versuche, eine gemäßigte Version durchzusetzen.

2. Jetzt verbietet dir die oberste Konzernspitze per Einschreiben die Werbung für deine Idee und droht mit Entlassung. Was tust du?
c) Ich werfe das Einschreiben in den Papierkorb und mache unbeeindruckt weiter wie bisher.
a) Ich füge mich widerwillig der Anordnung.
b) Ich versuche, einen Kompromiss zu finden.

3. In einer wichtigen Filiale einer anderen Stadt findest du plötzlich einen mächtigen Verbündeten, der die Idee gut findet. In einem Gespräch stellst du aber fest, dass seine Vorstellungen in vielen Punkten von deinen abweichen und erheblich gemäßigter sind. Was tust du?
b) Ich versuche, die unterschiedlichen Ansichten ausgleichend umzuformulieren.

M 4 Dampflokomobil „Martin Luther"
Foto von 2004 aus in Swakopmund, Namibia
Etwas über die Geschichte dieser Maschine und des Landes, in dem sie steht, erfahrt ihr, wenn ihr die obigen Schlüsselwörter in eine Suchmaschine eingebt.

a) Ich stelle die eigenen Ideen aufgrund der gemeinsamen Sache und der besseren Erfolgsaussichten ganz zurück.
c) Ich bleibe fest bei meiner Meinung und versuche hartnäckig, den anderen zu überzeugen.

4. Als Folge deiner Idee treten im Konzern plötzlich Gruppen auf, die ebenfalls durchgreifende Änderungen fordern. Mithilfe von unlauteren Methoden und dem Einsatz von Gewalt versuchen diese Gruppen zum Teil erfolgreich, neue Strukturen einzuführen. Dabei beruft man sich auf dich. Was tust du?
c) Ich distanziere mich in Wort und Tat von den Methoden dieser Gruppen, auch wenn das ein Rückschlag für meine bisherigen Bemühungen ist.
a) Ich schließe mich der Gruppe an und stelle ihr meine Fähigkeiten zur Verfügung.
b) Ich suche das Gespräch mit den Führern und verständige mich auf einen Kompromiss.

Auswertung:
Für jedes a) 1 Punkt, für jedes b) 5 Punkte und für jedes c) 10 Punkte. Beschreibung siehe Randspalte.

Christian Prüfer © Deutsche Bibelgesellschaft, Stuttgart (bearb. von Julian Kümmerle)

30 - 40 Punkte:
Du bist in der Tat ein Luther-Typ! Wenn du von der Wahrheit überzeugt bist, lässt du dich nicht in die Knie zwingen. Auch Luther hat als unbedeutender Mönch schließlich gegen die beiden Supermächte Kaiser und Kirche gesiegt.

10 - 29 Punkte:
Du bist Luther zwar manchmal ähnlich, bist aber vorsichtiger und schreckst vor den Konsequenzen zurück. Um des lieben Friedens willen gehst du eher Kompromisse ein.

4 - 9 Punkte:
Du hast wenig mit Luther gemeinsam. Die Meinung anderer, höhergestellter Personen ist dir wichtiger als die eigene Überzeugung. Du gehörst zu denen, die vielleicht deshalb nie entdeckt wurden, weil sie zu schnell aufgegeben haben.

Dreißig Jahre Krieg!

M 1 Maikäfer, flieg! Erste Strophe des Volks- und Kinderliedes
Die Wiegenlied-Melodie steht in einem harten Gegensatz zum traurigen Text.

Erinnerungen an einen Krieg
Kennt ihr noch das „Maikäfer-Lied" aus eurer Kindheit? Es bringt Schreckensbilder von Krieg und Zerstörung zum Ausdruck, die manche mit dem **Dreißigjährigen Krieg** (1618-1648) in Verbindung bringen. Auch wenn umstritten ist, ob sich das Lied tatsächlich auf das 17. Jh. bezieht: Erinnerungen an den großen „Glaubenskrieg", an Tod und Zerstörung, aber auch an brutale Foltermethoden wie den „Schwedentrunk"[1] sind bis heute greifbar.

„Dreißig Jahre" Krieg?
„Wie lange dauerte der Dreißigjährige Krieg?" Diese Frage erscheint auf den ersten Blick ziemlich einfach, fast schon dumm. Jedoch lässt sich der Zeitraum vom Prager Fenstersturz 1618 bis zum Westfälischen Frieden 1648 in zahlreiche einzelne Kriege und Friedensschlüsse unterteilen. Die sich bekämpfenden Gruppen veränderten sich in dieser Zeit ebenso wie die Kriegsziele.
Doch manchem genau beobachtenden Zeitgenossen fiel auf, dass die Ereignisse irgendwie zusammenhingen. Sie nahmen wahr, dass sich in der Mitte Europas ein Krieg ereignete, der den Rahmen des „Normalen" und „Bekannten" sprengte: ein „Dreißigjähriger Krieg".
Doch warum wurde überhaupt so lange Krieg geführt? Die Gründe sind in der Geschichtswissenschaft umstritten. Manche Historiker betonen, der Dreißigjährige Krieg sei ein „Religionskrieg" gewesen. Bereits im Vorfeld wurden zwei konfessionelle Militärbündnisse geschlossen: die protestantische Union (1608) und die katholische Liga (1609). Der Historiker Axel Gotthard sieht im sich verschärfenden Konfessionsstreit den Hauptgrund für den Krieg: Weil die Konfliktparteien nicht mehr miteinander sprachen, mussten die Waffen sprechen. Klimaforscher hingegen erkennen im Temperaturrückgang seit 1570 eine „kleine Eiszeit". Die folgenden Hunger- und Wirtschaftskrisen hätten letztlich zu einem großen Krieg geführt. Andere Historiker betonen schließlich, dass es vor allem um die Macht der neu entstehenden europäischen Staaten gegangen sei: Schweden und Dänemark wollten ihren Einfluss in das Deutsche Reich hinein ausdehnen. Frankreich wollte – ebenso wie die deutschen Fürsten – den Kaiser schwächen.

Kriegserfahrungen
Lange haben sich Historiker bei der Beschäftigung mit dem Dreißigjährigen Krieg eher für die bedeutenden Feldherren wie Wallenstein interessiert, den Oberbefehlshaber der kaiserlichen katholischen Armee, oder für große Herrscher wie König Gustav Adolf von Schweden, den Anführer der protestantischen Staaten.
Doch wie erlebten die einfachen Menschen den Krieg? Darüber geben Selbstzeugnisse Auskunft, in denen die alltägliche Erfahrung von Gewalt, Mangel, Epidemien und Verlust eindrücklich geschildert wird. Diese Kriegs- und Gewalterfahrungen weiter Bevölkerungskreise blieben bis zu den Kriegen im 20. Jh. im Gedächtnis.

Der Westfälische Friede 1648
Vor diesem Hintergrund empfanden viele Menschen die **Friedensverträge von Münster und Osnabrück** als Wunder. Historiker sehen heute die größte Leistung in der Überwindung des Religionskrieges durch weitgehende Gleichberechtigung der drei Konfessionen. Diese mussten nun in wichtigen Gremien des Reiches gemeinsam Lösungen aushandeln. Das Jahr 1648 bedeutete zwar keineswegs das Ende religiöser Gewalt in Europa, brachte aber zumindest für das Alte Reich eine **Pax universalis** (allgemeiner Friede) und verhinderte hier einen neuen Religionskrieg.

Internettipp: Informationen zum Dreißigjährigen Krieg und zum Westfälischen Frieden findest du unter 31042-13

[1] Folterung, bei der dem gefesselten Opfer durch einen Trichter dreckiges Wasser eingeflößt wurde. Viele Opfer starben daran.

Aufbruch in die Neuzeit

M 2 War der Komet Schuld?
Das „Zeytregister" des Schusters Hans Heberle (1597-1677) aus Ulm ist ein wichtiges Selbstzeugnis des 17. Jh. Im Rückblick schreibt Heberle:

Im Jahr 1618 ist ein großer Komet erschienen. Dieser sah aus wie eine große, schreckliche Rute, mit der uns Gott wegen unseres sündhaften Lebens eine heftige Strafe androhte. Diese Strafe hatten wir damals verdient und verdienen sie noch täglich. Dieser Komet ist gesehen worden vom Herbst bis in den Frühling. Was er bedeutet und was in der Zukunft geschehen wird, das ist mit heißen Tränen zu beweinen. Und so haben wir es auch erfahren in den Jahren 1620 bis 1630, wie es nicht oft genug beschrieben werden kann. Im Jahr 1619 […] ist eine große Verfolgung entstanden, durch Krieg, Aufruhr und Blutvergießen vieler Christen.

Gerd Zillhardt (Hrsg.), Der Dreißigjährige Krieg in zeitgenössischer Darstellung, Stuttgart 1975, S. 93f. (bearb. v. J. Kümmerle)

M 3 Überall Wehklagen
Johann Adam Faber ist im Jahr 1648/49 Schüler der Lateinschule Kulmbach (Franken) und hat einen Aufsatz – auf Latein – zum Thema „Frieden" zu schreiben. Etwa die Hälfte des Textes beschäftigt er sich lobend mit dem lateinischen Dichter Vergil (70-19 v. Chr.) und zitiert ihn: „nulla salus bello: pacem te poscimus omnes" („Im Krieg liegt kein Heil, Frieden erbitten wir alle von dir"). Im letzten Teil des Aufsatzes beschreibt er allgemein die Schrecken eines Krieges – ohne sich direkt auf den Dreißigjährigen Krieg oder den Westfälischen Frieden zu beziehen. Das exakte Datum der Klassenarbeit ist nicht bekannt.

Ein Krieg bringt allerlei Schreckliches und Perverses mit sich. Städte werden geplündert, Kirchen werden zerstört und zu Kriegszwecken missbraucht. Soldaten werden getötet. Die Bevölkerung wird ausgeraubt – ohne Rücksicht darauf, ob Mann oder Frau, alt oder jung, arm oder reich. Überall hört man das Wehklagen der Kinder und das Geschrei der Soldaten. Ein ganzer Tag würde nicht genügen, um das Schlimme und die Not eines Krieges zu schildern.

Nach: Konrad Repgen, Dreißigjähriger Krieg und Westfälischer Friede. Studien und Quellen, Paderborn ³2015, S. 1035-1042 (übersetzt von J. Kümmerle)

M 4 Der „Prager Fenstersturz" von 1618
Anonymes Votivbild, Budweis, um 1620 (Ausschnitt)
Aktueller Anlass für den Ausbruch des Krieges: Drei kaiserliche Beamte wurden von Protestanten aus dem Fenster der Prager Burg gestürzt. Sie überlebten relativ unbeschadet. Einer der drei Katholiken, Wilhelm von Slawata, ließ zum Gedenken an den glücklichen Ausgang des Sturzes dieses Bild malen.

M 5 Schwedentrunk
Arzneimittelverpackung, 2016
Der Werbeaufdruck zum Arzneimittel „Schwedentrunk" lautet: „Wohltuend und bekömmlich nach schweren Mahlzeiten"

---

1. Arbeite heraus, wie Hans Heberle den Krieg deutet (M2).
2. M4 und M5 greifen Ereignisse aus dem Dreißigjährigen Krieg auf und deuten sie. Erkläre und bewerte die Deutungen.
3. Nimm an, du gehst im Jahr 1648 in die Schule und sollst einen Aufsatz zum Thema „Frieden" schreiben. Gestalte einen solchen kurzen Text.
4. Tatsächlich wurde ein solcher Aufsatz gefunden. Vergleiche deinen eigenen Text mit M3.
5. Eine Erfahrung nach dem Dreißigjährigen Krieg haben Historiker so auf den Punkt gebracht: „Krieg um den wahren Glauben zu führen, bringt nichts – höchstens unermessliches Leid!" Erkläre, was damit gemeint ist, und bewerte anschließend, ob der Mensch tatsächlich aus der Geschichte gelernt hat.

| 1600 | 1608: Protestantische Landesfürsten gründen eine „Union" | 1609: Katholische Landesfürsten gründen eine „Liga" | 1618: „Prager Fenstersturz" | Dreißigjähriger Krieg | 1648: Frieden von Münster und Osnabrück | 1650 |

Die Reformation verändert Europa langfristig

M 1 „Widersteht!"
Fotos, 2012
In der südfranzösischen Stadt Aigues-Mortes steht ein Turm. In seiner Mitte ist ein alter Brunnen erhalten. Auf dem Brunnenrand eingeritzt steht das Wort REÇISTER. „Résister" im heutigen Französisch heißt übersetzt: „Widerstand leisten". Die Inschrift soll von der Protestantin Marie Durand (1711 - 1776) stammen, die hier 38 Jahre wegen ihres Glaubens eingesperrt war.

Eine merkwürdige Inschrift

In der Zeit nach dem Westfälischen Frieden musste kaum ein Protestant im Heiligen Römischen Reich mehr „Widerstand leisten" (vgl. M1) oder gar – wie Martin Luther noch im 16. Jh. – um Leib und Leben fürchten. In Frankreich war hingegen die Geschichte der Reformation und Konfessionalisierung ganz anders verlaufen. Eine solche „andere Geschichte" erzählt der Brunnenstein von Aigues-Mortes – mit langfristigen Folgen für Europa.

Konfessionelle Fernwirkungen

Die Botschaft der Reformatoren rief in Europa unterschiedliche Reaktionen hervor. In manchen Gegenden wurde sie entschieden abgelehnt und die katholische Kirche wurde gestärkt. So konnte sich die Reformation in Italien, Spanien und Portugal sowie in den Überseegebieten kaum ausbreiten. Das **Konzil von Trient** (1545 - 1563) und seine Beschlüsse brachte diese Reform der katholischen Kirche zum Ausdruck und steht für einen erneuerten Katholizismus in strikter Abgrenzung von der Reformation. Wichtiger Helfer bei der Umsetzung der katholischen Reform war der 1534 von Ignatius von Loyola gegründete **Jesuitenorden**.
Die lutherische und calvinistische Konfessionalisierung betraf hingegen vor allem Mittel- und Nordeuropa. Während in Nordeuropa lutherische Staatskirchen entstanden (Schweden ab 1527, Dänemark ab 1529), prägte der Calvinismus die Geschichte der Kurpfalz, der Niederlande, Englands und Schottlands. Diese konfessionelle Unterschiedlichkeit spiegelt sich bis heute in vielen Ländern Europas.

Die Hugenotten

In Frankreich fand der Calvinismus großen Zuspruch. Seine Anhänger wurden dort **Hugenotten** genannt. 1598 wurde ihnen zunächst volle religiöse und bürgerliche Freiheit gewährt. Sie gerieten jedoch in Konflikt mit der katholischen Kirche und dem französischen Staat. Immer wieder kam es zu blutigen Konflikten. Mit dem Edikt von Fontainebleau (1685) schließlich wollte König Ludwig XIV. den Protestantismus in Frankreich endgültig beseitigen – notfalls mit Gewalt. Etwa 200 000 Hugenotten verließen daraufhin als Glaubensflüchtlinge das Land – auch nach Deutschland. Die in Frankreich verbleibenden Hugenotten bildeten eine Art „Untergrundkirche".

Neue Glaubensbekenntnisse – neue Gewalt?

Zur Geschichte der Reformation und Konfessionalisierung in Europa gehört daher auch die Geschichte der Benachteiligung, Verfolgung, Folter und Hinrichtung von Anhängern der jeweils anderen Konfession. Gerade die sogenannten Täufer, die nur Erwachsene tauften, meist Gewalt ablehnten und den Kriegsdienst verweigerten, wurden fast überall in Europa von Katholiken, Lutheranern und Calvinisten verfolgt. Verfolgung und Flucht wegen des Glaubens gab es in Europa somit weit über den Westfälischen Frieden hinaus.
Zur Geschichte der Reformation und Konfessionalisierung gehören aber auch Anfänge religiöser Toleranz. Hierfür stehen Teile der Niederlande, aber auch das Königreich Polen-Litauen und einige deutsche Territorien wie etwa die Kurpfalz oder Kurbrandenburg. Toleranz hieß in der Frühen Neuzeit jedoch nicht volle Gleichberechtigung der Konfessionen oder gar Glaubensfreiheit, sondern schlicht Duldung der Andersgläubigen.

Konzil von Trient   Jesuitenorden   Hugenotten

Aufbruch in die Neuzeit

M 2 Ein Spiegel zum Umdrehen
Aus Frankreich, Holz, 39 x 32,5 x 8 cm
Der Hohlraum der Rückseite kann eine Bibel verbergen.

M 3 Geheimer Kelch
Aus Frankreich, Zinn, 27 x 16,5 cm
Der Abendmahlskelch ist zerlegbar und kann als normaler Trinkbecher benutzt werden.

M 4 Hugenottenspuren – auch bei uns
Faltblatt von 2013
Zahlreiche Orte und Gemeinden, in denen sich im 17. Jh. Hugenotten niederließen, haben sich zusammengeschlossen und den „Europäischen Kulturfernwanderweg Hugenotten- und Waldenserpfad" gegründet.

Internettipp:
Mehr über Hugenotten in Deutschland und den „Hugenotten- und Waldenserpfad" erfährst du unter 31042-14

M 5 Ein Storch klagt an
Eine Erzählung aus Berlin zur Zeit des Kurfürsten Friedrich Wilhelm von Brandenburg-Preußen (1620-1688):
Am Hof des Berliner Stadtschlosses hielten die Küchenjungen einen zahmen Storch, für den sie die Frösche aus der Spree fingen. Auch der große Kurfürst Friedrich Wilhelm hatte seinen Spaß an dem Tier. Eines Tages trug der Storch eine für den Kurfürsten bestimmte Bittschrift im Schnabel. In ihr beklagte sich das Tier bitter: Auch ihn würden die eingewanderten Franzosen schädigen. Bisher sei er alleine im Besitz der Frösche gewesen, jetzt aber würden sie ihm von den Franzosen, den „Fröschefressern", weggefressen.
Eigenbeitrag Julian Kümmerle

---

1. M2 und M3 zeigen zwei gegenständliche Quellen zur europäischen Konfessionsgeschichte. „Erforsche" die Gegenstände: Wem könnten sie gehören? Was verraten sie über die Situation ihrer Besitzer?
2. Gipsabdrücke des Steins von Aigues-Mortes (M1) werden oft in Museen zur Hugenottengeschichte gezeigt. Diese wurden eingerichtet, wohin Hugenotten geflohen waren. Erkläre die Bedeutung des Steins für die Geschichte der Hugenotten und ihrer Nachfahren.
3. Erkläre die Pointe der Anekdote vom Berliner Storch (M5). Recherchiere dazu die „Geschichte in der Geschichte". Sie handelt von der Vertreibung und Flucht der Hugenotten aus Frankreich sowie von deren Aufnahme in deutschen Staaten.
4. Informiere dich – z. B. mithilfe des Internettipps – über die Verfolgungs-, Flucht- und Ansiedlungsgeschichte französischer Protestanten in deutschen Regionen (M4). Berichte über ihre Spuren in einem ausgewählten Ort.

Ein neues Großreich entsteht

M 1 Die Schlacht von Mohacs
Türkische Buchmalerei, um 1526
Der Sieg Sultan Süleymans I. gegen die Ungarn gilt als einer der größten Siege der Osmanen.

Eroberungen und weiterer Vormarsch

Der Vormarsch der Osmanen brachte den Handel West- und Mitteleuropas über das östliche Mittelmeer mit Asien (Levante-Handel) zum Erliegen. Dies veranlasste Spanier und Portugiesen, einen **Seeweg nach Indien** und China zu finden.

Die Ausdehnung des Osmanischen Reiches setzte sich fort. In den 1520er-Jahren wurden zahlreiche Städte auf dem Balkan erobert, darunter die gewaltige Festung Belgrad. In der Schlacht bei Mohács unterlagen die Ungarn, ihr König starb auf dem Schlachtfeld. Im Jahr 1529 standen die Osmanen vor Wien, konnten die Stadt aber nicht erobern. In ihrer Vorstellungswelt war nun Wien der „Goldene Apfel" geworden.

Immer wieder zeigte sich: Die Osmanen waren vor allem militärisch deutlich überlegen, möglicherweise die stärkste Armee der Welt. Sie setzten neue Maßstäbe im Umgang mit Handfeuerwaffen und Kanonen und konnten durch ihre raffinierte Belagerungstechnik auch starke Festungen (wie Belgrad) erobern.

Eine Erfolgsgeschichte

Als Emir Osman 1326 starb, herrschte er über ein kleines Fürstentum im Nordwesten Anatoliens. Nicht im Traum hätte er daran gedacht, dass seine Nachfolger zweihundert Jahre später den ungarischen König mitten in dessen eigenem Königreich vernichtend schlagen würden. Wie war dieser Erfolg möglich?

Das Osmanische Reich breitet sich aus

Mit seiner gut organisierten Armee war Osmans Fürstentum seinen zahlreichen Nachbarn überlegen. Seine Nachfolger dehnten ihre Herrschaft in Richtung Ägypten und Arabien und auch nach Europa hin aus: Das **Osmanische Reich** entstand. 1389 wurde Serbien erobert. Im Jahr 1453 gelang es Sultan Mehmed II., die Stadt Konstantinopel, das heutige Istanbul, zu erobern. Die damals größte Stadt der Welt galt in den Augen der Osmanen als besonders kostbar und wurde als „Goldener Apfel" bezeichnet. Damit hörte das Oströmische Reich nach über 1100 Jahren auf zu bestehen.

Türkenfurcht und Religionsstreit

In Mitteleuropa brach zu jener Zeit eine regelrechte Panik aus. Die sogenannte **Türkenfurcht** zeigte sich in Liedern, Geschichten und Bildern, in denen vor allem die Grausamkeit der Osmanen in oft übertriebenem Maße beschrieben wurde.

Zur Zeit der Türkengefahr hatte der Kaiser des Heiligen Römischen Reiches, Karl V., gerade mit der drohenden Spaltung seines Reiches durch den neuen lutherischen Glauben zu tun.[1] Da sich die Osmanen mit den Franzosen verbündeten, brauchte Karl dringend die Unterstützung der evangelischen Landesfürsten im Reich. So musste er – eigentlich gegen seinen Willen – wegen der Osmanen den evangelischen Fürsten zahlreiche Rechte gewähren. „Der Türke ist des Lutheraners Glück" war ein damals oft gebrauchtes Sprichwort.

M 2 Sultan Süleyman I.
Kupferstich des deutschen Künstlers Melchior Lorck, 1574, ca. 34 x 44 cm
Süleyman, genannt „der Prächtige", regierte das Osmanische Reich von 1520 bis 1566.

[1] siehe S. 80–83

Fenster zur Welt: Ein islamisches Reich in Europa

M3 Ein Türkenlied von 1529

Die „Türkengefahr" von 1529 beschäftigt viele Menschen in Mitteleuropa. Mittels Buchdrucks können Flugblätter („Zeytungen") mit Gräuelberichten, Bildern oder Liedern schnell und in großer Zahl verbreitet werden.

Wacht auf, wacht auf, ihr fürsten gut,
thut fröhlich z'sammen springen,
auf dass ihr rett' das christlich blut,
euch wird es nicht misslingen
5 gegen den feind der christenheit,
den Türken ich da meine,
sein hochmut wird ihm werden leid,
sein g'walt wird ihm auch kleine.
Wann ihr nun hättet einigkeit
10 Und fried in euren ländern,
so würd gar bald zum streit bereit
mit wehrhaftigen händen
viel mancher frommer christenmann,
sein leben tapfer wagen;
15 gott wird euch selber beigestehen
den Türken zu verjagen.

Unbekannter süddeutscher Verfasser, in: Deutsche Geschichte in Quellen und Darstellung, Bd. 3: Reformationszeit, hrsg. von Ulrich Köpf, Stuttgart 2001, S. 342-344 (gekürzt und vereinfacht).

M4 Ausdehnung des Osmanischen Reiches

M5 Muslime – Nichtmuslime

Wie ergeht es im Osmanischen Reich denjenigen „neuen Untertanen", die keine Muslime sind?
Die Historikerin Suraiya Faroqhi:

Rechtlich gesehen waren Nichtmuslime schlechter gestellt: So konnten sie vor Gericht nicht gegen Muslime aussagen. Im Geschäftsleben war das ein ernstes Problem, das viele dadurch zu lö-
5 sen suchten, dass sie sich an einen muslimischen Richter („Kadi") wandten, der rechtskräftige Dokumente anfertigen konnte. Die Häuser der Nichtmuslime durften nicht höher sein als die ihrer muslimischen Nachbarn. Es konnte vorkom-
10 men, dass eine Kirche, auch wenn die osmanische Eroberung schon lange zurücklag, in eine Moschee umgewandelt werden musste. Aber die Praxis war oft toleranter als Rechtssätze und Sultansbefehle. Obwohl es von offizieller Seite nicht
15 gern gesehen wurde, lebten in manchen Städten Anatoliens Muslime und Nichtmuslime über Jahrhunderte hinweg in denselben Stadtvierteln zusammen. Vor allem kamen im Gegensatz zu den europäischen Staaten jener Zeit, in denen Vertrei-
20 bungen und Hinrichtungen aus religiösen Gründen häufig waren, unfreiwillige Bekehrungen zum Islam nur selten vor.

Suraiya Faroqhi, Geschichte des Osmanischen Reiches, München ⁵2010, S. 49 f.

---

1. Erkläre, warum sich das Osmanische Reich so schnell ausdehnte. Betrachte dazu auch das Bild Sultan Süleymans I. (Darstellungstext, M1, M2 und M4). Vgl. S. 96.
2. Fasse zusammen, warum die Spanier und Portugiesen gerade zwischen 1455 und 1500 nach einem Seeweg nach Indien suchten (Darstellungstext, M4).
3. Charakterisiere das Verhältnis von Muslimen und Nichtmuslimen (M5) und bewerte die „Türkenfurcht", wie sie in M3 zum Ausdruck kommt.

• 1326: Tod Emir Osmans   • 1453: Eroberung Konstantinopels   1529: Erste osmanische Belagerung Wiens •

2 Türkengefahr und Kulturtransfer

M 1 Die Schlacht am Kahlenberg 1683 Gemälde von Franz Geffels, 1863
In der Bildmitte ist gut die Stadt Wien und die umgebende Festungsmauer erkennbar. Das Labyrinth vor der Stadtmauer besteht aus Laufgängen, die von den Belagerern gegraben wurden, um unbeschadet möglichst nah an die Stadt heranzukommen.

[1] vgl. S. 94

Warum gibt es in Wien Kaffeehäuser?
Wer heute in einem Wiener Kaffeehaus einen Türken oder Türkischen verlangt, wird nicht etwa von einem Ober aus der Türkei bedient. Vielmehr bekommt er ein Kupferkännchen mit starkem ungefiltertem Kaffee. Der Legende nach wurde das erste Kaffeehaus in Wien von einem gewissen Georg Kolschitzky eröffnet, der während der Türkenbelagerung von 1683 mehr als 500 Säcke Kaffeebohnen erbeuten konnte.

Türkengefahr und Kulturkontakt
Wie diese Legende zeigt, standen die Osmanischen Heere nach 1529 noch einmal vor Wien. Doch auch im Jahr 1683 konnte der „Goldene Apfel"[1] nicht erobert werden. In den etwa 150 Jahren direkter Nachbarschaft von Osmanen und Mitteleuropäern fand aber ein gewisser **Kulturtransfer** statt, also ein Austausch von Ideen.
Zum einen schauten sich die Europäer manches von der erfolgreichen türkischen Waffen- und Belagerungstechnik ab. Eine weitere Besonderheit der Osmanischen Armee halten heute viele für typisch deutsch: die Blaskapelle, deren Lautstärke die Armee größer erscheinen lassen sollte.

Auf Schießpulver gebaut
Ähnlich wie andere Großmächte des 16. Jh. entwickelten die Osmanen sich nach ihren militärischen Erfolgen aber kaum weiter. Ihr Reich wurde zum Ende des 17. Jh. hin – wie auch Indien und China – zu einem „Gunpowder Empire" (William H. McNeill), also einem nur teilweise modernen Reich. Zwar entwickelte sich das nun osmanische Istanbul zu einem modernen Zentrum und zog vor allem verfolgte Juden und Muslime aus Spanien an. Doch die aus Europa mitgebrachten Ideen und Geräte – allen voran die Druckerpresse – wurden kaum genutzt. Das Reich geriet gegenüber westlichen Staaten auf vielen Gebieten in Rückstand.

Das Osmanische Reich weicht zurück
Während in den 1520er-Jahren die Türkenfurcht ein ernsthaftes Phänomen war, verhielt es sich im Jahr **1683** anders. Zwar standen die Osmanen tatsächlich kurz davor, die Stadt Wien einzunehmen. Doch durch ihre Niederlage und ihren raschen Rückzug auf den Balkan, wo sie – spiegelbildlich zur Ausdehnung um 1520 – in einer Schlacht nach der anderen besiegt wurden, hatten die „Türken" ihren Schrecken endgültig verloren. Mohács und Ofen (ein Teil des heutigen Budapest) waren wieder unter ungarischer Herrschaft und die einst gefürchteten Osmanen waren nach 1699 aus dem westlichen Balkan dauerhaft vertrieben.
Wie wenig man die Türken jetzt noch fürchtete, zeigt sich daran, dass der kaiserliche Feldherr Prinz Eugen sein neues prachtvolles Schloss demonstrativ außerhalb der Stadtbefestigung Wiens errichten ließ.

Fenster zur Welt: Ein islamisches Reich in Europa

M 2 Empfang einer venezianischen Gesandtschaft in einer orientalischen Stadt
Schule des Gentile Bellini, 16. Jh., Louvre, Paris
So stellten sich Europäer im 16. Jh. eine orientalische Stadt vor.

M 3 Gedenkmedaille von 1683
Die Inschrift lautet: WANN DIESE HELDEN SIEGEN, SO MUS DER TÜRK ERLIEGEN, HUNGARN DER FRIED VERGNÜGEN

M 4 Die Türken: eine Kurzbeschreibung

Der folgende Text von 1791 stammt von dem deutschen Philosophen Johann Gottfried Herder:

Die Türken, ein Volk aus Turkestan, ist trotz seines mehr als dreihundertjährigen Aufenthalts in Europa diesem Weltteil noch immer fremde. Sie haben das morgenländische Reich, das über tausend Jahre sich selbst und der Erde zur Last war, beendet, und ohne Wissen und Willen die Künste dadurch westwärts getrieben. Durch ihre Angriffe auf die europäischen Mächte haben sie diese jahrhundertelang in Tapferkeit wachend erhalten und jeder fremden Alleinherrschaft in ihren Gebieten vorgebeugt: ein geringes Gut gegen das ungleich größere Übel, dass sie die schönsten Länder Europas zu einer Wüste und die einst sinnreichsten griechischen Völker zu treulosen Sklaven, zu liederlichen Barbaren gemacht haben.

Nach: Johann Gottfried Herder, Ideen zur Philosophie der Geschichte der Menschheit, Frankfurt a. M. 1989 [= Werke in zehn Bänden, hrsg. von M. Bollacher u. a., Bd. 6], S. 701

M 5 Frieden mit dem Osmanischen Reich

Nach vielen militärischen Niederlagen unterzeichnen die Osmanen 1699 einen Friedensvertrag:

Artikel 4: Durch diese soeben definierten Linien sollen die Reiche [Österreich und Osmanisches Reich] entweder durch Gräben, Steine, Pfähle oder andere Art sichtbar voneinander getrennt sein. Und zwar in der folgenden Weise: Das Land vom Zusammenfluss der Flüsse Donau und Theiß in Richtung Belgrad bleibt in der Gewalt des überaus mächtigen Türkischen Kaisers [= Sultan]. Dasjenige Land aber, das diesseits liegt, wird in der alleinigen Herrschaft und dem alleinigen Besitz des mächtigen Kaisers des Heiligen Römischen Reiches bleiben. Jeder soll die durch seinen Teil laufenden Flussabschnitte besitzen.

Artikel 17: Die Art und Weise, wie in Zukunft Minister und Gesandte der beiden Reiche am je anderen Hof zu behandeln sind, soll sich nach der jetzt schon gebräuchlichen Weise richten: dass nämlich beide Seiten einander mit gleichem Rang und gleicher Höflichkeit begegnen. Gesandte, Diplomaten und Boten, die von Wien nach Istanbul oder anders herum unterwegs sind, sollen sicher und frei reisen können. Sie sollen im jeweiligen Ausland mit allen Ehren behandelt werden.

Nach: Deutsche Geschichte in Quellen und Darstellung, Bd. 5: Zeitalter des Absolutismus 1648-1789, hrsg. von Helmut Neuhaus, Stuttgart 1997, S. 265 f. (stark vereinfacht)

---

1. Erkläre, warum die „Türkenfurcht" der 1520er-Jahre (vgl. S. 94) nach 150 Jahren in Europa deutlich abnimmt (Darstellung, M2 und M3). Betrachte auch, was die Europäer wann von den Osmanen übernommen haben.

2. Beurteile den Friedensvertrag M5. Erörtere, ob die beiden Parteien fair miteinander verhandelten, und begründe deine Entscheidung.

3. Vergleiche die Texte M4 und M5. Beziehe auch die Bildquellen M2 und M3 ein: Welche verschiedenen Vorstellungen vom Osmanischen Reich werden dem „europäischen" Betrachter vorgeführt?

2 Das weiß ich – das kann ich!

Am Anfang dieses Kapitels stehen zwei Leitfragen:
Die Epoche der Frühen Neuzeit – warum spricht man von einer „neuen Zeit"?
Warum kam es zu Veränderungen und wie wirkten sich diese aus?
Mit den Arbeitsfragen zu den fünf Kategorien auf S. 58 f. kannst du sie nun beantworten:

Kultur

Seit dem 14. Jh. wandten sich Denker vermehrt der Antike zu. In der Renaissance orientierten sich Literatur, Philosophie und Kunst an der Antike. Das selbstbestimmte Individuum war Bildungsziel der Humanisten. Der Buchdruck erlaubte den schnellen Austausch neuer Ideen. Durch die kopernikanischen Wende verlor die Erde ihre Stellung als Mittelpunkt der Welt. Missstände in der Kirche wurden im 15. Jh. immer lauter kritisiert. Reliquien- und Ablass-Frömmigkeit wurde von Theologen und Laien als oberflächlich betrachtet, eine Reform der Kirche angemahnt. Durch die Reformation kam es zur Kirchenspaltung. Die Herren der Territorialstaaten entschieden über die Konfession ihrer Untertanen, andere Bekenntnisse wurden oft benachteiligt und verfolgt. Ein Beispiel ist die Vertreibung der Hugenotten aus Frankreich. Erst mit der Zeit wuchs die religiöse Toleranz. Mit dem Konzil von Trient beseitigte die katholische Kirche selbst viele Missstände. Ein wichtiger Helfer dabei war der Jesuitenorden.

Gesellschaft

Im Spätmittelalter litten Bauern oft unter willkürlich erhöhten Abgaben und Diensten. Der gemeine Mann wollte, dass die Herren das Alte Recht wiederherstellen. Als dies nicht geschah, erhoben sich viele Bauern zum Deutschen Bauernkrieg, der niedergeschlagen wurde. Wenige Reformatoren stellten sich an die Seite der Aufständischen, Luther und seine Freunde ergriffen dagegen Partei für die Fürsten. – Durch die Reformation und die folgende Konfessionalisierung ging ein Riss durch die Gesellschaft: Neben der katholischen Kirche gab es nun evangelische Landeskirchen, deren Bischöfe die Landesherren waren. Der Augsburger Religionsfriede sicherte den Lutheranern freie Religionsausübung zu.

Herrschaft

1525 forderten die Bauern im Deutschen Bauernkrieg die Herrschaft der Landesherren heraus: Sie verlangten die Wiederherstellung alten Rechts.
Die Reformation stellte die ausschließlich katholische Herrschaft in den Territorien des Heiligen Römischen Reiches infrage. Obwohl das Wormser Edikt über Martin Luther und seine Anhänger die Reichsacht verhängte, konnte die Reformation nicht aufgehalten werden. Um die Vorherrschaft im Reich wurde seit 1618 im Dreißigjährigen Krieg gekämpft. Dabei ging es auch um die vorherrschende Konfession. Im Frieden von Münster und Osnabrück wurde 1648 ein Kompromiss gefunden, die Konfessionen waren gleichberechtigt.
Das Osmanische Reich dehnte sich seit dem 15. Jh. auch nach Europa aus. 1683 kam nach der misslungenen Belagerung Wiens der Vormarsch der Türken zum Stillstand.

Warum sind viele Historiker der Meinung, dass um 1500 eine neue Epoche anbrach? Finde auch Gegenargumente.

Wirtschaft

Der Fernhandel in Europa und zwischen Europa und Asien wuchs. Daher wurde das Bankwesen, ausgehend von den Handelsstädten in Oberitalien, stark verbessert. Das Osmanische Reich blockierte den Weg nach Indien. Kaufleute suchten nach alternativen Routen. Technische Fortschritte erlaubten weite Entdeckungsreisen. Die Suche nach einem Seeweg nach Indien führte zur Entdeckung von Amerika. Das Land wurde rücksichtslos erobert und wirtschaftlich ausgebeutet. Im Encomienda-System erhielten Konquistadoren große Ländereien mit allen Bewohnern übertragen.
Der Dreieckshandel brachte Sklaven aus Afrika nach Amerika, Rohstoffe aus Amerika nach Europa und Fertigwaren aus Europas Manufakturen in die Kolonien.

Vernetzung

Die Ausdehnung des Osmanischen Reiches brachte christliche Europäer mit Muslimen in Kontakt. Türkenfurcht griff um sich, geschürt durch Lieder und Flugblätter. Mit den Osmanen kamen aber auch Kulturgüter, die hier angenommen wurden (Kulturtransfer). Dies war auch der Fall beim Kontakt der Europäer mit den Ureinwohnern Amerikas. Die Bewohner Mittelamerikas und ihre Hochkulturen wurden durch die Conquista fast ausgerottet.

Kompetenz-Test
Einen Fragebogen, mit dem du überprüfen kannst, was du schon erklären kannst und was du noch üben solltest, findest du unter 31042-15

Aufbruch in die Neuzeit

M Bilder einer Epoche

① **Luther verteidigt sich in Worms, Holzschnitt, 1557**
Die Weigerung Luthers, seine Ansichten zu widerrufen, führte dazu, dass Kaiser Karl V. die Reichsacht gegen ihn verhängte. Luther war seither „vogelfrei".

② **Augsburger Goldgulden, geprägt 1519 – 1558**
„Gulden", die ersten Goldmünzen seit der Antike, wurden seit dem 14. Jh. auch im Heiligen Römischen Reich geprägt. Sie waren nötig: Der wachsende Handel war nicht mehr mit dem silbernen „Kleingeld" zu leisten.

③ **Nutzpflanzen der „Neuen Welt"**
Viele Pflanzen, die aus unserem heutigen Leben nicht mehr wegzudenken sind, lernten die Europäer in Amerika kennen. Sie führten dort auch europäische Arten ein.

④ **Türkenfurcht, Holzschnitt, um 1530**
Solche Flugblätter verbreiteten Furcht vor den Osmanen.

1. Ordne die vier Abbildungen den fünf Kategorien zu. Erkläre, warum die Zuordnung nicht immer eindeutig ist. Überprüfe, ob die Bilder mit Recht in die Galerie „Epochenbilder der Frühen Neuzeit" aufgenommen wurden. Oder würdest du andere Bilder aus diesem Buch vorschlagen?

2. 1999 erhob ein US-Fernsehsender Johannes Gutenberg zum „Mann des Jahrtausends". Auch Luther, Leonardo oder Kopernikus werden als bedeutendste Menschen der beginnenden Neuzeit genannt. Gestaltet in arbeitsteiligen Kleingruppen eine Lobrede, warum die Person eurer Wahl diesen Titel verdient.

3. Der Historiker Johannes Burkhardt behauptet: „Niemand wollte zu Beginn der Neuzeit etwas Neues" und bezieht dies auf die Renaissancekünstler, Humanisten und Reformatoren. Erkläre, was er damit meint, und erörtere, ob dich die Aussage überzeugt.

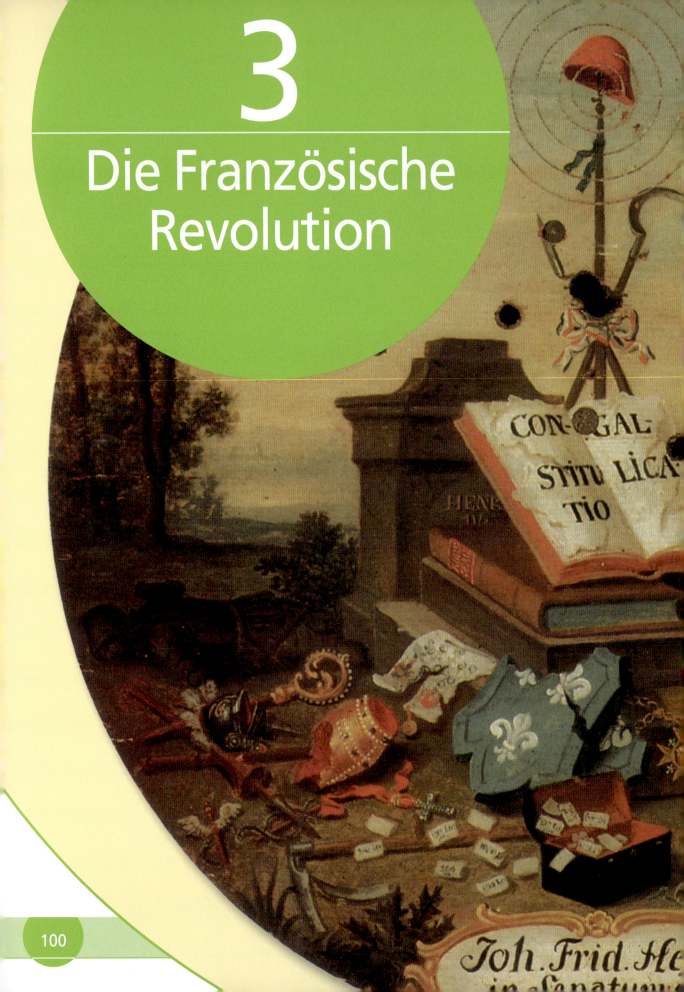

3 Die Französische Revolution

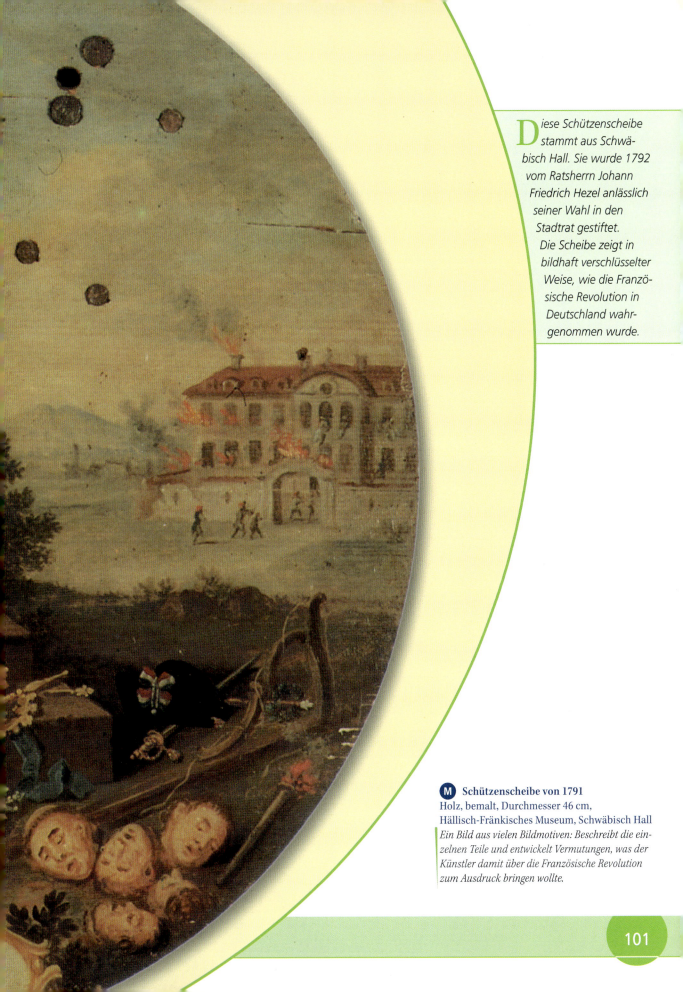

Diese Schützenscheibe stammt aus Schwäbisch Hall. Sie wurde 1792 vom Ratsherrn Johann Friedrich Hezel anlässlich seiner Wahl in den Stadtrat gestiftet.
Die Scheibe zeigt in bildhaft verschlüsselter Weise, wie die Französische Revolution in Deutschland wahrgenommen wurde.

M Schützenscheibe von 1791
Holz, bemalt, Durchmesser 46 cm,
Hällisch-Fränkisches Museum, Schwäbisch Hall
Ein Bild aus vielen Bildmotiven: Beschreibe die einzelnen Teile und entwickelt Vermutungen, was der Künstler damit über die Französische Revolution zum Ausdruck bringen wollte.

3 Fragen an ... die Französische Revolution

Niemand von euch würde sich wohl wünschen, von einem König oder einer Königin regiert zu werden. Zwar gibt es auch heute noch Könige oder Königinnen. Diese Monarchen, z. B. die Königin von England, haben aber keine direkte Macht mehr über die Bürger ihrer Länder. Vor 250 Jahren war dies noch ganz anders: In Europas herrschten Könige, Kaiser und Fürsten. Das Heilige Römische Reich deutscher Nation bestand damals aus vielen Einzelstaaten. Hier herrschten Herzöge, Grafen, Ritter, Äbte oder Bischöfe. Viele Monarchen herrschten damals außerdem absolut, das heißt allein und unbeschränkt.

Erst durch die Revolutionen in Frankreich und Amerika entstand eine neue Art des Regierens und Regiert-Werdens: Erstmals in der Neuzeit gab es demokratisch regierte Länder. Die Bürger beteiligten sich aktiv an der Regierung ihrer Staaten. Auch ihr Selbstverständnis änderte sich dadurch: Die Einwohner eines Landes verstanden sich nicht mehr nur als die Gesamtheit der Untertanen eines Herrschers. Sie begriffen sich als Nation, als freiwilliger Zusammenschluss von Bürgern, die ihre Geschicke selbst bestimmen wollen. Dies sind nur zwei Beispiele für die aufregenden Veränderungen, die von Amerika und Frankreich ausgingen.

Dass hier etwas Unerhörtes, „Revolutionäres" geschieht, war schon den Zeitgenossen klar. Es sollte nicht mehr „Altes" wiederhergestellt oder bewahrt werden, wie noch im 16. Jh. im Humanismus und in der Reformation[1]. Den Revolutionären ging es um einen radikalen Bruch mit der Vergangenheit. Sie hatten den Anspruch, eine neue, gerechtere Ordnung zu schaffen. Die Forderung nach „Neuem" wurde zusammengefasst im berühmten Schlachtruf der Französischen Revolution: „Freiheit, Gleichheit, Brüderlichkeit", der die Welt verändern sollte.

[1] vgl. S. 60-63 und 80-83

Leitfrage *Warum wurde in Frankreich ein jahrhundertealtes Herrschaftssystem umgestoßen? Inwiefern veränderte die Französische Revolution die Welt bis heute?*

Im sogenannten Absolutismus äußert sich ein neues Herrschaftsverständnis – hier dargestellt in einem königlichen Kostüm, das an eine Sonne erinnern soll.

Die Situation in der Landwirtschaft und die Nöte der Bevölkerung waren wichtige Gründe für den Ausbruch der Französischen Revolution.

Entwickelt Fragen zur Französischen Revolution und ordnet sie den fünf „Frage-Bereichen" (Kategorien) zu. ▶

♛ **Herrschaft**
…
…

🌱 **Wirtschaft**
…
…

Regierungszeit von Ludwig XIV.

1650 1660 1670 1680 1690 1700 1710 1720 1730 1740

Zeitalter des Absolutismus

Fragen an ... die Französische Revolution

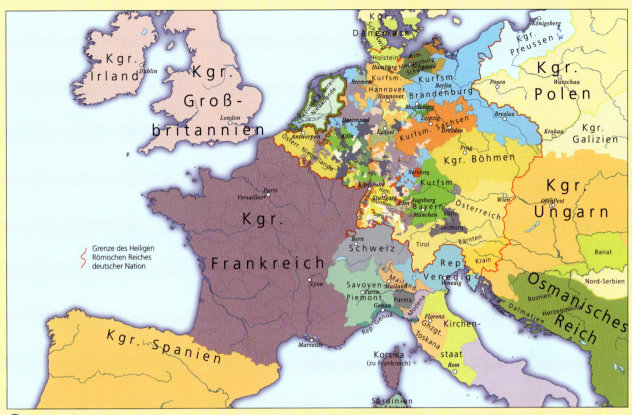

M Mitteleuropa 1789

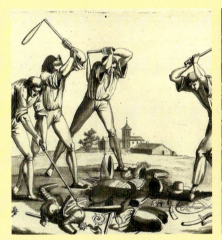

Die Französische Revolution veränderte die bisherige Gesellschaftsordnung radikal.

Im Vorfeld der Französischen Revolution diskutierten Bürger in geselliger Runde neue Ideen, die „das Alte" infrage stellten.

Die Französische Revolution kam nicht „einfach so" und „irgendwie" zustande. Die kurz zuvor gegründeten USA vermittelten Frankreich wichtige Ideen.

Kultur	Gesellschaft	Vernetzung
...	...	...
...	...	...

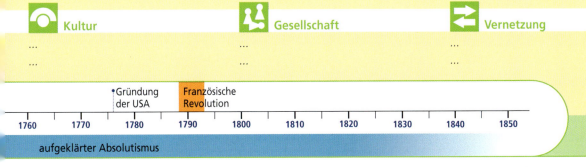

Ein König wie die Sonne

Eine Ausnahmeerscheinung

Er ist eine der berühmtesten Figuren der europäischen Geschichte, ein Mann der Superlative: **Ludwig XIV.** Mit vier Jahren wurde er König von Frankreich, dem bevölkerungsreichsten und wohlhabendsten Land Europas. 13-jährig übernahm er die Regierungsgeschäfte, die er bis zu seinem Tod mit 76 Jahren innehatte. Zeit genug für den ehrgeizigen Monarchen, Frankreich und Europa seinen Stempel aufzudrücken. 34 Jahre führte er Krieg und machte Frankreich zur beherrschenden Macht auf dem Kontinent. Auch im Innern konnte er seine Macht durchsetzen und errichtete eine absolutistische Herrschaft. Was ist damit gemeint?

„Der Staat bin ich" – und zwar allein!

Schon als Kind hatte Ludwig gelernt, dem Adel zu misstrauen. Mit seiner Mutter musste er aus Paris fliehen, denn Mitglieder des Hochadels hatten die Herrschaft des Königs infrage gestellt. Die Macht des Adels einzugrenzen und seine eigene zu stärken, war deshalb Ludwigs Anliegen. Als er die Amtsgeschäfte übernahm, sagte der neue König, er wolle „seinen Staat" künftig selbst regieren. Die wichtigsten politischen Ämter besetzte er mit Bürgerlichen. Sie verdankten ihm ihren Aufstieg und verhielten sich deshalb besonders loyal. Wie seine Vorgänger berief auch Ludwig die Vertreter von Klerus (Erster Stand), Adel (Zweiter Stand) sowie Bürgern und Bauern (Dritter Stand) nicht ein, wenn er Steuern erhöhen oder Krieg führen wollte. Seine Entscheidungen traf er mit seinen Ministern und Beratern allein, ohne die Vertreter der **Ständegesellschaft**. Sein Herrschaftsverständnis wird zusammengefasst in dem Satz „L'État c'est moi" („Der Staat bin ich"). Er verdrängte die ältere Machtverteilung zwischen König und Adel und begründete den **Absolutismus**. In dieser Regierungsform galt: Der Monarch ist losgelöst von den Gesetzen und steht über ihnen. Er ist nur vor Gott verantwortlich, der ihm sein Amt gegeben hat (Gottesgnadentum). Die Verpflichtung gegenüber Gott sollte verhindern, dass der König ein Tyrann würde: Sie mahnte ihn, ein guter Herrscher zu sein, z. B. seine Untertanen gegen Angriffe von außen zu verteidigen und für Gerechtigkeit und Frieden im Innern zu sorgen.

Es kann nur eine Sonne geben

Die Sonne, so schrieb Ludwig XIV. in seinen Memoiren, sei einzigartig, aber auch gerecht, da sie ihr Licht gleichmäßig verteilt. Sie bewirke Gutes, da sie „Leben, Freude und Tätigkeit" wecke. Sie sei beständig und doch stets in Bewegung. Mit diesen Eigenschaften wollte auch der französische König beschrieben werden. So wählte er als Sinnbild seiner Herrschaft die Sonne und machte sich selbst zum „Roi Soleil", zum **Sonnenkönig**. Der Adel hatte sich dieser Herrschaft unterzuordnen.
Es blieb ihm auch nichts anderes übrig, denn Ludwig machte den Adel gänzlich von sich abhängig, gleich den Planeten, die um die Sonne kreisen. Um die Adligen zu beschäftigen und kontrollieren zu können, holte er sie in sein Schloss nach Versailles. Dieses alte Jagdschloss seines Vaters ließ Ludwig ab 1661 von über 30 000 Arbeitern und Handwerkern ausbauen. Es entstand eine riesige Anlage mit 2 000 Räumen, Wohnraum für 5 000 Adlige und 8 000 Diener. Um den Adel bei Laune zu halten, ließ Ludwig aufwändige Feste und pompöse Gartenfestspiele inszenieren, bei denen er selbst als Balletttänzer auftrat.
Auch das Land um sein Schloss ließ Ludwig nach seinen Vorstellungen umgestalten: Der natürlich gewachsene Wald wurde zur akkurat gestalteten Parkanlage mit streng geometrischen Pflanzungen. Um die zahllosen Fontänen im Schlosspark emporspringen zu lassen, scheute der König keine Kosten. Er ließ ein monumentales Aquädukt errichten, das 6 000 Arbeiter ihr Leben und Ludwig neun Millionen Livres kostete – und doch nicht den gewünschten Erfolg erzielen konnte.
Ludwigs Herrschaft war teuer: Als er 1715 starb, war Frankreich bankrott. Die durch Kriege und Bauten des Königs verursachten Schulden beliefen sich auf die enorme Summe von drei Milliarden Livres – für seine Nachfolger eine riesige Belastung.

M 1 Ludwig tanzt
Anonymer Kostümentwurf, 1654
Zwischen 1651 und 1659 tanzte Ludwig XIV. im Hofballett. Schon sein Vater hatte dies regelmäßig getan. Es war kein Zufall, dass sich der König ausgerechnet dieses Kostüm anfertigen ließ.

Die Französische Revolution

M 2 Macht des Königs
In seinem Buch „Politik nach den Worten der Heiligen Schrift" schreibt Bischof Bossuet 1682:
Alle Macht kommt von Gott. Die Fürsten regieren also als seine Stellvertreter auf Erden. Gott regiert alle Völker und gibt ihnen ihre Könige. Daraus folgt, dass die Person des Königs heilig ist. Königliche Autorität ist absolut.
1. Der Fürst hat niemandem Rechenschaft abzulegen über das, was er befiehlt. Seine Macht muss so groß sein, dass niemand hoffen kann, sich ihr zu entziehen.
2. Wenn der Fürst geurteilt hat, gibt es kein anderes Urteil mehr. Die Urteile der Herrscher gehen auf Gott zurück.
3. Es gibt keine Zwangsgewalt gegen den Fürsten.
4. Deshalb sind Könige aber nicht von den Gesetzen befreit. Sie sind, wie alle anderen, der Rechtlichkeit des Gesetzes unterworfen, weil sie selbst gerecht sein sollen und weil sie dem Volk Beispiel als Hüter des Gesetzes sein sollen. Aber sie sind nicht den Strafen des Gesetzes unterworfen.

Paul Hartig, Auf der Suche nach dem besten Staat, Stuttgart 1985, S. 27 f. (zusammengefasst und vereinfacht)

M 3 Kritik am Absolutismus
Erzbischof Fénelon, Erzieher der Enkel Ludwigs XIV., kritisiert 1695/96 in einem Roman die absolutistische Regierungsweise. Das Buch wird verboten, Fénelon muss den Hof verlassen.

Wenn sich die Könige daran gewöhnen, kein anderes Gesetz mehr anzuerkennen als ihren unumschränkten Willen […], dann vermögen sie alles. Aber gerade da sie alles tun können, was sie wollen, untergraben sie selber die Grundpfeiler ihrer Macht; sie richten sich in ihrer Regierung nicht mehr nach bestimmten Regeln und Grundsätzen. Alle Leute schmeicheln ihnen um die Wette; sie haben keine Untertanen mehr; es bleiben ihnen nur noch Sklaven […]. Wer wird ihnen die Wahrheit sagen? […] Nur eine plötzliche, gewaltsame Revolution kann diese ausufernde Macht in ihre natürliche Bahn zurückführen.

Paul Hartig, Auf der Suche nach dem besten Staat, a. a. O., S. 30

M 4 Das Schloss von Versailles
Ölgemälde von Pierre-Denis Martin, 1722
Im Vordergrund mündet die Straße von Paris in den „Waffenplatz". Durch das erste Tor erreicht der Besucher den „Hof der Minister". Danach kommt er auf den „Königshof" und gelangt durch den „Marmorhof" vor das Hauptgebäude. Die Zimmer des Königs liegen im ersten Stock auf der Mittelachse.

---

1. Analysiere M1: Wie wirkt das Bild auf dich? Was verbindest du mit dem Begriff „Sonne"? Was erwartest du von einem König, der sich selbst mit der Sonne vergleicht? Welche Kritik könnte solch ein „Sonnenkönig" hervorrufen? Halte deine Gedanken schriftlich fest und gib der Abbildung eine passende Überschrift.
2. Erkläre den „Absolutismus" (Darstellung, M2).
3. Es ist das Jahr 1715. Du bist badischer oder württembergischer Gesandter und kommst zum ersten Mal an den französischen Königshof (siehe M4). Gestalte einen Brief an deinen Landesherrn. Er soll deine Eindrücke vom Schloss und Einschätzung des Königshofs enthalten. Überlege dabei: Wie will ein König, der so wohnt, verstanden werden?
4. Arbeite heraus, was Fénelon am Absolutismus kritisiert (M3).
5. Erkläre, warum Fénelon den Hof verlassen musste und sein Buch verboten wurde (M3). Bewerte diesen Umgang mit dem Autor. Begründe deine Meinung.

3 Methode

Bilder machen Herrscher

Wie wir „Promis" heute sehen, bestimmen vor allem die Medien. Fotografen schießen von ihnen Fotos in jeder Lebenssituation, die Presse erfindet so manche reißerische Geschichte dazu. Deshalb versuchen Prominente, ihr Image durch Berater, durch Auftritte im Fernsehen und Veröffentlichungen im Internet zu steuern.

Lernen könnten sie dabei von Ludwig XIV. Der verstand es wie kaum ein Zweiter, sein Bild als Herrscher in der Öffentlichkeit zu formen. Dass er als einzigartiger, alles überstrahlender „Sonnenkönig" wahrgenommen wurde, war Ergebnis seiner geschickten Selbstvermarktung.

Ludwig beschäftigte viele Künstler damit, ihn nach seinen Wünschen öffentlich in Szene zu setzen. Die Werke zeigten ihn z. B. als Kriegsgott Mars, Göttervater Jupiter oder strahlende Sonne. So sollte der Betrachter den König als siegreich, fähig, mächtig, sonnengleich sehen. Die Werke waren bis ins Kleinste durchkomponiert. Alles an ihnen war Absicht: Pose, Kleidung, Hintergrund, selbst scheinbar nebensächliche Dinge.

Besonders deutlich wird dies bei dem 1701 angefertigten Herrscherporträt Ludwigs XIV. von Hyacinthe Rigaud. Es wurde zum Vorbild für die Bildnisse zahlreicher absolutistischer Herrscher nach ihm.

Bei der Untersuchung von Herrscherporträts kannst du in drei Schritten vorgehen:

1. Beschreiben: Was sehe ich?
Wer ist abgebildet? Wo steht die Person? Wie steht sie da (Gestik), welchen Gesichtsausdruck hat sie (Mimik)? Welche Kleidung, welche Accessoires trägt die Person? Welche Zeichen der Macht, welche Herrschaftsinsignien sind abgebildet? Wie und wo sind sie angeordnet? Wie ist der Hintergrund gestaltet? Wie ist das Bild aufgebaut?

2. In den Kontext einordnen: Was sind die Hintergründe?
Was weiß ich über die abgebildete Person? Welche politischen Verhältnisse herrschten damals? Bezieht sich das Bild auf ein Ereignis? Wo hing das Bild? Wer sah es? Wie groß ist es im Original? Welche Perspektive nimmt der Betrachter ein? Welche Bedeutung haben die Gegenstände, Symbole und Farben? Welche Rolle spielt das Licht?

3. Absicht und Wirkung untersuchen: Was ist die Botschaft?
Wann, wo und in wessen Auftrag ist das Bild entstanden? Aus welchem Anlass und zu welchem Zweck? Wer war der Maler? Welche Wirkung soll das Bild auf den Betrachter entfalten? Wie will die porträtierte Person gesehen, wie als Herrscher verstanden werden?

M 1 Herrscherbild Ludwigs XIV.
Ölgemälde von Hyacinthe Rigaud (279 x 190 cm), 1701
Das Gemälde hing ursprünglich im Thronsaal von Schloss Versailles, rechts vom Thron, in etwa 5 m Höhe (Oberkante). Heute wird es im Pariser Museum Louvre ausgestellt.

M 2 Karl Friedrich, Markgraf von Baden Durlach
Ölgemälde von Philipp Heinrich Kisling (140 x 97 cm), um 1746
Der Maler Philipp Heinrich Kisling (1713 - 1767) war Hofmaler und Porträtist am Hof des Markgrafen von Baden-Durlach in Karlsruhe.

Ein Herrscherbild interpretieren

1. Beschreiben:
Das Zentrum des Bildes nimmt König Ludwig XIV. ein. Er steht auf einem Podest unter einem purpurroten Baldachin und trägt den Krönungsornat. Ludwig steht etwas schräg, den Kopf zum Betrachter gewandt. Die Miene ist ernst, die Pose elegant und selbstbewusst. Im Hintergrund steht ein Thronsessel, vorne links ein stoffbedeckter Schemel, darauf die Königskrone.
Ludwig trägt eine hohe Perücke, um den Hals eine goldene Ordenskette. Sein ausladender, mit Hermelin gefütterter Mantel ist – wie der Thron und der Stoff auf dem Schemel – mit goldenen Lilien bestickt. Der König trägt ein goldenes Prunkschwert am Gürtel und stützt sich mit der Rechten auf ein goldenes Zepter, die Spitze nach unten. Hinten links öffnet sich neben einer Säule ein großer Saal.

2. Einordnen und deuten:
Als das Bild 1701 entstand, war der König 63 Jahre alt. Das Bild zeigt ihn als kraftvollen Mann. Alles weist auf seinen königlichen Rang hin: Die Insignien, der edle Hermelinpelz, Thron, Orden und Baldachin. Farben und Licht dienen dieser Inszenierung: Purpurrot ist die Farbe der Könige, Gold steht für Reichtum und Macht, das Weiß von Hermelinpelz und Seidenstrümpfen lässt den König regelrecht „erstrahlen".
Das überlebensgroße Porträt hing im Thronsaal so, dass die Füße des Königs auf Augenhöhe des Betrachters waren.

3. Absicht und Wirkung:
Das Bild des Hofmalers Hyacinthe Rigaud sollte die Größe, Macht und Tatkraft des Königs vermitteln. Ludwig XIV. lässt dem Betrachter durch das Bild sagen: „Ich bin ein mächtiger, reicher, gerechter und wehrhafter König. Ich stamme aus einem edlen und uralten Geschlecht. Frankreich ist bei mir in guten Händen. Alle Franzosen sollen zu mir aufschauen."

Jetzt bist du dran:
Mit den Arbeitsschritten im Kasten links und den Informationen in der Bildlegende kannst du das Herrscherporträt M2 nun selbst interpretieren.

Nützliche Sätze bei der Interpretation von Herrscherbildern:
Schritt 1: Bei der porträtierten Person handelt es sich um … – Im Bildvordergrund / -hintergrund erkenne ich …
Schritt 2: Das Gemälde stammt aus der Zeit … – Damals passierte … – Der Maler hat folgende Symbole benutzt: … – Sie stehen für / bedeuten / sind Zeichen für … – Eine besondere Rolle spielt auch …
Schritt 3: Das Bild wurde in Auftrag gegeben von … , weil … – Seine Wirkung wird unterstrichen durch … – „Ich bin … / Ich will … / Ich kann …" (Formuliere in einer Ich-Botschaft, was der dargestellte Herrscher / die Herrscherin wohl beim Betrachter auslösen wollte) – Ich sehe deutliche Verbindungen zu … – Interessant wäre noch …

Aufklärung: Mit Geist gegen die Macht

M 1 „Aufklärung" Kupferstich von Daniel Chodowiecki, 1791 (Ausschnitt) Der Künstler schrieb zu seinem Bild sinngemäß: „Das Zeitalter der Vernunft hat als allgemeines Zeichen die aufgehende Sonne. Dies ist angemessen wegen der Nebel, die aus Sümpfen, Weihrauchfässern und Opferaltären steigen und sie leicht verdecken können. Wenn nur die Sonne aufgeht, schadet Nebel nichts."

[1] siehe S. 64

Was ist Aufklärung?

Unter **Aufklärung** verstehen wir im Geschichtsunterricht eine Bewegung, die im 18. Jh. ganz Europa erfasste und die Vernunft in den Mittelpunkt des Denkens und Handelns stellte. Vernunft sollte den Menschen „Licht" und „Erleuchtung", eben Aufklärung, bringen. Dadurch sollten sich die Menschen aus ihrer „selbstverschuldeten Unmündigkeit" befreien, so der Philosoph Immanuel Kant im Jahr 1784. Anstatt Glaubenssätze herkömmlicher Autoritäten, etwa der Kirche, unhinterfragt zu übernehmen, sollten sich die Menschen ihr Wissen durch eigenes Denken und Forschen erarbeiten. Damit wandten sich die Aufklärer gegen das „Dunkel" von Vorstellungen, die mit reiner Vernunft nicht zu belegen waren.

„Vernünftige" Wissenschaft setzt sich durch

Eigentlich war diese Art zu denken nicht neu: Bereits für viele Forscher und Gelehrte seit der Renaissance hatte nur noch Bestand, was sie selbst mithilfe von Experimenten und nachkontrollierbaren Erkenntnissen herausfanden.[1] Neben der Vernunft diente ihnen dabei die Natur als Maßstab. Wer die Natur genau beobachtete und ihre Regeln und Gesetzmäßigkeiten erkannte, konnte, so die Überzeugung, nicht irren.

Bürgertum: ein neuer, aufstrebender Stand

Anhänger fand diese neue Geisteshaltung besonders unter den Bürgern der Städte. Deren Selbstbewusstsein als erfolgreiche Handwerker, Kaufleute, Bankiers, Beamte oder Gelehrte hatte seit dem Hoch- und Spätmittelalter stetig zugenommen. Stolz grenzten sich Bürger von Adel und Klerus ab und verwiesen dabei auf ihre Leistung, ihren Wohlstand und ihre Bildung.

Daher ist kaum verwunderlich, dass gerade das Bürgertum die aufklärerische Idee entwickelte und verbreitete, dass jeder Mensch frei und gleich an Rechten sei. Die Vorrangstellung des Adels und des Klerus wurde nicht länger anerkannt. Sogar die Rechtfertigung des Absolutismus, das Gottesgnadentum, wurde hinterfragt. Was das Bürgertum stattdessen forderte: Gleichbehandlung aller drei Stände und politische Mitbestimmung.

Eine neue Öffentlichkeit

Dass diese Ideen rasant Verbreitung fanden, lag vor allem daran, dass sie massenhaft gedruckt, gelesen und diskutiert werden konnten. Denn nicht nur, dass immer mehr Menschen des Lesens und Schreibens mächtig waren. Sie taten dies auch zunehmend in der Öffentlichkeit. So trafen sich viele Bürger in den neu in Mode gekommenen Kaffeehäusern, die aktuelle Zeitungen und Bücher bereithielten. Andere traten einer der zahlreich gegründeten **Lesegesellschaften** bei, die Räume zur eigenen Bildung und zum Austausch unter den Mitgliedern boten. Solche Diskussionen wurden – ganz im Sinne des Vernunftgedankens – mit Toleranz gegenüber den Meinungen des Gegenübers geführt. Viele dieser Gesellschaften akzeptierten neue Mitglieder ohne Rücksicht auf deren Stand.

Ein dritter Ort der intellektuellen Debatte war der **Salon** großbürgerlicher und adliger Häuser. Dort hatten allerdings nur von der Hausherrin geladene, ausgesuchte Gäste Zutritt. Auf diese Weise führten die Salonièren häufig namhafte Politiker, Schriftsteller, Wissenschaftler und Philosophen in einem Raum zusammen. Gast in solch einem Salon zu sein, war deshalb eine begehrte Auszeichnung.

Die Französische Revolution

M 2 Dieses glückliche Alter!

Der Roman „Emile oder Über die Erziehung" von Jean-Jacques Rousseau[1] (1762) beschreibt die Bildung des Knaben Emile nach den Grundsätzen des Verfassers. Das Buch hat großen Einfluss auf die Erziehung von Kindern und Jugendlichen:

Nichts ist ungewisser als die Lebensdauer jedes einzelnen Menschen. Von allen Kindern, die geboren werden, erreicht höchstens die Hälfte das Jünglingsalter.
5 Was soll man also von der jetzigen, barbarischen Erziehung denken, die die Gegenwart einer ungewissen Zukunft opfert, einem Kind allerlei Fesseln anlegt und es vom ersten Augenblick an unglücklich macht, um ihm in weiter Ferne ein vermeint-
10 liches Glück zu bereiten, das es vermutlich nie genießen wird? Die Jahre des Frohsinns vergehen diesen armen unglücklichen Wesen
15 unter Tränen, Züchtigungen, Drohungen – kurzum in voller Sklaverei. Menschen, seid menschlich, das ist eure erste Pflicht; seid es
20 gegen alle Stände, gegen alle Lebensalter, gegen alles, was der menschlichen Natur eigen ist. Liebet die Kindheit, begünstigt ihre Spiele, ihre
25 Vergnügungen, ihren liebenswürdigen Instinkt!

Jean-Jacques Rousseau, Emile oder Über die Erziehung, übersetzt von H. Denhardt, Bd. 1, S. 100 - 102

M 3 Vorschläge zur Bildung der Frau

Der Hamburger Ratsherr und Dichter Barthold Heinrich Brockes schreibt 1724 in einem Beitrag für die Wochenschrift „Der Patriot":

Wir geben uns durchgängig viel weniger Mühe, unsere Töchter wohl aufzubringen, als unsere Söhne, und glauben noch dazu, dass wir Recht darin haben. Wir meinen, die Wissenschaften sei-
5 en dem Frauenzimmer nichts nütze; es werde dieselben, nach seiner natürlichen Schwachheit, missbrauchen und lassen deswegen mit Fleiß unsere Töchter in der dicksten Unwissenheit aufwachsen. Dieses Betragen halte ich für unverant-
10 wortlich.

Der Patriot, Nr. 3 vom 20. Januar 1724, S. 23 f.

[1] vgl. S. 110

M 4 Der Salon von Madame Geoffrin
Gemälde von Charles-Gabriel Lemonnier, 1812 (Ausschnitt)

Marie Thérèse Geoffrin (1699 - 1777) zählte zu den gebildetsten Frauen Frankreichs. In ihren Salon in Paris lud sie regelmäßig die klügsten Köpfe ihrer Zeit ein. Die Männer und Frauen der adligen und bürgerlichen Gesellschaft lasen sich aus neuen Schriften vor und diskutierten darüber. Sie trafen sich unter der Büste des Philosophen, Geschichtsschreibers und Dichters Voltaire (1694 - 1778), der als der bedeutendste französische Aufklärer gilt.

---

1. Gestalte ein Bild, das du statt M1 an den Beginn dieses Kapitels stellen würdest und das die Zeit der Aufklärung zum Ausdruck bringt.
2. Stelle in einer Tabelle gegenüber, wogegen Rousseau (M2) sich wendet und was er stattdessen möchte.
3. Arbeite aus M3 Forderungen zur Bildung heraus. Begründe, inwiefern sie aufklärerisch sind.
4. Du unterhältst einen „Salon", in dem du mit deinen Gästen Fragen von heute diskutierst (vgl. M4). Nenne Themen, die du ansprechen möchtest. Erstelle eine Liste, wen du zu welchem Thema einladen würdest.
5. Erstelle eine Mindmap, die alle deiner Meinung nach wesentlichen Begriffe und Aspekte zum Thema „Aufklärung" enthält.

Auf der Suche nach dem besten Staat

M 1 „De l'esprit des loix …"
Titelbild vom Hauptwerk von Charles de Montesquieu, 1749
Der Titel lautet auf deutsch: „Vom Geist der Gesetze oder Über den Bezug, den die Gesetze zum Aufbau jeder Regierung, zu den Sitten, dem Klima, der Religion, dem Handel usw. haben müssen." Ein solcher Titel war typisch für den Geist der Aufklärung.

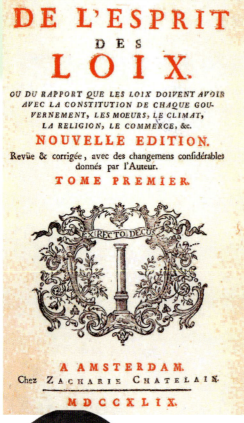

M 2 Charles de Montesquieu
Kupferstich
Montesquieu (1689-1755) war Anwalt, Richter und Schriftsteller. Er bekleidete öffentliche Ämter und reiste durch Europa, um mehr über Politik und Justiz zu lernen.

M 3 Jean-Jacques Rousseau
Kupferstich
Der in Genf geborene Schriftsteller, Philosoph und Pädagoge (1712-1778) kam 1742 nach Paris und lernte dort führende Aufklärer kennen.

Wie sollen Menschen miteinander leben?

Nach den Religions- und Bürgerkriegen des 16. und 17. Jh. suchten kluge Köpfe mehr denn je Antworten auf die Frage nach dem besten Staat. Sie wollten eine neue Staatslehre begründen. Anders als die Vertreter der absolutistischen Herrschaft führten sie die Herrschaft über ein Volk und die Ordnung der Gesellschaft nicht mehr auf Gott zurück. Sie gingen davon aus, dass alle Menschen von Natur aus, also von Geburt an, ein Recht auf Leben, Freiheit und Eigentum besäßen. Diese natürlichen Menschenrechte gelte es zu sichern. Die Frage war, wer die Gesetze zum Schutz von Leben und Eigentum erlassen und wer über ihre Einhaltung wachen sollte.

Aufklärung gegen Absolutismus

Der Engländer John Locke entwickelte eine neue Staatslehre: Die oberste Gewalt im Staat solle kein einzelner Herrscher, sondern ein vom Volk einberufenes Parlament besitzen. Dieses Parlament solle die gesetzgebende Gewalt (Legislative) ausüben. Die Fürsten seien daran gebunden und müssten als vollziehende Gewalt (Exekutive) diese Gesetze durchsetzen. Weigerten sie sich, dann dürfe das Volk sie absetzen.

Der Franzose Charles de Montesquieu entwickelte diese Lehre von der **Gewaltenteilung** weiter. Um Willkür und Machtmissbrauch zu verhindern, sollte es zusätzlich eine unabhängige richterliche Gewalt (Judikative) geben. Diese drei Gewalten sollten jeweils eigenständig handeln könnten, sich aber gegenseitig kontrollieren.

Noch weiter ging Jean-Jacques Rousseau. Er nahm die antike demokratische Polis zum Vorbild. Alle staatliche Gewalt müsse allein beim Volk liegen. Nach seinem Grundsatz der **Volkssouveränität** sei Herrschaft nur rechtmäßig, wenn das Volk den Gesetzen und der Herrschaft zustimme.

Die Lehren beeinflussten die politische Entwicklung in Europa und Nordamerika.

Die Französische Revolution

M 4 Die Grenzen der Macht
John Locke beruft sich auf den „gesunden Menschenverstand". In seinem Werk „Über die Regierung" (1679-1681, gedruckt 1689) schreibt er:

Das große Ziel, mit welchem die Menschen in eine Gesellschaft eintreten, ist der Genuss ihres Eigentums in Frieden und Sicherheit, und das große Werkzeug und Mittel dazu sind die Gesetze. Zum Ersten muss die gesetzgebende Gewalt nach öffentlich bekanntgemachten, festen Gesetzen regieren, die nicht für besondere Fälle geändert werden dürfen, sondern nur ein Maß anlegen für Reich und Arm, für den Günstling bei Hof wie für den Bauern am Pflug. Zum Zweiten sollten diese Gesetze auf kein anderes letztes Ziel als das Wohl des Volkes ausgerichtet sein. Zum Dritten darf die gesetzgebende Gewalt keine Steuern auf das Eigentum des Volkes erheben ohne Zustimmung des Volkes.

John Locke, Über die Regierung, hrsg. von Peter Cornelius Mayer-Tasch, übersetzt von Dorothee Tidow, Stuttgart 1974, S. 101 und 110 ff. (vereinfacht und gekürzt)

M 5 Das Recht auf Widerstand
Locke rechtfertigt Widerstand so:

Wo immer das Gesetz endet, beginnt Tyrannei. […] Und wer immer in Ausübung von Amtsgewalt seine gesetzlichen Zuständigkeiten überschreitet und von der unter seinem Befehl stehenden Gewalt Gebrauch macht, um den Untertanen etwas aufzuzwingen, was das Gesetz nicht erlaubt, hört damit auf, Obrigkeit zu sein. Er handelt ohne Autorität, und man darf sich ihm widersetzen wie jedem anderen Menschen, der gewaltsam in die Rechte anderer eingreift.

John Locke, Über die Regierung, a. a. O., S. 153 (vereinfacht)

M 6 Die Gewaltenteilung
Montesquieu schreibt in seinem Buch „Vom Geist der Gesetze" von 1748:

Es gibt in jedem Staat drei Arten von Vollmacht: die gesetzgebende Gewalt, die vollziehende Gewalt in Sachen, die vom Völkerrecht abhängen, und die vollziehende Gewalt in Sachen, die vom bürgerlichen Recht (Zivilrecht) abhängen. Aufgrund der ersteren schafft der Herrscher oder Magistrat Gesetze auf Zeit oder für die Dauer, ändert geltende Gesetze oder schafft sie ab. Aufgrund der zweiten stiftet er Frieden oder Krieg, sendet oder empfängt Botschaften, stellt die Sicherheit her, sorgt gegen Einfälle vor. Aufgrund der dritten bestraft er Verbrechen oder sitzt zu Gericht über die Streitfälle der Einzelpersonen […]. Sobald in ein und derselben Person oder derselben Beamtenschaft die legislative Befugnis mit der exekutiven verbunden ist, gibt es keine Freiheit. Es wäre nämlich zu befürchten, dass derselbe Monarch […] tyrannische Gesetze erließe und dann tyrannisch durchführte. Freiheit gibt es auch nicht, wenn die richterliche Befugnis nicht von der legislativen und von der exekutiven Befugnis geschieden wird […]. Alles wäre verloren, wenn ein und derselbe Mann beziehungsweise die gleiche Körperschaft entweder der Mächtigsten oder der Adligen oder des Volkes folgende drei Machtvollkommenheiten ausübte: Gesetze erlassen, öffentliche Beschlüsse in die Tat umsetzen, Verbrechen und private Streitfälle aburteilen.

Montesquieu, Vom Geist der Gesetze, eingel., ausgew. und übersetzt von Kurt Weigand, Stuttgart 1994, S. 216 f. (vereinfacht)

---

1. Arbeite heraus, wie John Locke sich den Staat vorstellt (M4 und M5).
2. Beurteile, wie ein Monarch, wie ein Bürger auf Lockes und Montesquieus Ideen reagiert haben könnten. Gestalte einen Tagebucheintrag aus Sicht des einen oder des anderen. Beginne folgendermaßen: „Heute habe ich in den Schriften John Lockes und Charles de Montesquieus gelesen …" (M1 - M6, Darstellungstext).
3. Erläutere, mit welchen Maßnahmen Montesquieu die Tyrannei eines Einzelnen verhindern möchte (M6).
4. Die Aufklärer haben darüber nachgedacht, wie der beste Staat aussehen sollte. Entwickelt in der Klasse Ideen, wie heutzutage „der beste Staat" gestaltet sein könnte bzw. sollte.

Die Krise der Jahre 1788/89

M 1 „Ludwig XVI. wird nie satt"
Radierung, unbekannter Künstler, um 1791
Solche Bilder waren vor und während der Revolution weit verbreitet.

Ein König braucht Hilfe
Am 5. Mai 1789 wurden in Schloss Versailles feierlich die **Generalstände** eröffnet. König Ludwig XVI. hatte sie im Jahr zuvor einberufen. Das war seit fast 175 Jahren nicht mehr geschehen. Was nach einer Demonstration königlicher Macht klingt, ist genau das Gegenteil: Wenn ein König dazu gezwungen ist, die Vertreter der drei Stände zu versammeln, ist etwas faul. Dies war auch den Untertanen Ludwigs XVI. bewusst.

Die Krisenjahre 1788 und 1789
Und tatsächlich: Dem eigentlich beliebten, mit seiner Aufgabe als König aber überforderten Ludwig wuchsen in den Jahren 1788 und 1789 die Probleme über den Kopf. Nach zwei schlechten Ernten stieg der Brotpreis in die Höhe, viele ärmere Franzosen konnten sich kaum mehr das Lebensnotwendige leisten. Trotzdem forderten die Adligen weiterhin Dienste und Abgaben. Die neu gegründeten Manufakturen in den Städten konnten viel weniger verkaufen, da die meisten Menschen kein Geld übrig hatten, um etwa Kleidung oder Schuhe zu kaufen. Doch während die Probleme in den Städten noch einigermaßen gelöst werden konnten, war das Land in Aufruhr. Viele Hungernde glaubten, die Regierung halte das Getreide absichtlich zurück, um es dann zu Höchstpreisen zu verkaufen. Auch wenn größere Aufstände vermieden oder schnell eingedämmt wurden, blieb gegenüber den Mächtigen ein starkes Misstrauen. Es sollte in der bald ausbrechenden Revolution eine wichtige Rolle spielen.

Der König braucht Geld
Diese neuen Probleme verschärften nur die bereits bestehenden Schwierigkeiten: Durch die verschwenderische Hofhaltung der Könige sowie zwei sehr teure Kriege in den Jahrzehnten zuvor war Frankreich praktisch pleite. Die einzige Möglichkeit, an mehr Einnahmen zu kommen, bestand darin, die Steuern zu erhöhen. Aber der **Dritte Stand**, also Bürger, Handwerker, Kaufleute, aber auch einfache Arbeiter und Bauern, wurde bereits sehr hoch besteuert. Die beiden ersten Stände, Geistlichkeit (Klerus) und Adel, waren dagegen bislang von Steuern befreit. Dies fanden viele Vertreter des Dritten Standes ungerecht. Zudem waren sie, die 98 Prozent der Bevölkerung stellten, von allen wichtigen Ämtern ausgeschlossen.

Durch die Einberufung der Generalstände hoffte der König, neue Steuern erheben zu können, auch von den bislang privilegierten, also befreiten ersten beiden Ständen. Um den unzufriedenen Bürgern zudem eine Möglichkeit zu geben, ihren Ärger auszudrücken, wurden in allen Teilen des Landes Beschwerdehefte geführt, die von den Abgeordneten dann nach Versailles mitgenommen wurden.

M 2 „Man muss hoffen, dass dieses Spiel bald vorbei ist"
Ausschnitt aus einem populären Flugblatt, unbekannter Künstler, 1789
Text auf Taschentuch: „Salz- und Tabaksteuern, Grundsteuer, Zehnt, Frondienst, Militärdienst" – Säbel: „gerötet von Blut" – Hacke: „mit Tränen getränkt".

Die Französische Revolution

M 3 Das Leben auf dem Land
Der englische Reisende Arthur Young berichtet über das Leben der französischen Bauern. Am 12. Juli 1789 schreibt er in seinem Reisetagebuch über eine Begegnung mit einer Bäuerin:

Ich traf eine arme Frau, die sich beklagte, dass die Zeiten schlecht und das Land in einem schlimmen Zustand wäre. Als ich sie um die Ursache befragte, antwortete sie mir: Ihr Mann habe nur ein
5 kleines Stück Land, eine Kuh und ein armseliges kleines Pferd. Und doch müssten sie einen Franchar [= 21 kg] Weizen und drei Hühner als Abgabe an einen gnädigen Herrn, und vier Franchars Hafer, ein Huhn und einen Sous [Münze] an einen
10 anderen geben. Die schweren Steuern und Abgaben sind da noch nicht gerechnet. Sie hätten sieben Kinder. [...] Man sagte jetzt, dass einige bedeutende Leute etwas für solche armen Menschen tun würden, aber wer sie wären und wie es
15 damit stände, das wüsste sie nicht. Gott gebe uns bessere Zeiten, denn die Steuern und Abgaben drücken uns ganz zu Boden.

Arthur Youngs Reisen durch Frankreich und einen Theil von Italien. Aus dem Englischen mit einigen Anmerkungen von E. A. W. Zimmermann, Bd. I, Berlin 1793, S. 253f.

M 4 Aus den Beschwerdeheften
Diese Beschwerden werden im März 1789 in der Gemeinde Etrépagny (Normandie) geschrieben:

6. Alle Richterämter sollen nicht mehr käuflich sein. Sie sollen nach Verdienst verliehen werden, nach der Entscheidung der Bürger, die dadurch das Recht bekommen, die Richter des Gebietes
5 zu wählen, in dem sie leben. [...]
12. Alle finanziellen Privilegien [= Sonderrechte] des geistlichen Standes und des Adels sollen abgeschafft werden, sodass alle Franzosen durch eine Geldabgabe und Kopfsteuer den Satz entrich-
10 ten, der für den Grund und Boden festgesetzt wird, und somit jede Steuer für die drei Stände gleich ist. [...]
26. Alle Gehölze, Baumgruppen und jedes Gebüsch am Rand der Landstraßen oder Seitenwege
15 soll beseitigt werden, weil diese Orte als Unterschlupf für Verbrecher dienen. [...]
35. Die Generalstände sollen das Recht haben, alle zwanzig Jahre zu tagen, um Missstände zu beseitigen und dem Herrscher ihre Vorstellungen
20 zu unterbreiten.
36. In allen Provinzen sollen alle drei Jahre Abgeordnete bestimmt werden, um die Generalstände in kleinerem Rahmen zu vertreten. Sie sollen sich an dem Ort versammeln, den der Herrscher ih-
25 nen zuweist, und jeder Bürger soll diesen Abgeordneten seine Beschwerden vortragen können.

Die Französische Revolution. Ein Lesebuch mit zeitgenössischen Berichten und Dokumenten, ausgew., übers. und komm. von Chris E. Paschold und Albert Gier, Stuttgart 1989, S. 54f.

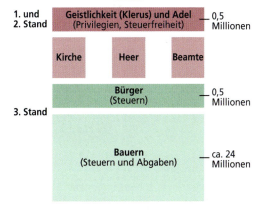

M 5 Drei Stände und ein König
Aufbau der Gesellschaft in Frankreich vor der Revolution

Internettipp:
Was alles nicht stimmte im Frankreich Ludwigs XVI. beschreibt diese Seite: 31042-16

---

1. Fasse zusammen, warum sich in Frankreich ein Umsturz der bestehenden Verhältnisse (= Revolution) anbahnte (Darstellungstext, M2 - M4).
2. Beschreibe in deinen eigenen Worten, warum Ludwig XVI. die Generalstände einberufen ließ (Darstellungstext, M1, M4 und M5).
3. Der französische Politiker Antoine Barnave schrieb 1791 im Rückblick, die Monarchie in Frankreich hätte überlebt, wenn „ein Tyrann oder ein bedeutender Mann" auf dem Thron gesessen hätte. „Ludwig XVI. war weder das eine noch das andere." Erläutere die Behauptung anhand von Darstellung, M1 und M4.

• 8. August 1788: Beschluss zur Einberufung der Generalstände
• 5. Mai 1789: Eröffnung der Generalstände

3 Die Generalstände reagieren unerwartet

M 1 Eröffnung der Generalstände
Gemälde von Louis Boulanger von 1835
Die Abgeordneten der Stände: Der Dritte Stand ganz vorn, danach in üppiger Kleidung der Zweite Stand (mit den reichsten und mächtigsten Adligen Frankreichs). Es folgt der Klerus, und erst ganz am Ende des Zugs zogen das Königspaar und der Hofstaat ein. Schon die Ordnung des Zugs sagt viel über die Gesellschaft in Frankreich um 1789 aus.

Nur zum Abnicken

„Die Generalstände sollten eine neue Steuer beschließen und dann wieder aufgelöst werden." Mit diesem einzelnen Satz beschreibt der Historiker Axel Kuhn, welche Absicht der König hatte. Eine neue Steuer wurde aber nicht beschlossen und die Generalstände ließen sich auch nicht wieder auflösen. Was war geschehen? Warum wurden die Erwartungen des Königs so gründlich enttäuscht?

Generalstände und Stände: Wer vertritt wen?

So geordnet, wie die Stände beim Einzug ihrer Vertreter in Versailles aussahen, war die Lage eben nicht. Oftmals hatten die ärmeren Vertreter des Adels und vor allem des Klerus mehr mit den Interessen des Dritten Standes gemeinsam als mit denen der mächtigen und reichen Mitglieder des eigenen Standes. Daher wurde bereits zu Beginn der Sitzungen die grundlegende Frage nach der Abstimmung gestellt. Sollte über die Angelegenheiten nach Ständen abgestimmt werden, also so, dass jeder Stand nur über eine Stimme verfügte? Oder sollte die Stimme jedes einzelnen Abgeordneten gezählt werden? Für die etwa 600 Vertreter des Dritten Standes war nur eine Einzelabstimmung denkbar. Nur so bestand nämlich eine echte Chance, sich gegen die jeweils etwa 300 Vertreter der beiden ersten Stände durchzusetzen. Bei einer Abstimmung nach Ständen würde es vermutlich stets 2:1 für die privilegierten Stände ausgehen.

Vom Dritten Stand zur Nationalversammlung

Der Adel stimmte deutlich, der Klerus knapp gegen das Abstimmungsprinzip nach Köpfen. Der Dritte Stand folgte darauf einem Vorschlag des Abbé Sieyes (als Kirchenmann eigentlich Angehöriger des Ersten Standes!) und erklärte sich zur alleinigen **Nationalversammlung** (*assemblé nationale*). Die Adligen protestierten, einige Vertreter des Ersten Standes, zum Beispiel der Bischof von Autun, Charles de Talleyrand, traten der Nationalversammlung bei. Als diese Abgeordneten sich am Morgen des 20. Juni vor einem verschlossenen Saal wiederfanden, zogen sie kurzerhand weiter ins etwas kahle, aber ausreichend geräumige Ballhaus (Haus für „Jeu de Paume", eine Art Volleyball). Die Abgeordneten schworen feierlich, sich niemals mehr zu trennen, bis Frankreich eine **Verfassung** habe (**Ballhausschwur**).

Anstatt Geld für das bankrotte Frankreich aufzutreiben, schaffte Ludwig XVI. indirekt das absolute Königtum ab: Die Selbsternennung des Dritten Standes zur Nationalversammlung und der Ballhausschwur waren schwere Angriffe auf seine Autorität.

Jeder konnte nun zwei Dinge erkennen: Die Mitglieder der Nationalversammlung beriefen sich auf die Gedanken der Aufklärung. Und: Der König hatte seine Macht innerhalb weniger Wochen eingebüßt. Ein altes Herrschaftssystem war erschüttert worden. Aber wie sollte es nun weitergehen?

Die Französische Revolution

M 2 Was ist der Dritte Stand?

Der Geistliche Emmanuel-Joseph Sieyes zählt zu den wichtigsten Personen am Anfang der Revolution. Seine Flugschrift „Was ist der Dritte Stand?" von Januar 1789 trägt dazu bei, dass sich der Dritte Stand zur Nationalversammlung erklärt:
Der Plan dieser Schrift ist sehr einfach. Der Leser soll sich drei Fragen stellen:
1. Was ist der Dritte Stand? – ALLES.
2. Was ist er bis jetzt in der politischen Ordnung gewesen? – NICHTS.
3. Was verlangt er? – ETWAS ZU SEIN […].

5 Die öffentlichen Aufgaben und Ämter lassen sich im gegenwärtigen Zustand unter vier symbolischen Bezeichnungen zusammenfassen: den Degen, die Robe, die Kirche und die Verwaltung. Es ist müßig, sie im Einzelnen durchzugehen, um zu 10 zeigen, dass der Dritte Stand überall neunzehn Zwanzigstel [oder 95 %] stellt, wobei er freilich mit allem belastet ist, was es an wirklich Beschwerlichem gibt, mit allen Aufgaben, die die privilegierten Stände nicht erfüllen wollen. Die 15 Vertreter der privilegierten Stände nehmen nur die einträglichen und ehrenvollen Posten ein. […] Hier genügt es, deutlich gemacht zu haben, dass der angebliche Nutzen eines privilegierten Standes für die öffentliche Verwaltung nichts ist als 20 ein Hirngespinst; dass alles Unangenehme, das es dort gibt, ohne die Privilegierten durch den Dritten Stand besser besorgt wird; dass die höheren Positionen ohne sie viel besser besetzt wären; dass sie den Begabten vorbehalten und die Beloh-25 nung für erwiesene Dienste sein müssten.
Wer wagte also zu behaupten, dass der Dritte Stand nicht alles in sich hat, was erforderlich ist, um eine vollständige Nation zu ergeben?

Die Französische Revolution. Ein Lesebuch, a. a. O., S. 49-51 (stark gekürzt und sprachlich vereinfacht)

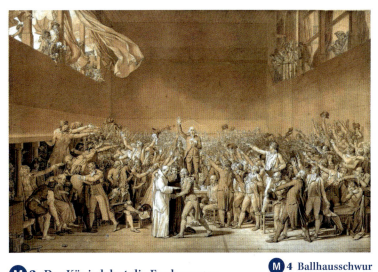

M 3 Der König lehnt die Forderungen des Dritten Standes ab

In einer Sondersitzung lässt König Ludwig einen Text verlesen, in dem die Forderungen des Dritten Standes abgelehnt werden. Nach vier weiteren Tagen empfiehlt er dem Ersten und Zweiten Stand dann aber, sich mit dem Dritten zu vereinigen.
Artikel 1: Der König will, dass die alte Unterscheidung zwischen den Ständen im Staat in ihrer Ganzheit erhalten bleibt, da sie wesentlich an die Verfassung seines Reiches gebunden ist. Er 5 wünscht, dass die von jedem der drei Stände frei gewählten Abgeordneten, die drei Kammern bilden und nach Ständen getrennt beraten, aber mit Erlaubnis des Königs auch gemeinsam beraten dürfen, allein als die Gesamtheit der Nation 10 betrachtet werden können. Folglich hat der König die Beschlüsse für null und nichtig erklärt, die von den Abgeordneten des Dritten Standes am 17. Juni gefasst wurden, weil sie illegal und gegen die Verfassung sind.

ebda, S. 73

M 4 Ballhausschwur
Federzeichnung (65 x 105 cm) des Historienmalers Jacques-Louis David, 1791
David hatte den Jakobinerklub (siehe S. 122) überzeugt, vom Ballhausschwur ein großes Wandgemälde für den Saal der Nationalversammlung anfertigen zu lassen. Es kam jedoch nicht über Studien hinaus. Die Zeichnung gibt nicht den wirklichen Hergang wieder.
Im Vordergrund verbrüdern sich ein Mönch, ein katholischer und ein protestantischer Geistlicher. Im Zentrum hebt der Präsident der Nationalversammlung die Hand zum Schwur.

---

1. Fasse in deinen eigenen Worten zusammen, wie die Abgeordneten des Dritten Standes von der Eröffnung der Generalstände bis zum Ballhausschwur handeln (Darstellungstext, M1, M2 und M4).
2. Erläutere, inwiefern der französische König Ludwig XVI. seine Macht weitgehend verloren hat (Darstellungstext, M3, M4).
3. Vergleiche die beiden Gemälde M1 und M4: Achte vor allem darauf, wie die dargestellten Personen zueinander stehen.
4. Stell dir vor, du bist ein Abgeordneter des Dritten Standes und sollst eine Rede im Ballhaus halten. In ihr sollst du erklären, warum der Dritte Stand zu Recht die Nationalversammlung darstellt. Gestalte diese Rede (M1-M4).

3

Revolution in Stadt und Land

M 1 Der Sturm auf die Bastille
Aquarell von Jean-Pierre Houël (1735-1813), 50,5 x 37,8 cm, Paris, 1789
Die Bastille war ein Stadttor im Osten von Paris. Seit 1650 diente sie als Gefängnis. Zudem war hier eine bewaffnete Wachmannschaft stationiert. Am 14. Juli wurde die Festung von bewaffneten Aufständischen gestürmt. Die Häftlinge wurden befreit, der Kommandant und ein Soldat erschlagen.

Ein Tag zum Feiern?
Jedes Jahr am **14. Juli** haben die Kinder in Frankreich schulfrei. Seit 1880 ist der Tag ganz offiziell ein Feiertag: der Französische Nationalfeiertag. Aber warum gerade der 14. Juli? Die große Bedeutung dieses Datums hängt mit der Französischen Revolution zusammen.

Die Bastille wird gestürmt
Anfang Juli 1789 beruhigten sich die Ereignisse in Versailles, die Vertreter des Dritten Standes hatten ihre Ziele vorerst durchgesetzt. Doch das einfache Volk auf den Straßen von Paris war merkwürdig aufgeregt. Alles wurde zum Anlass, Schreckliches vorherzusehen: Der beliebte Minister Jacques Necker, der sich für Steuerzahlungen des Ersten und Zweiten Standes ausgesprochen hatte, wurde am 11. Juli entlassen. Etwa zeitgleich befanden sich auffällig viele Soldaten in der Stadt. Wollte der König die Nationalversammlung doch wieder auflösen? Der junge Politiker Camille Desmoulins forderte die Pariser auf, sich zu bewaffnen. Mit Leichtigkeit konnte die Volksmasse die Waffenkammer plündern, die Wachsoldaten unternahmen nichts. Nun hatte die Menge reichlich Waffen: allein 32 000 Gewehre, dazu sogar Kanonen, aber kein Pulver. In den Kellergewölben des Gefängnisses, der **Bastille**, wurde Schießpulver vermutet. Zugleich war das riesige Bauwerk in den Augen der Pariser Bürger eine Bedrohung und ein Symbol für die Macht des Königs. Nach einem kurzen Angriff der Volksmassen entschied der Kommandant der Bastille, sich zu ergeben. Das Volk stürmte die Bastille und konnte sämtliche Gefangene – es waren sieben Personen – befreien. Der Kommandant und ein Wachsoldat wurden getötet. Ihre aufgespießten Köpfe trug die jubelnde Menge durch die Stadt.

Aufstände in Stadt und Land
Die Wirkung dieses Ereignisses war unglaublich: Eine unorganisierte Menge von etwa 950 Personen schaffte es, eine der mächtigsten Festungen des Landes in weniger als einer Stunde zu erobern. Für die kaum noch vorhandene Macht des Königs war dies tödlich. Kaum einer der Verteidiger schritt ernsthaft ein. Am Stadtrand waren starke Truppen stationiert, die ebenfalls nicht eingriffen.
Und so fanden direkt im Anschluss an den 14. Juli zahlreiche Aufstände auf dem Land statt. Bewaffnete Bauern fielen über Klöster und Schlösser her. Mancherorts wurden die Urkunden verbrannt, in denen Steuern und Abgaben festgelegt waren. Diese Ereignisse wirkten wiederum zurück auf die Nationalversammlung: In der Nacht vom 4. zum 5. August 1789 wurden sämtliche Feudalrechte und Privilegien des Adels abgeschafft.
Als König Ludwig XVI. vom Sturm auf die Bastille erfuhr, rief er aus: „Das ist ja eine Revolte!" Ein Herzog widersprach ihm: „Nein, Sire, das ist eine **Revolution**!"

Die Französische Revolution

M 2 Die Bastille ist genommen
Der englische Arzt Dr. Edward Rigby beschreibt in einem Brief die Ereignisse:

Auf einen Schlag brach der tollste Jubel los; jede erdenkliche Art, in der sich die entzücktesten Frohgefühle äußern können, waren allenthalben zu sehen und zu hören. Rufe und Schreie, Springen und Umarmen, Lachen und Weinen, jeder Ton und jede Geste, nicht ausgeschlossen Äußerungen, die nervösen und hysterischen Zuständen nahe kamen, offenbarten in der bunt durcheinandergemischten Menge ein so augenblickliches und einstimmiges Aufwallen äußerster Freude, wie es, sollte ich meinen, nie zuvor von Menschenkindern erlebt worden ist. Wir wurden als Engländer erkannt; wir wurden umarmt als freie Männer, „denn die Franzosen", sagten sie, „sind jetzt ebenso gut frei als ihr; künftig sind wir keine Feinde mehr, wir sind Brüder, und nie mehr soll ein Krieg uns trennen." Wir wurden von der allgemeinen Begeisterung angesteckt, wir stimmten in die frohen Freiheitsrufe ein.

Ulrich Friedrich Müller (Hrsg.), Die Französische Revolution 1789-1799. Ein Lesebuch, München 1988, S. 49

M 3 Über den Verlust adliger Privilegien
Der Marquis de Ferrières ist Abgeordneter des Adels in den Generalständen und schreibt am 7. August 1789, drei Tage nach der Abschaffung der Privilegien, einen Brief an seinen Kollegen, den Chevalier de Rebreuil:

Die unglücklichen Umstände, in denen sich der Adel befindet – der allgemeine Aufstand, der von allen Seiten gegen ihn losgebrochen ist – die Provinzen Franche-Comté, Dauphiné, Bourgogne, Elsass, Normandie und Limousin von heftigsten Erschütterungen heimgesucht und zum Teil verwüstet; mehr als 150 Schlösser angezündet; die herrschaftlichen Titel in Raserei verbrannt; die Unmöglichkeit, sich gegen die Revolutionsflut zu widersetzen; Umstände, die einen Widerstand unnütz machten; der Ruin des schönsten Königreiches Europas, das eine Beute von Gesetzlosigkeit und Verwüstung wurde.

Wolfgang Kruse, Die Französische Revolution, Paderborn 2005, S. 50

M 4 „Nacht vom 4. auf den 5. August 1789 oder patriotischer Wahn"
Kupferstich, unbekannter Zeichner, 1789
Die abgebildeten Bauern prügeln mit ihren Dreschflegeln auf Rüstungen, Bischofsmützen, edle Gewänder, Standesabzeichen und Waffen ein.

---

1. *Die Erstürmung der Bastille dauerte nur eine Stunde. Sieben Gefangene wurden befreit, es gab nur wenige Todesopfer. Erkläre, warum dieses Ereignis trotzdem so bedeutend war, dass Frankreich bis heute am 14. Juli seinen Nationalfeiertag begeht (Darstellungstext, M1, M2).*
2. *Viele Historiker behaupten, bei der Französischen Revolution handelt es sich eigentlich um drei Revolutionen. Erkläre, was damit gemeint ist und wie die drei Revolutionen (die erste fand im Ballhaus statt) zusammenwirkten (Darstellungstext, vor allem die letzten Sätze, M2-M4).*
3. *Der Text M3 geht noch weiter: Am Ende seines Briefes schreibt Ferrières, dass er – wie auch die anderen Abgeordneten des Ersten und Zweiten Standes – der Abschaffung ihrer Privilegien zugestimmt hat. Erkläre, warum dies geschah (Darstellungstext, M3, M4).*

---

11. Juli 1789: Entlassung des Ministers Necker
14. Juli 1789: Sturm auf die Bastille
4./5. August 1789: Abschaffung der Feudalrechte und Privilegien

3 Freiheit, Gleichheit, Brüderlichkeit – für alle?

M 1 Das „Fest der Föderation" 1790 Ölgemälde, Künstler unbekannt, um 1790
Marie-Joseph de Lafayette, Politiker und Kommandant der Nationalgarde, legt am 14. Juni 1790 als erster Bürger den „Bürgereid" ab. Er wird später durch den Eid auf die Verfassung ersetzt. Diese ist aber 1790 noch nicht fertig ausgearbeitet. Mit vielen Stilmitteln betont der Künstler die Bedeutung des Augenblicks.

Drei Ziele, drei Farben

„Freiheit", „Gleichheit" und „Brüderlichkeit" – mit diesen drei Begriffen verbindet man die Ziele der Französischen Revolution. Bis heute sind sie im Staatswappen Frankreichs als Devise zu finden. Auch die drei Farben der Flagge (Trikolore) stehen für diese drei Tugenden. Aber haben die Revolutionäre ihre Ziele wirklich erreicht?

Die Revolution nimmt Fahrt auf

Die Jahre 1789 und 1790 gelten als die „Aufbaujahre" der Französischen Revolution: Die Nationalversammlung arbeitete sehr effektiv. Gute Ernten in den beiden Jahren sorgten dafür, dass die Bevölkerung weniger gewalttätig war als zuvor. Das schon im Ballhaus ausgesprochene, große Ziel einer Verfassung wurde zwar vorerst noch nicht erreicht. Aber immerhin wurde ein großer Schritt in diese Richtung getan: Die Erklärung der **Menschen- und Bürgerrechte** am 26. August 1789 gesteht allen Franzosen gleiche und stets gültige Rechte und Freiheiten zu.

Zur gleichen Zeit versuchte man, neben Freiheit und Gleichheit auch Einheitlichkeit zu schaffen: Frankreich wurde in 83 möglichst gleichartige Départements eingeteilt. Französisch wurde zur einzigen Nationalsprache – zuvor sprach man es nur in 15 Départements ausschließlich! Maße und Gewichte wurden vereinheitlicht und das Zehnersystem (Dezimalsystem) eingeführt – auch wenn es die Franzosen bei Zahlen zwischen 80 und 99 bis heute nicht verwenden. All diese Maßnahmen der revolutionären Regierung schufen eine französische **Nation**.

Frankreich erhält eine Verfassung

Am 3. September 1791 war es soweit: Die vor zwei Jahren versprochene Verfassung trat in Kraft. Von nun an durfte der König nur noch im Rahmen der dort aufgeschriebenen Rechte herrschen. Frankreich war jetzt eine **konstitutionelle Monarchie**. Die Macht ging vom Volk aus, genauer: von den Aktivbürgern. Das waren diejenigen Franzosen, die mehr als eine festgesetzte Summe Steuern bezahlten. Sie durften wählen, während dies allen Frauen und den Passivbürgern (etwa 40 Prozent aller französischen Männer!) verwehrt blieb. Wirklich politisch aktiv waren aber nur die Wahlmänner. Sie wurden von den Aktivbürgern gewählt und mussten eine doppelt so hohe Steuersumme aufweisen, also sehr wohlhabend sein. Wenn das Recht zu wählen vom Vermögen abhängt, nennt man dies **Zensuswahlrecht**.

Die Vorrechte der katholischen Kirche (des Klerus) waren mit der Verfassung endgültig abgeschafft. Von nun an war nur noch die auf dem Rathaus geschlossene Zivilehe gültig. Alle Priester mussten einen Eid auf die Verfassung ablegen. Vor allem im Westen und Süden Frankreichs taten viele dies nicht. Die sogenannten „Eid verweigernden Priester" wurden zu einer einflussreichen Gegenbewegung zur Revolution.

Die Französische Revolution

M 2 Erklärung der Menschen- und Bürgerrechte
Gemälde von Jean-Jacques-François Le Barbier, 1790
Oben in der Mitte das „Auge Gottes". Der Engel rechts zeigt mit einer Hand darauf, mit der anderen auf den Text. Die Figur links symbolisiert die Nation. Die rote „Jakobinermütze" in der Mitte steht für die Befreiung.

M 3 Menschen- und Bürgerrechte

Aus den „natürlichen, unveräußerlichen und geheiligten" Menschen- und Bürgerrechten (1789)

1. Die Menschen werden frei und gleich an Rechten geboren und bleiben es. Die gesellschaftlichen Unterschiede können nur mit dem allgemeinen Nutzen begründet werden.
2. Der Zweck jedes Staates ist die Erhaltung der natürlichen und unverlierbaren Menschenrechte. Diese Rechte sind Freiheit, Eigentum, Sicherheit und Widerstand gegen Unterdrückung.
3. Der Ursprung jeder Herrschaft liegt beim Volk.
4. Die Freiheit besteht darin, alles tun zu können, was einem anderen nicht schadet. Die Grenzen der Freiheit werden nur durch Gesetz bestimmt.
5. Das Gesetz darf nur die Handlungen verbieten, die der Gesellschaft schaden. Nur das, was das Gesetz verbietet, kann untersagt werden. Niemand kann zu etwas gezwungen werden, das das Gesetz nicht vorschreibt.
6. Das Gesetz ist Ausdruck des allgemeinen Willens. Alle Bürger haben das Recht, an seiner Gestaltung persönlich oder durch Vertreter mitzuwirken. Für alle Bürger soll das gleiche Gesetz gelten, mag es beschützen oder bestrafen.
7. Niemand darf – außer in den durch das Gesetz bestimmten Fällen – angeklagt, verhaftet oder gefangen gehalten werden.
10. Niemand darf wegen seiner Ansichten [...] bedrängt werden, wenn ihre Äußerung nicht die durch Gesetz festgelegte öffentliche Ordnung stört.
11. Die freie Mitteilung der Gedanken und Ansichten ist eines der kostbarsten Menschenrechte. Daher kann jeder Bürger frei sprechen, schreiben, drucken, mit dem Vorbehalt, dass er verantwortlich für den Missbrauch dieses Rechts ist.

Nach: Günther Franz, Staatsverfassungen, München ²1964, S. 303 f. (gekürzt und verändert)

Internettipp:
Die Verfassung von 1791 findest du unter 31042-17

M 4 Die Verfassung von 1791

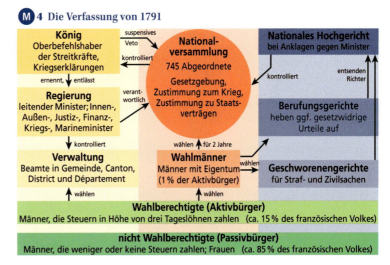

---

1. Das Bild M1 soll die Einigkeit des Französischen Volkes darstellen. Erläutere, woran man dies erkennen kann (M1, Darstellungstext).
2. Begründe, welche drei Menschen- und Bürgerrechte für dich am wichtigsten sind (M3).
3. Betrachte das Bild M2. Erkläre, wie die Bildelemente mit dem Inhalt der Menschen- und Bürgerrechte in Zusammenhang stehen (M2, M3).
4. Beurteile, ob durch die Verfassung die Ziele Freiheit, Gleichheit und Brüderlichkeit wirklich umgesetzt wurden (Darstellungstext, M4).

- 26. August 1789: Erklärung der Menschen- und Bürgerrechte
- 3. September 1791: Verfassung tritt in Kraft

3 Der König ist tot …

M 1 Hinrichtung König Ludwigs XVI. am 21. Januar 1793
Kupferstich, 1793
Die Hinrichtung des Königs mit dem Fallbeil fand auf einem Platz in Paris vor großem Publikum statt. Zwei Jahre zuvor war Frankreich eine konstitutionelle Monarchie geworden. Viele fragten sich, warum der König nun so hart bestraft wurde.

Info: Geschichtsort
König Ludwig XVI. ließ diesen Teil von Paris zu einem repräsentativen Platz ausbauen und 1763 ein Reiterstandbild seines Großvaters Ludwig XV. aufstellen. – 1772 war der Platz fertig und wurde *Place Louis XV* genannt. – Am 11. August 1792 wurde die Königsstatue gestürzt und eingeschmolzen, der Platz in *Place de la Revolution* umbenannt. – In der Revolution wurden hier 1119 Personen mit der Guillotine hingerichtet. – Im August 1793 wurde auf dem Sockel des ehemaligen Ludwig-Denkmals eine Freiheitsstatue aufgestellt. – 1795 wurde der Platz *Place de la Concorde* (Platz der Einigkeit) genannt. 1826 erfolgte eine erneute Umbenennung in *Place Louis XVI*. Seit 1830 heißt er wieder *Place de la Concorde*.

Welches Urteil erwartet Ludwig XVI.?

„Einen König wie einen Bürger verurteilen! Diese Forderung wird die Nachwelt vor Staunen erstarren lassen!" So fasste der junge Politiker Louis Antoine de St. Just zusammen, was viele Mitglieder der Nationalversammlung – sie nannte sich mittlerweile Konvent – in der Debatte vom 13. November 1792 dachten. Doch warum soll Ludwig XVI. verurteilt werden? Und welches Urteil erwartet ihn?

Der König – ein Verräter?

Bereits von Beginn der Revolution an machte sich Ludwig XVI. verdächtig. Zwar erkannte er die Nationalversammlung im Ballhaus an, ließ aber zugleich Truppen aufmarschieren. Am 21. Juni 1791 versuchte er unerkannt aus Frankreich zu fliehen, am Grenzort Varennes erkannte ihn aber der dortige Postmeister. Der König wurde von der Nationalgarde zurück nach Paris gebracht. Unvorsichtigerweise hatte er ein Schreiben bei sich, in dem seine Pläne schwarz auf weiß standen: Er wollte sich mit der österreichischen Armee verbünden, in Paris einmarschieren, den Konvent auflösen und wieder als absoluter König herrschen. Doch Ludwig hatte Glück: Noch waren genügend Franzosen für eine Fortführung der konstitutionellen Monarchie, ihm geschah vorerst nichts.

Die Revolution verschärft sich

Im Juli 1792 wurden die Zeiten rauer: Truppen Österreichs und Preußens marschierten in Frankreich ein. Die französische Armee erlitt Niederlagen, viele der adligen Offiziere liefen zum Feind über.
Am 10. August stürmten Pariser Bürger das Stadtschloss des Königs, die Tuilerien. Die königliche Familie wurde danach im sogenannten Temple gefangen gehalten. Im September wurden über 1 000 Gefangene hingerichtet, darunter viele Priester.
Am 21. September siegte die französischen Armee in Valmy ganz überraschend gegen die überlegenen Preußen. Nun waren sich die Revolutionäre ihrer Macht bewusst. Von diesem Moment an rückten die Franzosen in andere Länder vor, zuerst nach Belgien. Im Oktober 1792 erreichte die Revolutionsarmee Mainz.
Einen Tag nach dem Sieg in Valmy erklärte man König Ludwig für abgesetzt – Frankreich war jetzt eine **Republik**. Wegen seiner Kontakte zu Frankreichs Gegnern wurde dem König nun doch der Prozess gemacht. Mit erstaunlich knappem Ergebnis (387 zu 334 Stimmen) verurteilte der Konvent Ludwig XVI. zum Tode. Am 21. Januar 1793 wurde der nun „Bürger Capet" genannte König mitten in Paris hingerichtet. Neun Monate später ereilte seine Frau, Marie Antoinette, das gleiche Schicksal.

Republik

Die Französische Revolution

M 2 Das Manifest des Herzogs von Braunschweig
Französische Karikatur, 1792
Der Herzog von Braunschweig hat als Kommandant der gegnerischen Armeen einen Aufruf an die Franzosen verfasst, in dem er ihnen mit schlimmen Folgen droht, sollten sie den König nicht ab sofort wieder anerkennen und respektvoll behandeln. Doch statt der erhofften Einschüchterung hatte das Papier einen ganz anderen Effekt.

M 3 Ludwig XVI. beklagt sich
Am 12. August schreibt der König einen Brief an seinen Bruder. Er hat ihn, in einem Stück Brot versteckt, einem seiner treuen Boten übergeben. Der Brief wird an der Grenze trotzdem entdeckt und erreicht nie den Bruder des Königs.

Mein Bruder, ich bin nicht mehr König; die Kundmachung wird Ihnen die grausamste Katastrophe mitteilen. – Ich bin der unglücklichste Gatte und Vater – ich bin das Opfer meiner Güte, der
5 Furcht, der Hoffnung. Man hat mir alles genommen; man hat meine Getreuen ermordet. Man hat mich mit List aus meinem Palast entführt und man klagt mich an! Ich bin Gefangener, man wirft mich ins Gefängnis. Die Königin und meine
10 Kinder teilen mein trauriges Schicksal. Ich kann nicht mehr daran zweifeln: Die Franzosen haben sich gegen mich einnehmen lassen, ich bin für sie ein Ziel des Hasses. – Nun ist noch der grausamste Schlag auszuhalten. Mein Bruder, bald werde
15 ich nicht mehr sein. Denken Sie daran, mein Andenken zu rächen, indem Sie veröffentlichen, wie sehr ich dieses undankbare Volk geliebt habe. Erinnern Sie es an all sein Unrecht und sagen Sie ihm, dass ich ihm vergeben habe. Leben Sie wohl,
20 mein Bruder, zum letzten Mal.

Gustav Landauer (Hrsg.), Briefe aus der Französischen Revolution, ausgew. und übersetzt von G. Landauer, Frankfurt a. M. 1919, Bd. 1, S. 452 f. (leicht gekürzt und vereinfacht)

M 4 Die Französische Nationalhymne
Das Lied wird im April 1792 als „Kriegsgesang der Rheinarmee" von Hauptmann Rouget de Lisle gedichtet und komponiert. Bekannt wird es, als Kriegsfreiwillige aus Marseille es in Paris singen.

Auf, Kinder des Vaterlands!
Der Tag des Ruhmes ist angebrochen.
Gegen uns hat die Tyrannei
ihr blutiges Banner erhoben.
5 Hört ihr in den Landen
diese grausamen Soldaten brüllen?
Sie rücken uns auf den Leib,
wollen eure Söhne, eure Freunde köpfen!
Zu den Waffen, Bürger!
10 Schließt eure Reihen!
Wir marschieren, wir marschieren,
bis unreines Blut unsere Felder tränkt!

Nationalhymnen. Texte und Melodien, Stuttgart ¹²2007, S. 50 f. (übersetzt von Markus Benzinger)

Internettipp:
Eine Beschreibung der wichtigsten Ereignisse der Französischen Revolution findest du unter 31042-18

---

1. Fasse zusammen, wie Frankreich zur Republik wurde (Darstellungstext, M1).
2. Im Sommer 1792 ist die Revolution bedroht. Erläutere, wie die Revolutionäre mit der Bedrohung umgehen (Darstellung, M2, M4).
3. Wurde Ludwig XVI. eurer Meinung nach zu Recht hingerichtet? Bildet zwei Gruppen: Eine klagt den König an, die andere verteidigt ihn. Zuvor müsst ihr einige Mitschüler als unabhängige Richter bestimmen. Sie müssen am Schluss entscheiden, was mit dem König geschehen soll (Darstellungstext, M3, M4).
4. Die Marseillaise (M4) ist bis heute die Französische Nationalhymne – trotz ihres gewalttätigen Inhalts. Erkläre: Was ist den Franzosen offenbar bis heute wichtig?

3 Terror!

M 1 Schrecken der Revolution
Radierung von 1794
In vielen Regionen Frankreichs war die Bevölkerung mit der Unterdrückung der Kirche und dem Sturz des Königs keineswegs einverstanden. Der Konvent schickte Truppen, um Gegner der Revolution aufzuspüren. In Nantes wurde ein grausames Massaker angerichtet: Im Winter 1793/94 wurden 4 800 Menschen in der Loire ertränkt.

Die Revolution und ihre Feinde
Das Ziel der Revolution sei, so der Politiker Maximilien Robespierre
- die Republik zu begründen,
- alle „guten Bürger" zu schützen und
- die „Feinde des Volkes" zu vernichten.

Zwar gab es ab 1793 eine Republik, doch die beiden anderen Ziele waren offenbar auch im fünften Jahr der Revolution noch nicht erreicht worden.

Sansculotten und Jakobiner
Ein Revolutionär von 1789 hätte sich 1793 vermutlich nicht mehr ausgekannt: Zwar war die Revolution noch im Gang, aber doch war alles ganz neu. Von Anfang an waren die Pariser Unterschichten – Handwerker, Tagelöhner und Arme – an den revolutionären Ereignissen beteiligt. Nun verlangten sie auch politische Macht. Sie vereinigten sich unter dem Namen **Sansculotten**, das bedeutet wörtlich „ohne Hosen". Tatsächlich hatten sie die längsten Hosen, denn gemeint waren die kurzen Bundhosen (*culottes*) der reichen Bürger und Adligen.

Dass die Sansculotten an Einfluss gewannen, lag an der politisch führenden Gruppe im Konvent: dem Klub der **Jakobiner**. Diese Partei wollte im Namen der Revolution alles umgestalten. Sie führte die allgemeine Wehrpflicht ein. Auch eine neue Verfassung wurde erarbeitet, die keinen Zensus mehr vorsah. Nun galt das **allgemeine Wahlrecht** – wenn auch nur für Männer. Es folgten die Einführung eines neuen Kalenders (der 22. September 1793 ist „Tag 1 des Jahres I"; ein Monat hat drei Wochen mit je 10 Tagen, die Monate tragen neue Namen), einer neuen Zeitrechnung (ein Tag hat 10 Stunden zu 100 Minuten) und die gänzliche Abschaffung des Christentums. Der Staat feierte nun ein „Fest des höchsten Wesens".

Die Zeit der Guillotine
Weniger andächtig, aber ebenso neuartig waren auch die Praktiken in der Politik. Zwar waren die äußeren Feinde der Revolution nun auf Distanz und die aufständischen Städte Lyon und Toulon mit extremer Gewalt zurückerobert. Trotzdem drängte der radikale Teil der Jakobiner unter Führung Robespierres, die Revolution nun im Eiltempo durchzusetzen. Das bedeutete eine Diktatur des „Wohlfahrtsausschusses", einer Gruppe innerhalb des Konvents, die von Robespierre und seinen Getreuen beherrscht wurde. So wurden alle echten und vermeintlichen Gegner, auch ehemalige Parteifreunde wie Georges Danton, unter der Guillotine hingerichtet. Ab Dezember 1793 spricht man daher von der Zeit der **Schreckensherrschaft** („Terreur"), im Juni und Juli 1794 sogar von „Grande Terreur".

Am 10. Thermidor II (28. Juli 1794) waren die noch lebenden politischen Gegner der Jakobiner doch stärker: Robespierre und weitere 92 Männer wurden mit der Guillotine enthauptet.

Die Französische Revolution

M 2 Robespierre als Henker des Henkers
Radierung eines unbekannten Künstlers, Ende 1794
Die Guillotine entwickelte sich zum Kennzeichen des Terrors. Sie wurde seit Frühjahr 1792 eingesetzt und ist nach dem Arzt Joseph Ignace Guillotin benannt.
Zum Bild: Die Blätter unten rechts symbolisieren die Verfassungen von 1791 und 1793. Auf dem Schafott liegt ein Henker. Die Inschrift auf der Grabpyramide lautet „Hier ruht ganz Frankreich".

M 3 Terror und Tugend
Robespierre spricht in der Rede „Über die Prinzipien der politischen Moral" vom Stand der Revolution. Das Prinzip des „Terrors" verteidigt er so:
In der gegenwärtigen Situation muss der oberste Grundsatz der Politik lauten: dem Volk gegenüber Vernunft, den Feinden des Volkes Terror! Wenn die Aufgabe der Regierung im Frieden die
5 Tugend ist, so ist die Triebkraft der Regierung in der Revolution die Tugend und der Terror. Ohne Tugend ist der Terror verheerend, und die Tugend ist ohne den Terror machtlos. Der Terror ist nichts anderes als ein schnelles, strenges und un-
10 erbittliches Gericht, also eine Erweiterung der Tugend. Bezwingt die Feinde der Freiheit durch Terror und ihr habt Recht, denn ihr seid die Gründer der Republik. Die Revolutionsregierung ist die Gewaltherrschaft der Freiheit gegen die Tyrannei.
Wolfgang Lautemann (Hrsg.), Geschichte in Quellen, Bd. 4, München 1981, S. 393 (leicht vereinfacht und gekürzt)

M 4 Was ist ein Sansculotte?
Im April 1793 ist der Streit zwischen Sansculotten und den mit ihnen verfeindeten Girondisten auf dem Höhepunkt. Ein radikaler Journalist schreibt:
Ein Sansculotte, Ihr Herren Schufte? Das ist einer, der immer zu Fuß geht, der keine Millionen besitzt, wie Ihr sie alle gern hättet, keine Schlösser, keine Lakaien zu seiner Bedienung, und der mit
5 seiner Frau und seinen Kindern, wenn er welche hat, ganz schlicht im vierten oder fünften Stock wohnt.
Er ist nützlich, denn er versteht ein Feld zu pflügen, zu schmieden, zu sägen, zu feilen, ein Dach
10 zu decken, Schuhe zu machen und bis zum letzten Tropfen sein Blut für das Wohl der Republik zu vergießen.
Und da er arbeitet, kann man sicher sein, weder im Café auf ihn zu stoßen, noch in den Spielhöl-
15 len, wo man eine Verschwörung anzettelt [...].
Übrigens: Ein Sansculotte hat immer seinen Säbel blank, um allen Feinden der Revolution die Ohren abzuschneiden. Manchmal geht er mit seiner Pike ruhig seiner Wege; aber beim ersten Trommel-
20 schlag sieht man ihn nach der Vendée eilen, zur Alpenarmee oder zur Nordarmee.
Ulrich Friedrich Müller (Hrsg.), Die Französische Revolution 1789-1799. Ein Lesebuch, München 1988, S. 234

M 5 Revolutionsuhren ticken anders
Taschenuhr aus dem Jahr 1794
Beachte die Zahl der Stunden und Minuten!

---

1. Stelle dar, woran erkennbar wird, dass die Jakobiner das gesamte Land nachhaltig verändern wollten (Darstellungstext, M5).
2. Erkläre den Begriff „Terreur" in einem kurzen Lexikonartikel (Darstellungstext, M1-M3).
3. Erkläre, warum in der Phase der Jakobinerherrschaft zugleich die Sansculotten am meisten Einfluss haben (Darstellungstext, M4).
4. Stell dir vor, du könntest die Terrorherrschaft verhindern, indem du eine Rede schreibst, die auf Robespierres Rede (M3) antwortet. Gestalte eine solche Rede (Darstellung, M1, M4).

- 23. August 1793: Einführung der allgemeinen Wehrpflicht
- 5. Oktober 1793: Einführung des neuen Kalenders
- 8. Juni 1794: Fest des „Höchsten Wesens"
- 27. Juli 1794: Hinrichtung Robespierres

Terrorherrschaft — „Grande Terreur"

1793 — 1794 — 1795

1 Jetzt forschen wir selbst!

Frauen in der Revolution

Mit der Französische Revolution wurde vieles infrage gestellt, was zuvor galt: die absolute Herrschaft eines Königs, die festgefügte Ständeordnung und die Rechtlosigkeit der Untertanen. Daher machten sich nun viele Frauen Hoffnung, dass auch die Ordnung der Geschlechter verändert wird. Durch die in der Aufklärung wurzelnden Prinzipien von Naturrecht und Vernunft konnte schwerlich etwas gegen die Gleichberechtigung der Frauen gesagt werden. Daher nahmen viele Frauen aktiv an der Revolution teil, auf der Straße ebenso wie in Klubs und Parlamenten. Mit welchem Ergebnis?

Vorschläge für Forschungsthemen
Thema 1: Stelle ein Referat zum Thema „Frauen in der Französischen Revolution" zusammen.
Thema 2: Gnade für die Königin? Stell dir vor, du bist als Anwalt vor dem Tribunal, das über Marie Antoinette urteilen soll.

Beschreiben
Thema 1: *Sammelt* möglichst viele Informationen über Olympe de Gouge, Marianne und Marie Antoinette.
Thema 2: *Beschreibt* das Bild von Marie Antoinette in der Öffentlichkeit vor der Revolution.

Untersuchen
Thema 1: *Untersucht*, welche gesellschaftlichen Rollen eine Frau in der Revolution haben konnte.
Thema 2: *Findet* heraus, warum Marie Antoinette in Frankreich relativ unbeliebt war.

Einordnen
Thema 1: *Vergleicht* die unterschiedlichen „Typen" von Frauen in der Revolution.
Thema 2: *Überprüft*, wie gerecht das vernichtende Urteil der meisten Franzosen über Marie Antoinette gewesen ist.

Präsentieren
Thema 1: *Erstellt ein Schaubild*, das bildliche und textliche Elemente enthält. Es soll einen Überblick über Frauenrollen in der Französischen Revolution bieten.
Thema 2: *Teilt eure Klasse in Verteidiger und Ankläger ein. Erstellt* in diesen Gruppen *ein Plädoyer* (= Gerichtsrede). *Gerichtsverhandlung:* Ein vorher bestimmter Richter muss aufgrund eurer Plädoyers ein Urteil fällen.

M 1 Zug der Pariser Marktfrauen nach Versailles, Oktober 1789
Zeichnung von 1789, Bibliothèque nationale, Paris
Von Beginn der Revolution an waren Frauen maßgeblich an allen wichtigen Ereignissen in Paris beteiligt.

M 2 Büste der Marianne
Gips, bemalt, 2. Hälfte 19. Jh.
Die Marianne gilt als sinnbildliche Verkörperung (Allegorie) Frankreichs. Sie begegnet uns als Denkmal, auf Münzen und Briefmarken und auch auf Plakaten und Karikaturen. Büsten wie diese kann man in jedem französischen Rathaus finden. Die Marianne trägt die phrygische Mütze der Jakobiner.

M 3 Frau und Bürgerin
Olympe de Gouge (1750-1793) ist Schriftstellerin und nennt sich „Revolutionärin". 1791 veröffentlicht sie die Streitschrift „Erklärung der Rechte der Frau und Bürgerin". 1793 wird sie wegen angeblicher Unterstützung Ludwigs XVI. hingerichtet.

Art. I: Die Frau wird frei geboren und bleibt dem Manne ebenbürtig in allen Rechten. Unterschiede im Bereich der Gesellschaft können nur im Gemeinwohl begründet sein.
Art. II: Ziel und Zweck jedes politischen Zusammenschlusses ist die Wahrung der natürlichen und unverjährbaren Rechte von Frau und Mann, als da sind: Freiheit, Eigentum, Sicherheit und insbesondere das Recht auf Widerstand gegen Unterdrückung.
Art. X: Niemand darf wegen seiner Meinung, selbst in Fragen grundsätzlicher Natur, Nachteile erleiden. Die Frau hat das Recht, das Schafott zu besteigen, gleichermaßen muss ihr das Recht zugestanden werden, eine Rednertribüne zu besteigen.

Nach: Gerd Becher und Elmar Treptow, Die gerechte Ordnung der Gesellschaft. Texte vom Altertum bis zur Gegenwart, Frankfurt a. M. 2000, S. 169 ff.

Frauen in der Revolution

M 4 Marie Antoinette, Königin von Frankreich
Gemälde von Louise Élisabeth Vigée le Brun, 1778, 273 x 193 cm, Kunsthistorisches Museum, Wien

M 5 „Club patriotischer Frauen in einer Kirche"
Aquarellierte Federzeichnung von M. Cherieux, 1793
Diese Karikatur eines männlichen Grafikers zeichnet politisch aktive Frauen wild, bedrohlich und zügellos.

M 6 Marie Antoinette, die ungeliebte Fremde

Bis heute steht die französische Königin Marie Antoinette (1755 - 1793) sinnbildlich für Verschwendung und verantwortungslose Genusssucht. Und für diese Vorwürfe gibt es einerseits auch handfeste Gründe. Tatsächlich gab die Ehefrau Ludwigs XVI. Unsummen für Kleidung, Schmuck und Perücken aus. Zudem verlor sie oftmals viel Geld beim Kartenspiel. Im Park ihres Schlosses Trianon ließ sie künstlich verfallene Bauernhäuser aufbauen und spielte zu einer Zeit, in der die meisten Bauern Not litten, das „Landleben" zu ihrem Vergnügen nach. Berühmt wurde der Ausspruch: „Wenn das Volk kein Brot hat, soll es eben Kuchen essen" – den sie wahrscheinlich aber nie gemacht hat.

Genau dieses Beispiel zeigt andererseits das Problem, das Marie Antoinette in Frankreich von Beginn an hatte: Schon als die österreichische Prinzessin 1770 nach Frankreich kam, gab es wegen eines Unfalls bei ihrer Hochzeit 139 Tote.

„L'Autrichienne", die Österreicherin, blieb Zeit ihres Lebens ihr Schimpfname (bei nur geringfügig anderer Betonung wird daraus „L' autre chienne" – die andere Hündin). Und oftmals wurde sie zu Unrecht oder in übertriebener Weise kritisiert. Als sie sich zum Beispiel wegen des Vorwurfs, sie kleide sich übertrieben luxuriös, in einem einfachen Kleid malen ließ, entrüsteten sich die Seidenweber gegen sie. Lud sie nur wenige Leute zu den üppigen Hoffesten ein, machte sie sich die Nichteingeladenen zu Feinden.

Auch den Jakobinern war die Königin ein Dorn im Auge. Sie verkörperte all das, was den (nach eigener Ansicht) aufgeklärten Vertretern des Dritten Standes zuwider war. Erstaunlicherweise fand sich aber kaum ein „Verbrechen", weswegen man sie hätte verurteilen können. Sie hatte zwar Kontakt zu den gegnerischen Armeen, vor allem derjenigen Österreichs. Aber ihr Todesurteil wurde anders begründet: Im Mittelpunkt stand ihre angebliche charakterliche Fehlerhaftigkeit. Sie sei, so begründete das Tribunal, eine schlechte Mutter und ein schlechter Mensch. Somit sei sie in jeder Hinsicht eine Gegnerin der Revolution, und deshalb verdiene die „Witwe Capet", wie sie nun genannt wurde, den Tod. Sie wurde neun Monate nach ihrem Mann hingerichtet.

Eigenbeitrag Markus Benzinger

			• 6.10.1789: Zug der Marktfrauen nach Versailles	• September 1791: Erklärung der Rechte der Frau und Bürgerin veröffentlicht
Marie Antoinette	*2. November 1755 in Wien	†16. Oktober 1793 in Paris (hingerichtet)		
Olympe de Gouges	*7. Mai 1748 in Montauban	†3. November 1793 in Paris (hingerichtet)		
1750	1760	1770	1780	1790	1800

Revolution – auch in deutschen Landen?

M 1 Die Mainzer Republik
Plakat des Mainzer Jakobinerklubs, 1793
Die Bedeutung der abgebildeten Gegenstände hast du auf den vorangegangenen Seiten kennengelernt.

Eroberung oder Befreiung?
„Eine Nation, die als erste allen Völkern der Welt das Beispiel gegeben hat, ihre Rechte zu ergreifen, bietet euch Brüderlichkeit und Freiheit." Diese Worte finden sich in der Bekanntmachung, die der französische General de Custine nach der Besetzung der Stadt Mainz am 23. Oktober 1792 aushängen ließ. Spricht so ein Eroberer?

Die Revolution wird „exportiert"
Diese Vorgehensweise der Armee wurde nur wenig später offiziell bestätigt. Am 19. November 1792 erklärte der Konvent, dass die französische Nation allen Völkern dabei hilft, ihre Freiheit (wieder) zu gewinnen. Das konnte zweierlei bedeuten: Entweder ist Frankreich dabei behilflich, wenn Menschen in anderen Gebieten eine eigene Republik gründen wollen, oder die betreffenden Gebiete schließen sich einfach dem französischen Staat an.
Beide Ideen wurden auch in Teilen „Deutschlands" heiß diskutiert. Das Wort „Deutschland" steht hier in Anführungszeichen, denn zu dieser Zeit gab es noch nicht – wie heute – einen einheitlichen deutschen Staat. Vielmehr erstreckte sich über die deutschsprachigen Gebiete damals das **Heilige Römische Reich** deutscher Nation, ein Verbund aus einigen großen und Hunderten kleiner und kleinster Einzelstaaten.
Den gebildeten, aufgeklärten Bewohnern war diese Kleinstaaterei und das eigenmächtige Verhalten der Fürsten seit Langem lästig. Und so träumten vor allem im Süden und Westen des Reiches viele von der Revolution und einer Republik nach französischem Vorbild.

Die Mainzer Republik
Zumeist erschöpfte sich der Wunsch nach Umgestaltung in einzelnen Aufständen, etwa in Baden und der Pfalz. In einigen Städten wurden auch – letztlich machtlose – Jakobinerklubs gegründet.
Eine Ausnahme stellte die bereits erwähnte Stadt Mainz dar. Hier entstand tatsächlich, wenn auch nur für kurze Zeit, eine eigenständige **Mainzer Republik**. Schon ein Tag nach der Einnahme durch französische Revolutionstruppen wurde auch hier ein Jakobinerklub gegründet.
Der Konvent nahm starken Einfluss auf die Mainzer Jakobiner. Gesandte aus Paris ließen die Mainzer einen Rheinisch-Deutschen Nationalkonvent wählen. Am 18. März 1793 wurde der „Rheinisch-Deutsche Freistaat" ausgerufen, der etwa das südöstliche Drittel des heutigen Rheinland-Pfalz umfasste. Drei Tage später beschloss man den Anschluss an das republikanische Frankreich.
Doch dazu kam es nicht, denn wenige Monate später war der Freistaat schon wieder Geschichte: Die Franzosen plünderten die Gebiete aus. Außerdem wurde die Region von Westen her zurückerobert. Somit gab es – im Gegensatz zur Batavischen Republik in den heutigen Niederlanden, der Cisalpinischen Republik in Norditalien und der Helvetischen Republik in der Schweiz – nie eine französische „Tochterrepublik" auf deutschem Boden. Trotzdem: Die wenigen Monate der Mainzer Republik waren der erste Versuch, auf deutschem Boden eine demokratische Staatsordnung zu errichten.

Die Französische Revolution

M 2 Georg Forster fordert den Anschluss der linksrheinischen Gebiete an Frankreich

Im Mainzer Jakobinerklub hält der bekannte Naturforscher Georg Forster am 15. November 1792 eine Rede zum Verhältnis der Mainzer zu den Franzosen:

Es ist wahr, man hat den Deutschen von Jugend an eine Abneigung gegen seinen französischen Nachbarn eingeflößt. Es ist wahr, ihre Sitten, ihre Sprachen, ihre Temperamente sind verschieden
5 [von unseren]. Es ist wahr, als die grausamsten Ungeheuer in Frankreich herrschten, da ließ Ludwig der vierzehnte die Pfalz in Brand stecken. Lasst euch aber nicht irreführen, Mitbürger, durch die Begebenheiten der Vorzeit. Erst vier
10 Jahre alt ist die Freiheit der Fran[zosen], und seht, schon sind sie ein neues, umgeschaffenes Volk. Sie, die Überwinder der Tyrannen, fallen als Brüder in unsere Arme. Sie schützen uns, sie geben uns den rührendsten Beweis ihrer Brüdertreue,
15 indem sie ihre so teuer erkaufte Freiheit mit uns teilen wollen. [...] Mitbürger! Brüder! Die Kraft, die uns so verwandeln konnte, kann auch Fran[zosen] und Mainzer verschmelzen zu einem Volk! Unsere Sprachen sind verschieden – müs-
20 sen es darum auch unsere Begriffe sein? Sind Liberté und Egalité nicht mehr dieselben Kleinode der Menschheit, wenn wir sie „Freiheit" und „Gleichheit" nennen?

Wolfgang Lautemann (Hrsg.), Geschichte in Quellen, Bd. 4, München 1981, S. 472 (leicht gekürzt und vereinfacht)

M 4 „Revolutionsexport"
Frankreich in Europa – 1789 bis 1799
Das revolutionäre Frankreich war für die Fürsten Europas eine Bedrohung. Seit 1792 kämpften sie in wechselnden Bündnissen gegen Frankreich. Die junge Republik siegte immer, eroberte neue Gebiete und beeinflusste Menschen anderer Länder, Republiken zu gründen.

M 3 Tanz um den Freiheitsbaum
Ölgemälde eines unbekannten Künstlers, um 1793
In Frankreich wurden seit 1790 Zehntausende solcher „Freiheitsbäume" gesetzt. Sie symbolisierten die Revolution und ihre Ziele. Der Brauch kam mit den Revolutionsheeren auch in die eroberten Gebiete.

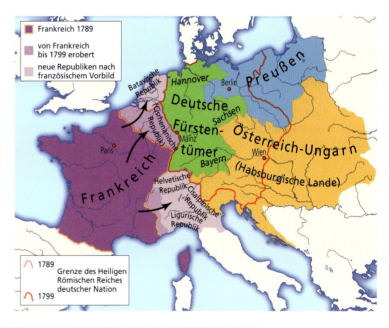

1. Erkläre, warum auch viele Deutsche für eine Republik nach französischem Vorbild waren (Darstellungstext, M1–M4).
2. Stelle dar, warum es dennoch keine umfassende Revolution in den deutschsprachigen Gebieten gab (Darstellungstext, M1, M2, M4).
3. Beurteile, ob es sich bei der „Mainzer Republik" um etwas Neues, oder nur eine Erweiterung des französischen Staatsgebietes handelt (Darstellungstext, M1–M4).
4. Gestalte eine Gegenrede zu Georg Forster (M2), in der du auch Wissen anwendest, das du auf den vorangegangenen Seiten erworben hast (besonders auf den Doppelseiten „Der König ist tot …" und „Terror!").

- **21. Oktober 1792:** Besetzung der Stadt Mainz
- **18. März 1793:** Ausrufung des Rheinisch-Deutschen Freistaates
- **16. Mai 1795:** Gründung der Batavischen Republik (Niederlande)
- **9. Februar 1798:** Entstehung der Helvetischen Republik
- Revolutionskriege (1792–1802)

3 Wie verändert die Revolution die Geschichte?

M 1 „Die Freiheit führt das Volk" Ölgemälde von Eugène Delacroix, 260 x 325 cm, 1830
Das Bild scheint zur Französischen Revolution zu passen. Tatsächlich verherrlicht es aber ein jüngeres Ereignis: 1830 will ein König in Frankreich die alten Machtverhältnisse und die Rechte des Adels wiederherstellen. Die Pariser gehen dagegen auf die Barrikaden – mit Erfolg. Das Bild enthält Motive, die typisch sind für Revolutionen aller Zeiten.

Was bewirkt die Revolution?
„Eine neue unaufhaltsame Schwungkraft" nannte schon 1793 der deutsche Jakobiner und Naturforscher Georg Forster die Französische Revolution. Doch welchen „neuen Schwung" hat die Revolution tatsächlich gebracht? Was hat sich im Laufe der weiteren Geschichte durch sie verändert?

Direkt: Ein „bürgerliches" Zeitalter beginnt
Bereits von Beginn der Revolution an war vielen Menschen in Frankreich und auch im übrigen Europa klar, dass hier etwas völlig Neues geschieht: Vor allem die Herrschenden stellten fest, dass ihre bislang anerkannte Rechtmäßigkeit nun plötzlich angezweifelt wurde. Dass die Könige „von Gottes Gnaden" herrschten, war ab 1789 auf einmal genauso wenig selbstverständlich wie die Privilegien des Adels. Auch die Kirche wurde geschwächt und verlor viel Macht.
Die Herrschaft wurde nun theoretisch vom gesamten Dritten Stand ausgeübt. Praktisch herrschten aber die gebildeten und wohlhabenden Bürger.

Sie durften, sofern sie männlich und einigermaßen vermögend waren, wählen und gewählt werden.
Spätestens mit der Erklärung der Menschen- und Bürgerrechte wurde Frankreich einheitlich regiert und alle Franzosen hatten, zumindest prinzipiell, die selben Rechte. Diese Idee der Einheitlichkeit findet sich auch im metrischen System wieder, das sich vom revolutionären Frankreich aus erfolgreich in anderen Ländern durchgesetzt hat – im Gegensatz zum revolutionären Kalender und der 10-Stunden-Uhr.

Langfristig: Demokratie und Terror
Auch spätere Entwicklungen und Ereignisse haben ihren Ursprung in der Französischen Revolution:
Zum einen ist sie das Vorbild der meisten folgenden Revolutionen (1830 in Frankreich, 1848 in Deutschland, 1917 in Russland), da sie gezeigt hat, dass man eine als ungerecht empfundene Herrschaft tatsächlich stürzen kann.
Zudem setzt sich die Idee der Nation – alle Menschen, die ein Land bewohnen, sprechen die selbe Sprache und bekennen sich stolz zu ihrem Land – im 19. Jh. durch. Deutliches Erkennungszeichen dieser **Nationalstaaten** ist eine dreifarbige Flagge nach Vorbild der französischen Trikolore.
Die positiven Errungenschaften der Französischen Revolution – festgeschriebene Menschenrechte, eine Verfassung, ein demokratischer Staat – wurden im restlichen Europa nachgeahmt.
Aber auch ihre Schattenseiten – revolutionäre Gewalt und politischer Terror – zeigten 1793/94 zum ersten Mal ihre schreckliche Wirkung. Auch sie waren Begleiter der meisten späteren Revolutionen.

Die Französische Revolution

M 2 Aus dem ersten Versuch einer demokratischen Verfassung für Deutschland

Wie ihr im nächsten Schuljahr noch lernen werdet, gibt es 1848 eine Revolution in Deutschland. In ihrem Verlauf wird auch eine Verfassung erarbeitet. Hier einige wichtige Bestimmungen:

Verfassung des Deutschen Reiches, 28. März 1849:
§ 68: Die Würde des Reichsoberhaupts wird einem der deutschen Fürsten übertragen.
§ 70: Das Reichsoberhaupt führt den Titel: Kaiser der Deutschen.
§ 85: Der Reichstag besteht aus zwei Häusern, dem Staatenhaus und dem Volkshaus.
§ 86: Das Staatenhaus wird gebildet aus Vertretern der deutschen Staaten.
§ 130: Dem deutschen Volke sollen die nachstehenden Grundrechte gewährleistet sein […]:
§ 137: Vor dem Gesetz gilt kein Unterschied der Stände. Der Adel als Stand ist aufgehoben. Alle Standesvorrechte sind abgeschafft. Die Deutschen sind vor dem Gesetz gleich. Die öffentlichen Ämter sind für alle Befähigten gleich zugänglich.
§ 150: Die Gültigkeit der Ehe ist von der Vollziehung des Zivilaktes [auf dem Standesamt] abhängig; die kirchliche Trauung kann nur nach der Vollziehung des Zivilaktes stattfinden. Die Religionsverschiedenheit ist kein Ehehindernis.

Ferdinand Siebert, Von Frankfurt nach Bonn, Frankfurt a. M. 1970, S. 18-20 (Auszüge)

M 3 Die Erfindung des Terrors?

Der Gewaltforscher Jan Philipp Reemtsma beschreibt die „Vorbildfunktion" der Revolution:

Robespierre definiert die Revolution als den großen Ausnahmezustand, der jeglichen Einsatz von Gewalt erlaubt. Und dass dieser Ausnahmezustand wirklich nötig sei, zeige sich an den Machenschaften derjenigen, die das Erreichte zu zerstören trachten: die Feinde des Volkes. „Sie schleichen um uns herum, sie belauschen unsere Geheimnisse."
Es ist im Grunde alles beisammen, was Revolutionen und Diktaturen im 20. Jahrhundert auszeichnen wird: der Ausnahmezustand, die Unterdrückung im Namen der Freiheit, der Krieg zur Gewinnung des Friedens, der allgegenwärtige Verräter, der das Errungene immer erneut gefährdet. Ihn kann man nur mit Terror – also mit Massenverhaftungen und Massenmord – bekämpfen.

Jan Philipp Reemtsma, Vertrauen und Gewalt. Versuch über eine besondere Konstellation der Moderne, Hamburg 2009, S. 303 (gekürzt und vereinfacht)

M 4 Märzrevolution in Deutschland 1848
Zeichnung von 1848
Jubelnde Revolutionäre nach Barrikadenkämpfen am 18. März 1848 in Berlin.

---

1. Erkläre in deinen eigenen Worten, weshalb mit der Französische Revolution eine neue Zeit begann (Darstellungstext, M1).
2. Vergleiche die beiden Bilder: Wo liegen die Gemeinsamkeiten? Was gehört offenbar zu einem „Revolutionsbild" (Darstellungstext, M1 und M4)?
3. Analysiere M2 und erläutere, worin die Revolutionäre in Deutschland dem französischen Vorbild gefolgt sind und worin nicht.
4. Bewerte die Folgen der Französischen Revolution anhand von M2 und M3. Bewerte anschließend, ob die Revolution eher Gutes oder eher Schlechtes gebracht hat (Darstellungstext, M2-M4).

Ein Kontinent wird besiedelt

M 1 Leben in Wildnis und Freiheit? Farblithografie, Deutschland, 19. Jh. Das Bild zeigt den Alltag der Siedler in Nordamerika, wie man ihn sich im 19. Jh. in Europa vorstellte. Ein solches Leben reizte viele Europäer, vor allem in ärmlichen Verhältnissen.

Ist der König ein Farmer?
„Unsere Pflanzungen in Amerika sind reich gesegnet mit den meisten Materialien, die so notwendig und wichtig sind für unseren Handel und unsere Kriegsmarine." So beginnt der englische König Georg I. im Jahr 1721 seine Rede im Parlament. Was meint der König mit „Pflanzungen in Amerika"? Und warum beansprucht er deren Erträge für sich?

Kolonien im Amerika – ein „neues England"?
Seit etwa 1600 hatten europäische Seefahrer, Offiziere und Abenteurer begonnen, Land in Nordamerika für ihre Heimatstaaten in Besitz zu nehmen. England, Frankreich, Holland und Spanien lieferten sich ein Rennen um die besten Gebiete. Die Könige versprachen sich von den eroberten Ländereien, den **Kolonien**, großen Gewinn.

Die Kolonien im Norden Nordamerikas sind ein Sonderfall: Ihre Gründung war nicht durch das Streben nach Reichtum angetrieben. In „Neuengland" ließen sich vielmehr **Siedler** nieder, die vor Armut, religiöser oder politischer Verfolgung in England und anderswo geflohen waren.

Zu den ersten Siedlern gehörten die berühmten „Pilgerväter", die 1620 an Bord des Schiffes Mayflower im heutigen Massachusetts ankamen.

Manche Kolonien waren im frühen 17. Jh. Privateigentum einer einzigen Person oder einer Gesellschaft. „Neuengland" kam dagegen nach und nach unter die Herrschaft der englischen Krone.

Abhängig, aber selbstständig
Die Bewohner der weit voneinander entfernten Siedlungen in den Kolonien trafen alle wichtigen Entscheidungen selbst. Vor dem Gesetz waren sie englische Untertanen. Aber die Krone unternahm fast nichts, um das Leben in den Kolonien zu organisieren. Der englische König hatte dort zwar einen Gouverneur eingesetzt, aber aus Kostengründen ließ man den Siedlern ein hohes Maß an „Selbstregierung". Geschichtsforscher sprechen von einer „wohlwollenden Vernachlässigung".

Die Bindungen zum englischen „Mutterland" lockerten sich weiter, als mehr und mehr Nicht-Engländer nach Amerika einwanderten:

Seit dem 18. Jh. zogen sehr viele Schotten, Iren und Deutsche vor allem in die nördlichen „Neuengland"-Kolonien. Dies sind die Gebiete New Hampshire (benannt nach der englischen Grafschaft Hampshire), Massachusetts („bei den großen Hügeln" in der Sprache der dort lebenden „Indianer"), Rhode Island (vielleicht nach der griechischen Insel Rhodos) und Connecticut („langer Fluss" in der Sprache der Eingeborenen).

In den südlichen Kolonien nahm gleichzeitig die Zahl afrikanischer Sklaven stark zu: Diese Menschen waren aus Westafrika verschleppt und auf die Baumwoll- und Tabakplantagen der (ausschließlich weißen) Siedler verkauft worden. Diese Kolonien hießen Georgia (nach König Georg II.), Carolina (nach König Karl I.) und Virginia (nach der unverheirateten „virgin queen" Elisabeth I.).

Das von Europäern bewohnte Land dehnte sich immer mehr aus: Im Westen der Kolonien siedelten nach wie vor eingeborene Völker, die man „Indianer" nannte. Die europäischen Siedler meinten, deren Land stünde zu ihrer freien Verfügung. Daher schoben sie durch „Landnahme" (= Eroberung) die Grenze von Zivilisation und Fortschritt („*the frontier*") immer weiter westlich über den riesigen nordamerikanischen Kontinent.

Fenster zur Welt: Eine andere Revolution – Amerika

M2 Amerika und Europa im Vergleich

Ein Einwanderer vergleicht 1782 die Lebensumstände der einfachen Menschen in den nordamerikanischen Kolonien mit denen in Europa:

Hier sind die Reichen und die Armen nicht so weit voneinander entfernt wie in Europa. Von ein paar Städten abgesehen, bebauen wir alle den Boden […].
5 Wer durch unsere ländlichen Gebiete reist, sieht kein feindseliges Schloss, kein stolzes Herrenhaus im Kontrast mit armseligen Lehmhütten, wo Vieh und Menschen einander wärmen müs-
10 sen und in Dürftigkeit und Elend wohnen.
Alle unsere Behausungen sind menschlich und gleichen einander in erfreulicher Weise.
15 Was ist eigentlich ein Amerikaner, diese neue Art Mensch? Er ist kein Europäer und auch nicht Nachkomme eines Europäers. Er ist eine seltsame Mischung, die es sonst nirgendwo gibt. Ich kenne einen Mann, dessen Großvater Engländer war,
20 seine Frau Holländerin, sein Sohn heiratete eine Französin. Er ist ein Amerikaner. […]
Hier hält der Lohn Schritt mit der aufgewendeten Mühe. […] Frauen und Kinder, die früher vergeblich um ein Stück Brot anbettelten, sind nun gut
25 ernährt und helfen ihm jetzt fröhlich bei der Bestellung der Felder. Die üppigen Ernten machen alle satt und kein tyrannischer Fürst, kein reicher Abt, kein mächtiger Herr fordert seinen Anteil.

H. S. de Crèvecœur, Letters From an American Farmer, 1782, in: Fritz Wagner, USA. Geburt und Aufstieg der neuen Welt. Geschichte in Zeitdokumenten 1607 - 1865, München 1947, S. 99

M4 Die ersten 30 US-Präsidenten

Wenn man die Herkunft und Abstammung der ersten 30 Präsidenten der USA untersucht, kommt man zu folgenden Zahlen:

Von den ersten 30 Präsidenten, die von 1789 bis 1929 die USA regierten, waren:
– 30 Weiße
– 30 Protestanten
– 30 östlich des Mississippi geboren
– 29 verheiratet
– 28 britischer Abstammung
– 23 Männer mit Studium (zumeist Jura)
– 11 verwandt mit einem anderen US-Präsidenten
– 10 Sklavenbesitzer
– 9 zuvor General in der Armee

Heinz-Dieter Schmid (Hrsg.), Fragen an die Geschichte, Bd. 3, Frankfurt a. M. 1980, S. 102

M3 Wigwam der Winnebago
Illustration von 1852

Der Stamm der Winnebago lebte auf dem Gebiet des heutigen Nebraska. Auch die Winnebago wurden von europäischen Siedlern aus ihren ursprünglichen Siedlungsgebieten vertrieben.

Internettipp:
Informationen über die Ureinwohner Nordamerikas: 31042-19

---

1. Fasse zusammen, warum ab dem 17. Jh. viele Europäer nach Amerika, vor allem in die Neuengland-Kolonien, ausgewandert sind (Darstellungstext, M1, M2).
2. Nenne die Verlierer der europäischen Besiedlung Nordamerikas und erläutere, weswegen sie benachteiligt waren (Darstellungstext, M3, M4).
3. Analysiere M2 und M4. Überprüfe anschließend die Behauptung, dass in Amerika jeder Mensch gleichermaßen sein Glück machen konnte. (Berücksichtige auch M1.)
4. Beurteile, ob es richtig ist, die Kolonien als „Neuengland" zu bezeichnen. Was spricht dafür, was dagegen (M1, M3, M4)?

Aus 13 Kolonien wird eine Nation

M 1 Eine Klapperschlange als Staatssymbol?
Diese Flagge wurde ab 1775 bei der Marine verwendet. Der Text bedeutet „Tritt nicht auf mich". Die Schwanzklapper der Schlange besteht aus 13 Abschnitten.

Amerika – ein völlig neues Modell

„Novus ordo seclorum" steht auf der Rückseite jedes heutigen 1-Dollar-Scheins. Die Worte bedeuten „Eine neue Ordnung der Zeiten". Was ist damit gemeint? Warum nehmen die Amerikaner für sich in Anspruch, etwas ganz und gar Neues geschaffen zu haben?

Keine Steuern ohne Mitsprache!

Bis weit ins 18. Jh. hinein gab es keine Anzeichen dafür, dass die 13 nordamerikanischen Kolonien nicht mehr zu England gehören wollten. Im French and Indian War (1756-1763) festigten die Engländer ihre Macht in Nordamerika und drängten die Franzosen nach Kanada zurück. Dieser englische

[1] vgl. S. 137

Krieg war sehr teuer. Er hatte auch den Siedlern Vorteile gebracht. Daher glaubten die Engländer, es sei nur gerecht, sie dafür auch bezahlen zu lassen – in Form von neuen Steuern. Aber die Bewohner der Kolonien lehnten eine Steuer auf Zucker und auf die Ausstellung amtlicher Dokumente überraschend lautstark ab. Einige Hafenstädte ließen keine englischen Waren mehr einführen.
Die Besteuerung von Tee schließlich brachte das Fass zum Überlaufen: Bei der „Boston Tea Party"[1] warfen als Indianer verkleidete Kolonisten Kisten mit englischem Tee ins Hafenbecken. Das wurde zum Symbol für eine neue Haltung: „No taxation without representation!" – Keine Besteuerung ohne Mitsprache!

Eine unabhängige Nation entsteht

Trotzdem gewährten die Engländer den Kolonisten kein politisches Mitspracherecht. Die 13 Kolonien, die bislang wenig miteinander gemeinsam hatten, waren sich plötzlich einig. Aus der Revolte wurde eine handfeste Revolution: Um der Bevormundung und Benachteiligung zu entgehen, wollten die Kolonien unabhängig von England werden. Dabei beriefen sie sich auf die Ideen der Aufklärung.
Ab 1775 kam es zu Gefechten zwischen der englischen Besatzungsmacht und den neu aufgestellten Truppen der Kolonien. Trotz schlechter Ausrüstung und fehlender militärischer Erfahrung konnte sich die amerikanische „Kontinentalarmee" unter General **George Washington** gegen das viel stärkere englische Heer durchsetzen. Mitten im Krieg, am 4. Juli 1776, wurde die **Amerikanische Unabhängigkeitserklärung** unterzeichnet.
Erst 1783 hatte die unabhängig gewordene Nation den Krieg gegen England gewonnen. Nun musste sie sich eine gesetzliche Ordnung geben. 1787 trat eine Verfassung in Kraft: Sie bestimmte, dass die Vereinigten Staaten von Amerika ein demokratischer Staatenbund sind. In ihm sollte – wie schon in der Unabhängigkeitserklärung geschrieben – das Recht auf Leben, Freiheit und Streben nach Glück für alle Menschen selbstverständlich sein. Die Menschen- und Bürgerrechte wurden schriftlich festgehalten und garantiert.

M 2 Die „Vereinigten Staaten" wachsen
Die neu erworbenen Territorien wurden später in Bundesstaaten aufgeteilt. Die weißen Linien sind die Grenzen der heutigen Bundesstaaten der USA.

Fenster zur Welt: Eine andere Revolution – Amerika

M 3 Die Unterzeichnung der Unabhängigkeitserklärung im Jahr 1776
Historiengemälde von John Trumbull (1819), Öl auf Leinwand, 3,7 x 5,5 m
Thomas Jefferson, der Verfasser der Unabhängigkeitserklärung, überreicht diese dem Präsidenten des Kontinentalkongresses.
Das Bild beruht auf einer viel kleineren Vorarbeit. Es hängt seit 1826 im Kapitol, dem US-Parlament in Washington.

M 4 Unabhängigkeitserklärung
Die „Declaration of Independence" zählt zu den wichtigsten Texten der US-Geschichte. Sie wird von Thomas Jefferson verfasst und von Benjamin Franklin und John Adams bearbeitet (Jefferson wird der zweite, Adams der dritte Präsident).

Wenn es im Laufe der geschichtlichen Ereignisse für ein Volk notwendig wird, die politischen Bande zu lösen, die es mit einem anderen verknüpft haben, und unter den Mächten der Erde die ge-
5 sonderte und gleichwertige Stellung einzunehmen, zu der es die Gesetze der Natur und des Schöpfers berechtigen, so ist es erforderlich, dass es die Gründe angibt, die es zur Trennung zwingen.
10 Wir halten diese Wahrheiten für selbstverständlich: Dass alle Menschen gleich geschaffen sind, dass sie von ihrem Schöpfer mit gewissen angeborenen und unveräußerlichen Rechten ausgestattet sind. Hierzu gehören: Leben, Freiheit und
15 das Streben nach Glück. Dass zur Sicherung dieser Rechte Regierungen eingesetzt sind, die ihre gerechte Macht von der Zustimmung der Regierten her ableiten. Dass, wenn immer eine Regierungsform diesen Zielen schadet, es das Recht
20 des Volkes ist, sie zu ändern oder abzuschaffen und eine neue Regierung einzusetzen.
Wolfgang Lautemann (Bearb.), Geschichte in Quellen, Bd. 4: Amerikanische und Französische Revolution, München 1981, S. 90 (leicht vereinfacht und gekürzt)

M 5 Rebellion!
Während die Kolonisten noch versuchen, den Konflikt mit England friedlich zu lösen, erlässt der englische König Georg III. diese Proklamation:
Eine Anzahl unserer Untertanen in verschiedenen Teilen unserer Kolonien in Nordamerika vergisst, durch gefährliche und übelwollende Menschen verführt, ihre Untertanenpflicht. Diese
5 schulden sie aber derjenigen Macht, die sie geschützt und erhalten hat. Der Friede in den Kolonien wurde durch zahlreiche Akte von Aufsässigkeit gestört, der gesetzliche Handel behindert und königstreue Untertanen wurden unterdrückt.
10 Es besteht Grund zur Annahme, dass eine solche Rebellion durch verräterische und gottlose Personen unterstützt wurde. Deswegen geben wir all unseren Offizieren, Beamten und allen anderen Bediensteten und treuen Untertanen den Befehl,
15 mit all ihren Kräften eine solche Rebellion zu unterdrücken und ihr Widerstand zu leisten. Die Urheber, Täter und Unterstützer solcher verräterischer Pläne sind ihrer gerechten Strafe zuzuführen.
Nach Wolfgang Lautemann, a. a. O., S. 87 f. (vereinfacht und gekürzt)

M 6 Das „große Siegel" der USA
Abgebildet auf der Rückseite des 1-Dollar-Scheins
① 13-stufige, unvollendete Pyramide, darüber das „Auge Gottes". Die Inschriften bedeuten: „Er hat das Erreichte für gut befunden" (*annuit coeptis*), „Neue Ordnung der Zeiten" (*novus ordo seclorum*) und „1776" (MDCCLXXVI).
② Weißkopf-Seeadler mit Olivenzweig (Friedenssymbol) und 13 Pfeilen (Wehrhaftigkeit). Auf der Brust ein Wappen mit 13 Streifen, über dem Adler 13 Sterne; Spruchband: „Aus vielen [wurde] eines" (*e pluribus unum*).

---

1. Beschreibe die Flagge M1 und erkläre, warum sich die Kolonien für dieses Symbol entschieden haben (Darstellungstext, M1, M6).
2. Erkläre, warum das Motto „Novus Ordo Seclorum" (M6 a) sehr gut zu den Vereinigten Staaten von Amerika passt (Darstellung, M3-M5).
3. Beurteile die Haltung des englischen Königs: Warum hält er das Verhalten der Kolonisten für Unrecht (Darstellungstext, M2, M5-M6)?

- 1756-1763: French and Indian War
- 1764: Zuckergesetz, Beginn der Besteuerung
- 1773: Boston Tea Party
- 1776: Unabhängigkeitserklärung
- 1775-1783: Unabhängigkeitskrieg

3 Eine Revolution als Vorbild?

M 1 Die Freiheitsstatue „in Teilen" Links ist der Kopf der Freiheitsstatue auf der Weltausstellung in Paris 1878 zu sehen. Das rechte Bild zeigt Hand und Fackel der noch unfertigen Statue auf der Centennial Exhibition in Philadelphia 1876.

Ein Geschenk aus „Old Europe"
Die Freiheitsstatue im Hafen von New York kennt jeder. Was nicht jeder weiß: Sie ist ein Geschenk Frankreichs an die USA. Zur Hundertjahrfeier der Unabhängigkeitserklärung 1876 wurde die Hand mit der Fackel in Philadelphia ausgestellt. Zehn Jahre später war die Statue fertig. Aber warum schenkten die Franzosen den Amerikanern eine gigantische Statue, auf deren Tafel zu lesen ist: JULY IV MDCCLXXVI?

Zwei Revolutionen mit ähnlicher Zielstellung
Geschichtlich sind die Verbindungen zwischen Frankreich und den USA eng, insbesondere im späten 18. Jh. Mit ihrer erfolgreichen Revolution haben die Amerikaner gewissermaßen den Weg zur Demokratie gewiesen. Sie haben sich erfolgreich von der – aus ihrer Sicht – ungerechten Herrschaft eines Königs befreit. Das hatte Vorbildcharakter. Ebenso zeigt das Beispiel der Amerikanischen Revolution, dass es schriftliche Dokumente braucht, um eine Revolution zu beginnen. Hierzu gehört neben der berühmten Unabhängigkeitserklärung auch die Schrift „Common Sense" von Thomas Paine, die auch in Frankreich sehr verbreitet war. Ebenso sollte eine schriftliche Verfassung das Erreichte festhalten und die Zukunft des neuen Staates regeln. Dabei spielten die Menschen- und Bürgerrechte eine herausragende Rolle. Die meisten dieser Ideen wurden von den französischen Revolutionären übernommen: Es gab einen **Ideentransfer** von Amerika in Richtung Frankreich.

Zwei Revolutionen mit unterschiedlichem Ausgang
Doch bereits im Verlauf der beiden Revolutionen zeigen sich auch Unterschiede. Auf dem amerikanischen Schauplatz war die Freund-Feind-Konstellation relativ klar erkennbar: Englische „Eindringlinge", an ihrer Uniform eindeutig erkennbar, und „eingekaufte" hessische Söldner mussten von aufrechten amerikanischen Patrioten bekämpft werden. Nachdem der Unabhängigkeitskrieg gewonnen war, wurde eine Demokratie eingerichtet, die zumindest ungefähr den Ideen von 1776 entsprach und die seither besteht und funktioniert. Lediglich die Sterne auf der amerikanischen Flagge haben seither zugenommen – von 13 auf 50. In Frankreich gab es mehrere „Phasen" der Revolution, in denen die ursprünglichen Ziele nur zeitweise umgesetzt wurden. Nie stand die überwältigende Mehrheit der Franzosen hinter der Revolution. Seit der Alleinherrschaft Napoleons 1799 haben sich mehrmals Demokratie und Monarchie abgewechselt. Die Freiheitsstatue war ein Geschenk der Dritten Republik, wurde aber während der Herrschaft Kaiser Napoleons III. schon geplant. Das heutige Frankreich nennt sich auch „Fünfte Republik".

Fenster zur Welt: Eine andere Revolution – Amerika

M 2 Thomas Paine: Common Sense
Die Schrift „Common Sense („gesunder Menschenverstand") von 1776 zählt zu den meistgedruckten Werken seiner Zeit und wird sowohl in den amerikanischen Kolonien als auch in Frankreich ausgiebig gelesen. Thomas Paine (1737-1809) selbst ist übrigens an beiden Revolutionen beteiligt.

Gesellschaft ist in jedem Zustand ein Gut, Regierung ist, selbst in ihrem besten Zustand nur ein notwendiges, in ihrem schlimmsten Fall aber ein unerträgliches Übel. Denn wenn
5 wir leiden oder denselben Plagen ausgesetzt sind durch eine Regierung, welche wir in einem Land ohne Regierung erwarten können, so wächst unser Elend noch durch die Überlegung, dass wir die Mittel, wodurch wir leiden,
10 selbst geliefert haben. Regierung ist – wie Kleidung – das Zeichen verlorener Unschuld. Denn würden die Triebe des Gewissens jederzeit klar, einheitlich und unwiderstehlich befolgt werden, so brauchte der Mensch keinen anderen Gesetz-
15 geber. Weil das aber nicht der Fall ist, so findet er es nötig, einen Teil seines Eigentums aufzugeben, um die Mittel zur Erhaltung des übrigen zu beschaffen. Und hierzu wird er durch dieselbe Klugheit bewegt, die ihm sonst rät, aus zwei Übeln
20 das geringste zu wählen. Da also Sicherheit die wahre Absicht und der Zweck aller Regierung ist, so folgt unwiderlegbar, dass diejenige Regierungsform allen anderen vorzuziehen ist, die uns am wahrscheinlichsten, mit den wenigsten Kosten
25 und dem größten Vorteil Sicherheit zu bringen verspricht.

Willi Paul Adams und Angela Meurer Adams (Hrsg.), Die amerikanische Revolution in Augenzeugenberichten, München 1976, S. 221 f.

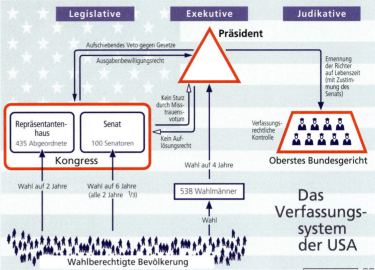

M 4 Verfassungsschema der USA
Das dargestellte System ist in seinen wesentlichen Punkten seit 1787 in Kraft.

M 3 Unterschiede Amerika – Frankreich
Der Historiker Horst Dippel erläutert die unterschiedliche Ausgangssituation in beiden Ländern:

Der Konflikt in der Amerikanischen Revolution konnte sich auch deshalb anders entwickeln als in der Französischen Revolution, weil die sozialen Konturen der amerikanischen Gesellschaft
5 weniger scharf und unabänderlich erscheinen als im zeitgenössischen Frankreich. Es fehlte in Amerika an den Hunderttausenden von benachteiligten Stadtbewohnern, deren bloße Anwesenheit von einem verunsicherten Bürgertum als Bedro-
10 hung empfunden wurde. Die größere Überschaubarkeit der amerikanischen Lebenswelt, eine relativ offene Gesellschaft, die lange Tradition der Selbstverwaltung und eine politisch erfahrene Elite – all dies hatte einen mäßigenden Einfluss
15 und ließ viel weniger Konflikte entstehen.

Horst Dippel, Die Amerikanische Revolution 1763-1787, Frankfurt a. M. 1985, S. 107 f. (vereinfacht und gekürzt)

---

1. Erläutere, worin die symbolische Bedeutung der Freiheitsstatue liegt (Darstellungstext, M1).
2. Analysiere die Grafik M4, indem du Sätze bildest (z. B.: „Im Repräsentantenhaus gibt es 435 Abgeordnete, die alle zwei Jahre gewählt werden"). Erkläre dabei, warum dieses System es kaum zulässt, dass ein Einzelner zu viel Macht bekommt (Darstellungstext, M4).
3. Vergleiche die Revolutionen in den USA und Frankreich nach Auslöser, Verlauf und Ergebnis. Wo gibt es Gemeinsamkeiten, wo Unterschiede (Darstellungstext, M1, M3)? Recherchiere hierzu auch in den vorherigen Kapiteln.
4. Entwickle, ausgehend von M2, Vermutungen, warum Thomas Paine in beiden Revolutionen aktiv mitwirken konnte.

- 1787: Amerikanische Verfassung tritt in Kraft
- 1791: Französische Verfassung tritt in Kraft
- 1848: Zweite Republik in Frankreich
- 1886: Fertigstellung der Freiheitsstatue

3 Methode

Auf dem Prüfstand

Im Fach Geschichte geht es darum, die Vergangenheit zu erkunden. Manchmal sind die Ereignisse bekannt, aber es fällt schwer, diese richtig zu bewerten. Wird etwa ein Gefängnis gestürmt, so kann dies einerseits bedeuten, dass schlimme Verbrecher frei kommen. Es kann andererseits aber auch sein, dass zu Unrecht Eingesperrte endlich ihre Freiheit erhalten. Um einen geschichtlichen Sachverhalt richtig bewerten zu können, wenden Historiker die Methode des Historischen Urteilens an:

Historisches Urteilen in vier Schritten:

1. Schritt: Informieren
Informiere dich über die Parteien und die Voraussetzungen des Konfliktes: Wer gerät mit wem in Konflikt und warum?

2. Schritt: Sachverhalt schildern
Betrachte das historische Ereignis, das für den Konflikt steht, zuerst einmal objektiv: Erkläre kurz in eigenen Worten, was geschehen ist, ohne dabei bereits zu bewerten.

3. Schritt: Gründe finden
Finde Argumente für beide Seiten: Warum ist das Geschehen berechtigt/nicht berechtigt? Schreibe zumindest zwei Argumente für jede Seite auf.

4. Schritt: Urteil bilden
Formuliere ein Fazit. Das ist ein Satz, in dem jeweils das beste Argument der beiden Seiten vorkommt, sich aber letztlich für eine der beiden Seiten ausspricht.

Diese Formulierungen können nützlich sein:
Schritt 1: Ich möchte mir ein Urteil bilden über … – Welche Seite hatte Recht beim Konflikt zwischen … und …? – Informationen dazu fand ich …
Schritt 2: Damals gab es Streit zwischen … – Die einen wollten … – Am Ende brach Gewalt aus: …
Schritt 3: Partei A berief sich zu (Un-)Recht auf … – Die Reaktion … war übertrieben. – … war eine Provokation. – Partei B forderte nur ihr Recht auf … ein.
Schritt 4: Einerseits …, andererseits … – Insgesamt halte ich das Verhalten … für gerechtfertigt, weil … – Partei X trug durch … Schuld daran, dass …

M 1   Der Kontext: Was war geschehen?
1617 wurde der Habsburger Ferdinand König von Böhmen. Sofort leitete er gegenreformatorische Maßnahmen ein. Den reformierten Fürsten gewährte Rechte (Steuerverwaltung, Aufsicht über die Kirchen) erkannte er nicht mehr an. Die Spannung wuchs, als protestantische Geistliche durch katholische ersetzt werden sollten. Als dann noch zwei evangelische Kirchen geschlossen oder abgebrochen werden sollten, weil sie auf katholischem Grundbesitz errichtet worden waren, protestierten die Stände: Eine radikale Gruppe der reformierten Ständevertreter warf am 23. Mai 1618 drei kaiserliche Beamte aus dem Fenster der Prager Burg.
Eigenbeitrag Markus Benzinger

M 2   „Wahrhaftige Zeitung aus Prag"
Solche Flugblätter verbreiteten 1618 die Nachricht vom Fenstersturz.

M 3   Ein Überlebender berichtet, wie das geschehen konnte
Eine hitzige Diskussion zwischen Vertretern der reformierten Stände und den katholischen Statthaltern des Kaisers geriet außer Kontrolle. Die Statthalter baten, dass ihr hohes Amt respektiert und ihnen keine Gewalt angetan werde. Die Antwort der Protestanten kam sofort: „Na, wir nehmen da keine Statthalter, sondern nur unsere bösen Feinde, die auch Feinde des Friedens sind." Nachdem auch viele andere zu den Statthaltern gesprochen haben, hieß es schließlich: „Herr Burggraf und Herr Großprior [Titel der Statthalter] gehen nun ihre Wege hinaus, es soll ihnen von uns nichts Böses geschehen." Die beiden wehrten sich, ein Tumult brach aus. Etliche der katholischen Vertreter wurden mit Gewalt angegriffen und hin und her gezerrt. Sie glaubten, zur Tür hinaus in Arrest geführt zu werden. Da sie aber unvermutet vor ein offenes Fenster gebracht wurden, verlangten sie wenigstens nach einem Beichtvater. Da antworteten die Protestanten: „So weit kommt es, dass wir die üblen Jesuiten [katholischer Orden] hier auch noch hereinlassen." Und so wurden die Statthalter mit dem Kopf voraus in den 30 Ellen [17 Meter] tiefen Schlossgraben gestürzt.
Tschechoslowakische Akademie der Wissenschaften (Hrsg.), Documenta Bohemica Bellum tricennale Illustrantia, Bd. 2, Wien u. a. 1972, S. 42–49 (sprachlich stark vereinfacht)

Geschichte beurteilen

So könnte deine Beurteilung aussehen:
Nachdem Ferdinand König von Böhmen geworden war, spitzte sich der Konflikt zwischen Protestanten und Katholiken zu. Am 23. Mai 1618 wurden drei katholische Beamte von Protestanten aus dem Fenster der Prager Burg gestoßen. Sie überlebten mit Glück. Die protestantischen Stände fühlten sich ihrer Rechte beraubt. Anlass zur Verschärfung war der geplante Abriss zweier Kirchen, die zwar auf katholischem Boden standen, aber durchaus hätten toleriert werden können. Der Zorn entlud sich dann beim Zusammentreffen mit den katholischen Beamten. Diese wurden nach dem Bericht des Überlebenden von Vertretern der Protestanten als „Feinde des Friedens" beschimpft und grob behandelt. Schließlich wurden sie ohne letzte Beichte (was für Katholiken sehr wichtig gewesen wäre) aus dem Fenster in den vermeintlich sicheren Tod gestürzt.

Der Prager Fenstersturz zeigt, wie ein Konflikt schrittweise außer Kontrolle gerät. Die ungerechte Behandlung der Protestanten in Böhmen war der Auslöser. Fraglich ist, ob die brutale Bestrafung von drei Beamten, die für den Ärger der Protestanten nicht verantwortlich waren, nötig gewesen wäre.

M 4 Bildquellen zum Konflikt in den britischen Kolonien
① „The Bloody Massacre ..."
Kupferstich von Paul Revere, 1770
② „The destruction of Tea at Boston Harbour"
Lithografie von Nathaniel Currier, 1846

M 5 Zeitungsbericht zur „Boston Tea Party"
Aus dem „Boston Weekly News-Letter", 23.12.1773:
Eine Gruppe von Männern, die als Indianer verkleidet waren, lief zu der Werft, wo die mit Tee beladenen Schiffe lagen. Hinter ihnen liefen Hunderte von Menschen, die sehen wollten, welche
5 Taten die Verkleideten vollbringen würden. Diese begaben sich an Bord von Kapitän Halls Schiff, wo sie die Teekisten an Deck brachten, einschlugen und den Tee über Bord warfen. Dasselbe taten sie auf zwei weiteren Schiffen. Sie widmeten
10 sich so geschickt der Zerstörung der Ware, dass sie binnen drei Stunden 342 Kisten Tee aufgebrochen und den Inhalt ins Hafenbecken geworfen hatten. Obwohl eine erhebliche Menge anderer Güter auf den Schiffen vorhanden waren, geschah
15 doch kein Unrecht. Das Privateigentum wurde so sehr geachtet, dass dem Kapitän eines der Schiffe, auf dem versehentlich ein Vorhängeschloss beschädigt wurde, ein neues zugeschickt wurde.
Nach: Wolfgang Lautemann (Hrsg.), Geschichte in Quellen, Bd. 4, München 1981, S. 79f. (vereinfacht und stark gekürzt)

M 6 Wie kam es zur „Boston Tea Party"?
Der Historiker Horst Dippel schreibt hierzu:
Ab 1767 spitzte sich die Krise zu. Zwar verzichteten die Engländer auf die von den Kolonisten besonders bekämpften inneren Abgaben, dafür sollten aber Einfuhrzölle auf eine Reihe von Waren, darunter Tee, erhoben werden. Wieder reagierten einige Hafenstädte in den Kolonien mit Ein-
5 fuhrboykott. Nach dieser Herausforderung der britischen Macht wurden Soldaten in Boston stationiert. Damit wurden die Spannungen weiter angeheizt. Am 5. März 1770 feuerte eine britische Wache in die Menge und tötete fünf Demonstranten. Mit diesem „Massaker von Boston" [vgl. M4.1] war die britische Herrschaft endgültig unerträglich geworden.
10 Als die mächtige englische East India Company vor dem Bankrott stand, wurde ihr der Einfuhrzoll in den Kolonien erlassen. Englischer Tee war nun sogar billiger als derjenige amerikanischer Schmuggler, die keinen Zoll bezahlten. Deshalb fühlten sich Kolonien wiederum ungerecht behandelt, und erneut formierte sich Widerstand. Öffentlich wurde zum
15 Boykott des Tees der East India Company aufgerufen. Zum offenen Konflikt kam es dann in Boston im Dezember 1773.
Horst Dippel, Geschichte der USA, München ⁴2001, S. 21-23 (vereinfacht und gekürzt)

Jetzt bist du dran: Bilde dir ein Urteil
Beurteile, ob die Boston Tea Party eine gerechtfertigte Maßnahme war.

1 Das weiß ich – das kann ich!

Am Anfang dieses Kapitels steht die Leitfrage:
Warum wurde in Frankreich ein jahrhundertealtes Herrschaftssystem umgestoßen?
Inwiefern veränderte die Französische Revolution die Welt bis heute?
Mit den Arbeitsfragen zu den fünf Kategorien auf S. 102 f. kannst du sie nun beantworten:

Herrschaft

Die Herrschaft eines Königs ohne Beteiligung der Stände heißt Absolutismus. Sein berühmtester Vertreter war Frankreichs "Sonnenkönig" Ludwig XIV. Sein Nachfahr Ludwig XVI. berief 1789 die Generalstände ein, um Steuern zu erhöhen. Die benachteiligten Vertreter des Dritten Standes erklärten sich zur Nationalversammlung und schworen im Ballhausschwur, so lange zu tagen, bis Frankreich eine Verfassung hat. Am 14. Juli 1789 stürmte eine wütende Menge das Gefängnis Bastille, ein Symbol der königlichen Gewalt. Die Macht des Königs schwand, 1792 wurde Frankreich zur konstitutionellen Monarchie erklärt. Der König hatte seine absolute Macht verloren. Die Verfassung ging von Volkssouveränität aus und verwirklichte eine Gewaltenteilung. Radikale Revolutionäre begnügten sich damit nicht. 1792 setzten sie den König ab und machten Frankreich zur Republik. Später ließen sie den König hinrichten. Um die Revolution vor „Feinden" zu schützen, errichteten Jakobiner eine Schreckensherrschaft. In Kriegen wurde die Revolution exportiert. Ein Beispiel ist die Mainzer Republik.

Kultur

Die Bewegung der Aufklärung wollte Menschen durch Bildung zu politisch bewussten Bürgern machen. In Lesegesellschaften und bürgerlichen Salons wurden neue Ideen diskutiert und auch die politischen Theorien der Revolution entwickelt.
Während in der Ständegesellschaft alle Menschen geborene Untertanen eines Herrschers waren, führte die Französische Revolution dazu, dass sich alle Franzosen zu einer Nation formten. Der Nationalstaat verstand sich als freiwilliger Zusammenschluss dieser Bürger. Erstmals wurden Menschen- und Bürgerrechte erklärt, die allen Menschen ohne Unterschied zukommen.

Gesellschaft

Vor der Französischen Revolution bestand eine aus den Ideen des Mittelalters begründete Ständegesellschaft – nicht nur in Frankreich. Die beiden ersten Stände, Klerus und Adel, waren von Steuerzahlungen weitgehend befreit, während der Dritte Stand die Hauptlast trug, aber keine politische Mitsprache besaß.
Durch die Revolution änderte sich dies grundlegend. Nun waren theoretisch alle Bürger Frankreichs gleich an Rechten. Anfänglich machte das Zensuswahlrecht die politische Teilnahme vom Vermögen abhängig. Später sicherte das allgemeine Wahlrecht Männern aller Schichten politische Mitwirkung.
Die radikalsten Vertreter der Revolution waren städtische Besitzlose, die Sansculotten, die sich als „Jakobiner" politisch organisierten.
Die Umgestaltung der französischen Gesellschaft ging auch mit viel Gewalt und Blutvergießen einher.

Vernetzung

Bereits zwei Jahrzehnte vor den Ereignissen in Frankreich fand in Nordamerika eine Revolution statt: Die Siedler in 13 englischen Kolonien hatten sich 1786 ihre Unabhängigkeit erklärt und nach erfolgreich überstandenem Krieg gegen England die Vereinigten Staaten von Amerika gegründet. Viele der hier entwickelten Gedanken wurden später auch in der Französischen Revolution angewandt (Ideentransfer): So gab es auch in Frankreich eine Verfassung, allgemeines Wahlrecht und Rechtsgleichheit. Manche Personen wie Thomas Paine oder der Marquis de Lafayette waren an beiden Revolutionen aktiv beteiligt.

1. **Schaubild einer Epoche:** Bringt möglichst viele der hervorgehobenen Lernbegriffe in einer großen Mindmap miteinander in Beziehung. Beschriftet die einzelnen Beziehungen.
2. Denkt zurück an den Anfang des Kapitels: Wer ist um 1790 „Gewinner", wer ist „Verlierer" der Geschichte?
3. Jemand behauptet: „Von den Revolutionen in Amerika und Frankreich profitieren wir noch heute." Bewerte die Aussage.

Kompetenz-Test
Einen Fragebogen, mit dem du überprüfen kannst, was du schon erklären kannst und was du noch üben solltest, findest du unter 31042-20

Die Französische Revolution

M 1 Zwei Geschwister aus dem Hause Habsburg

ⓐ Joseph II., Kaiser des Heiligen Römischen Reiches 1765 – 1790
Ölgemälde von Anton von Maron (1775)

ⓑ Maria Antonia (in Frankreich „Marie Antoinette" genannt), Königin von Frankreich 1774 – 1793
Ölgemälde von Josef Kreutzinger (1771)

M 2 François-Dominique Toussaint Louverture
Porträt auf der Banknote zu 20 Gourdes, Haiti 2001
Schon zu Beginn der Revolution wurde in Paris diskutiert, ob auch die Bewohner der französischen Kolonien, z. B. in der Karibik, dieselben Bürgerrechte genießen sollten, wie sie in Frankreich galten. Schließlich wurden sie, gegen erhebliche Einwände, den Weißen gewährt, den Schwarzen aber nicht. Auch hatte die revolutionäre Regierung, trotz heftiger Proteste, den Sklavenhandel nicht verboten. Die nichtweißen Bewohner der Kolonie Haiti (Saint Domingue) erhoben sich ab 1789. Unter der Führung des freigelassenen Sklaven Toussaint Louverture kämpften sie für die Abschaffung der Sklaverei. Im Verlauf der Revolution kam es zu Massakern an der weißen Bevölkerung. Die Sklaverei wurde abgeschafft. Die französische Armee versuchte eine Invasion der Insel, wurde aber durch die schwarzen Generäle vertrieben. Am Ende der Revolution stand 1804 die Ausrufung des Kaiserreiches Haiti. Nach den USA war Haiti der zweite Staat in Amerika, der aus eigener Kraft seine Unabhängigkeit erkämpft hatte. Toussaint selbst erlebte die Freiheit seiner Heimat nicht mehr: Im Juni 1802 wurde er gefasst und nach Frankreich deportiert. Dort starb er im April 1803 an den Folgen der Haftbedingungen. In Haiti gilt er als Nationalheld.

1. Kaiser Joseph II. (M1 a) ist den Ideen der Aufklärung sehr zugetan, seine Schwester Marie Antoinette (M1 b) nicht.
   – Gestalte als Kaiser Joseph einen Brief an deine Schwester, in dem du sie davor warnst, die Bedürfnisse des Volkes zu ignorieren. Oder:
   – Gestalte als Königin Marie Antoinette einen Brief an deinen Bruder, in dem du begründest, warum er die Gefahren der Aufklärung nicht unterschätzen darf.
2. 1792, Bürgerkrieg auf Saint Domingue. Die Aufständischen greifen französische Plantagenbesitzer an und plündern ihre Häuser. Die Pariser Nationalversammlung muss entscheiden, wie mit dem Aufstand umgegangen wird.
   Teilt euch in Gruppen ein und wählt eine Vorgehensweise:
   – Abschaffung der Sklaverei in den Kolonien
   – Abschaffung der Sklaverei und volles Bürgerrecht für alle Bewohner der Kolonien
   – militärische Niederschlagung des Aufstandes
   Haltet dann eine Rede vor der Versammlung, in der ihr euren Standpunkt verteidigt.
3. Stellt euch vor, ihr müsst eine Geschichtsstunde zur Französischen Revolution halten. Genauer: Ihr sollt einer 6. Klasse in einer Stunde das Wichtigste zum Thema vermitteln. Eure Stunde soll aus einem Bildeinstieg (nur ein Bild), einem Arbeitsblatt und einem Tafelanschrieb bestehen.

Service-Anhang

Die GFS im Fach Geschichte vorbereiten

In diesem Schuljahr erwartet dich erstmals eine besondere Herausforderung: Du hast die Aufgabe, eine „GFS" zu erarbeiten und vor deiner Klasse zu präsentieren. Die „gleichwertige Feststellung von Schülerleistungen" kannst du natürlich auch im Fach Geschichte erbringen. Das will gut vorbereitet sein, denn nur von geschichtlichen Ereignissen zu berichten oder Personen vorzustellen, reicht nicht aus. Das wäre so, wie wenn du aus einem Steinbruch wahllos Steine holen würdest, ohne zu wissen, was du damit anfangen möchtest. Eine gelungene GFS ist vielmehr wie ein wohlkonstruierter, hoher Turm mit einer Aussichtsplattform.

Der „GFS-Turm"

Das Fundament stellt dein Wissen über ein bestimmtes Thema dar. – Darauf konstruierst du den Sockel, deine Leitfrage. Sie ist die Basis, auf der du deinen Turm errichtest. – Die Konstruktion entspricht deiner Argumentation, mit der du die Leitfrage beantwortest. Je überzeugender und umfangreicher deine Argumente sind, desto stabiler und höher wird der Turm. – Mithilfe der Treppe verknüpfst du die einzelnen Gedanken sinnvoll miteinander, sie ist quasi der rote Faden, der sich durch deine Darstellung zieht. – Den krönenden Abschluss stellt die Plattform dar. Von hier aus präsentierst du deine Ergebnisse deinem Publikum.

So vermeidest du Baufehler

Planung: Fange rechtzeitig damit an, den Bauplan für den Turm zu erstellen. Zwei bis drei Wochen vor dem Termin sollten genügen.
Fundament: Recherchiere intensiv zu deinem Themenbereich (Schulbuch, Schulbibliothek, Internet), sodass du über ein großes Wissen verfügst.
Sockel: Formuliere eine präzise Leitfrage, die problemorientiert angelegt, nicht zu weit und nicht zu eng gefasst ist. Hierbei hilft dir dein Lehrer bzw. deine Lehrerin. Achte darauf, dass deine Frage nicht nur Informationen ermitteln will („Welche Erfindungen hat Leonardo da Vinci gemacht?"), sondern, dass sie eine begründete Meinung einfordert. Verzichte nie auf eine Leitfrage. Unterscheide unbedingt zwischen Thema und Leitfrage.

Konstruktion: Erzähle nicht nur etwas über das Thema oder gar alles, was du darüber weißt, sondern wähle aus deinem Wissen nur die Aspekte aus, die als Argumente zur Beantwortung deiner Leitfrage taugen bzw. wichtig sind. Deine Argumentation muss sachlich richtig und logisch aufgebaut sein. Stelle nicht nur Behauptungen auf, sondern begründe und erläutere sie mit Fakten und Beispielen, so wie du es auch im Deutschunterricht gelernt hast.
Treppe: Achte darauf, dass deine Darstellung einen roten Faden hat, die Argumente aufeinander aufbauen und sinnvoll miteinander verbunden werden.
Plattform: Bereite deine Präsentation gut vor. Überlege dir, welches Redeziel du erreichen, welche Botschaft du deinem Publikum mitteilen möchtest, welche Medien du einsetzen willst, wie du sie einsetzt. Gestalte eine Visualisierung, die deine Ergebnisse veranschaulicht. Erarbeite den genauen Aufbau deiner Präsentation und achte darauf, dass du die vorgegebene Zeit einhältst und stets dein Publikum im Blick hast.

Ein Turm entsteht

Du hast dich dazu entschlossen, deine GFS in diesem Jahr im Fach Geschichte zu machen. Dein Lehrer hat dir mehrere Themengebiete zur Auswahl gestellt, aus denen du dir ein konkretes Thema zurechtlegen sollst. Die Zeit der Renaissance hat sofort dein Interesse geweckt. Du beginnst zu recherchieren und verschaffst dir so eine Vorstellung von dieser Epoche. Dein Wissen erweitert sich rasch und schon bald bist du dir sicher, dass sich dein konkretes Thema auf eine bedeutende Persönlichkeit der Renaissance erstrecken wird: Leonardo da Vinci. Eine tragfähige Leitfrage hast du auch bald formuliert:

„Ist Leonardo da Vinci ein typischer Mensch für die Zeit der Renaissance?"

Nun sitzt du zu Hause am Schreibtisch und überlegst, wie du deine GFS gestalten kannst. Dazu überblickst du nochmals dein gesamtes Wissen, das du zu diesem Thema zusammengetragen hast.

M 1 Der „GFS-Turm" Die Bauteile des Turms versinnbildlichen die unterschiedlichen Elemente der Erarbeitung eines GFS-Vortrages.

Die GFS im Fach Geschichte

M 2 Ein mögliches Fundament
Wissensaspekte zum Thema „Die Renaissance"

Ideal des umfassend gebildeten Menschen – Bedeutung des Individuums – Naturbetrachtung – Buchdruck – Bankwesen – kopernikanische Wende – Fernhandel – Florenz – Medici – Humanismus – Erasmus von Rotterdam – Diesseitsorientierung – 15./16. Jahrhundert – Leonardo da Vinci – Mona Lisa – Flugmaschinen – gepanzerte Fahrzeuge – Bildung – Pest – Ständegesellschaft – Entscheidungsfreiheit – Zentralperspektive – Galilei – Vorbild griechisch-römische Antike – Interesse an Geschichte – Machiavelli – Fernrohr – Entdeckungen – Albrecht Dürer – neues Menschenbild – freier Wille des Menschen – … – …

So könnte das Fundament des Turmes aussehen. Aber nicht alle Elemente sind wichtig, um die Leitfrage überzeugend beantworten zu können. Jetzt heißt es, gezielt auszuwählen. Richtschnur dafür ist allein die Leitfrage. Alles, was nicht als Argument zu ihrer Beantwortung dient, kannst du vernachlässigen. Auf diesem Sockel kannst du nun deine Gedankenkonstruktion errichten. Die Konstruktion der Argumente könnte folgendermaßen aussehen: Leonardo da Vinci als Mensch (Kurzbiografie)

und nun die Treppe hinauf:
+ Leonardo da Vinci als Architekt (Festungsbau)
+ als Künstler (Mona Lisa, Zentralperspektive)
+ als Naturforscher (Anatomie des Körpers)
+ als Konstrukteur (Flugmaschine, U-Boot, Panzer)
• Leonardo da Vinci war ein umfassend gebildeter Mensch, der selbstständig Entscheidungen traf, individuell dachte und handelte.

Berücksichtige aber auch mögliche Gegenargumente: Lebensverhältnisse der Mehrheit der Menschen in Europa zur damaligen Zeit: Ständegesellschaft – Abhängigkeit – Bindung an die Kirche – fehlende Bildungsmöglichkeiten – …
• Leonardo da Vinci war typisch für das Leitbild der Renaissance, aber untypisch für die Gesamtheit der Menschen, die zur Zeit der Renaissance in Europa lebten.

Mithilfe dieser Argumentationskette erreichst du auf sicherem Weg die Aussichtsplattform. Jetzt hast du viele unterschiedliche Möglichkeiten, deine Ergebnisse zu präsentieren. Die folgende Darstellung gibt dir einen Überblick, wie du dabei vorgehen kannst:

M 3 Bestandteile einer GFS-Präsentation

1. Prüfe, ob es sich bei den folgenden Beispielen um Leitfragen handelt, die für eine GFS geeignet sind oder nicht. Begründe deine Meinung.
   a) Wie lebten die Ritter auf einer Burg im Mittelalter? – b) Welche Routen befuhren die Schiffe der Hanse? – c) Handelte es sich beim Dreißigjährigen Krieg um einen religiösen oder einen politischen Konflikt? – d) Wie mächtig war ein absolut herrschender König? – e) War die Verkündung der Menschenrechte der Höhepunkt der Französischen Revolution?

2. Formuliere Leitfragen zu den folgenden Themenbereichen:
   a) Die Grundherrschaft im Mittelalter
   b) Die Kreuzzüge
   c) Juden in der mittelalterlichen Stadt
   d) Europas Entdeckungen
   e) Der absolute Herrscher
   f) Revolution gegen Frankreichs König
   g) Freiheit oder Terror: Robespierre
   h) Revolutionen in Amerika und in Frankreich

3. Wenn du die GFS im Fach Geschichte ablegen möchtest: Leite aus den genannten Bereichen ein Thema ab – oder suche mit deinem Lehrer/deiner Lehrerin ein anderes Thema aus.

Service-Anhang

Aufgaben richtig verstehen – durch Operatoren

Was ihr bei den Aufgaben in diesem Buch genau zu tun habt, zeigen euch die Verben an, die dort verwendet werden. Diese Verben werden in der folgenden Tabelle erklärt. Außerdem geben wir euch zusätzliche Hilfestellungen. Die Symbole ▁▂▁, ▁▂▃ und ▁▂▃ zeigen euch an, in welchem Anforderungsbereich (AFB) ihr euch dabei befindet.

Arbeitsanweisung in der Aufgabe, AFB		Was ist genau zu tun?	Was dir zusätzlich helfen kann
analysieren	AFB II	Du wertest Materialien (Texte, Bilder, Karten usw.) „mit Methode" aus.	In der „Methodenbox" der Methodenseiten in diesem Buch findest du hilfreiche Arbeitsschritte.
begründen	AFB II	Du untermauerst eine Aussage mit Gründen.	Formulierungen, die du verwenden kannst: *Dafür spricht … – Ein Grund dafür ist …*
beschreiben	AFB I	Du gibst die wichtigsten Merkmale in ganzen Sätzen und eigenen Worten wieder.	Formulierungen, die du verwenden kannst: *Hier ist abgebildet … – Hier sehe ich … – Hier wird gesagt, dass …*
beurteilen	AFB III	Du nimmst Stellung zu einer Aussage von anderen oder einem Sachverhalt. Dabei geht es darum herauszufinden, ob diese Aussage überzeugend – also logisch und in sich stimmig – ist. Gib dabei die Gründe für dein Urteil an.	Formulierungen, die du verwenden kannst: *Ich halte die Aussage für überzeugend, weil … – Weniger / nicht überzeugend ist, dass …*
bewerten	AFB III	Auch hier geht es darum, Stellung zu beziehen. Allerdings kannst und sollst du hier stärker das einbeziehen, was dir persönlich oder unserer Zeit heute wichtig ist.	Formulierungen, die du verwenden kannst: *Ich halte das für richtig (bzw. falsch), weil … – Damit habe ich Schwierigkeiten, weil … – Die Menschen heute sehen das anders, da …*
bezeichnen	AFB I	Du bringst deine Beobachtungen – meist bezogen auf Tabellen, Schaubilder, Diagrammen oder Karten – auf den Punkt.	Formuliere möglichst genau und nicht „schwammig". Helfen können die Fachbegriffe am Seitenende und das „Lexikon zur Geschichte" S. 158 ff.
charakterisieren	AFB II	Du beschreibst etwas, indem du das, was besonders auffällig ist, hervorhebst.	Formulierungen, die du verwenden kannst: *Auffällig ist … – Der Autor benutzt für … die Worte …*
darstellen	AFB II	Du zeigst Zusammenhänge auf. In der Regel schreibst du dazu einen eigenen, gegliederten Text.	Hier wird eine meist recht ausführliche Schreibarbeit von dir verlangt. Als Vorarbeiten können daher eine *Stichwortsammlung* und eine *Gliederung* hilfreich sein.
ein-, zuordnen	AFB II	Du stellst etwas in einen Zusammenhang, der dir durch die weitere Aufgabenstellung vorgegeben wird.	Achte darauf, auch zu erklären, *warum* das eine zum anderen passt. Als Vorarbeit kann es wichtig sein, zunächst zu beschreiben, was ein- oder zugeordnet werden soll.
entwickeln	AFB II	Du suchst nach einem Lösungsansatz für ein Problem.	Achte darauf, dass sich dein Lösungsansatz *mit Gründen oder Belegen* aus den vorgegebenen Materialien *untermauern* lässt.

Aufgaben richtig verstehen – durch Operatoren

Arbeitsanweisung in der Aufgabe, AFB	Was ist genau zu tun?	Was dir zusätzlich helfen kann
erklären	Du gibst aufgrund deines Wissens eine Antwort.	Hier sollst du die Gründe für etwas oder die Zusammenhänge von etwas aufzeigen. So kannst du eine Antwort auf die Frage geben, *warum etwas so ist oder war*. Formulierungen, die du verwenden kannst: *weil …; deshalb …; daher …; dadurch …*
erläutern	Du erklärst, warum etwas so ist, und nennst dabei Beispiele oder Belege.	Die hier besonders wichtigen Beispiele und Belege sollen deine Erklärung veranschaulichen, also verständlich machen, warum etwas so ist. Formulierungen, die du verwenden kannst: *Dies zeigt sich daran, dass … – Dies wird belegt durch …*
erörtern	Dir wird ein Problem vorgegeben. Wie auf einer zweischaligen Waage kannst du das Problem abwägen. „Lege" dazu Gründe *dafür* in die eine Schale, Gründe *dagegen* in die andere Schale. Am Ende kommst du zu einem Ergebnis deiner Abwägung. Dabei kann dir wieder der Blick auf die Waage helfen: In welcher der beiden Waagschalen finden sich die gewichtigeren Gründe?	Formulierungen, die du verwenden kannst: *Dafür spricht … – Dagegen spricht … – Insgesamt komme ich zu der Einschätzung, dass …*
erstellen	Du zeigst Zusammenhänge auf – oft mit einer Skizze oder einer Zeichnung.	Du kannst z. B. Pfeile, Tabellen oder eine Mindmap verwenden.
gestalten	Du stellst etwas her oder entwirfst etwas, z. B. einen Dialog zwischen zwei Personen oder ein Plakat.	Hier ist besonders deine Kreativität gefragt. Achte aber darauf, dass die Aufgabenstellung im Blick bleibt.
herausarbeiten	Du filterst aus einem Material unter bestimmten Gesichtspunkten die wichtigsten Informationen heraus.	Achte auf die in der Aufgabenstellung genannten Gesichtspunkte und vermeide eine reine Inhaltswiedergabe. Gib bei Texten die Zeilen an, auf die du dich bei deiner Herausarbeitung beziehst.
nennen	Du zählst knapp die gefragten Informationen oder Begriffe auf.	Da hier oft mehrere Punkte gefragt sind, ist es sinnvoll, deiner Antwort eine Struktur zu geben: 1. …; 2. …; 3. … usw.
überprüfen	Du untersuchst, ob eine Aussage stimmig ist, und formulierst ein Ergebnis deiner Überlegungen.	Auch hier hilft das Bild der Waage (s. o.: „erörtern").
vergleichen	Du stellst zwei Aussagen oder Materialen gegenüber und suchst anhand bestimmter Vergleichspunkte nach Gemeinsamkeiten und Unterschieden. Am Schluss formulierst du ein Ergebnis.	Hier kann eine dreispaltige Tabelle hilfreich sein: Spalte 1: Merkmal, das du vergleichen möchtest – Spalte 2: Material 1 – Spalte 3: Material 2. Achte darauf, dass auch die Nennung von Unterschieden zu einem Vergleich gehört.

Service-Anhang

Zeitstrahl

Ein Zeitstrahl ist ein Hilfsmittel für die Orientierung in der Zeit. Er stellt Ereignisse und Zeiträume grafisch dar. Dabei stellt man sich die Zeit als Pfeil oder Gerade vor.

Meist ist der Zeitstrahl waagerecht angeordnet, die ältesten Ereignisse sind links eingetragen. Je weiter wir uns in Richtung des Endpunktes bewegen, desto näher ist die Gegenwart.

Der räumliche Abstand von Punkten auf dem Zeitstrahl zeigt den zeitlichen Abstand zwischen den Ereignissen. Je weiter die Punkte voneinander entfernt sind, desto mehr Zeit liegt dazwischen.

Mit einem Zeitstrahl (auch Zeitleiste) erkennen wir auf einen Blick, in welcher Reihenfolge Ereignisse geschahen, ob Entwicklungen aufeinander folgten oder zwei Personen gleichzeitig gelebt haben. Außerdem können mehrere Zeitleisten parallel angeordnet werden. So können wir feststellen und vergleichen, was zur selben Zeit an verschiedenen Orten passiert ist.

Einen Zeitstrahl kannst du in diesen Schritten lesen:

Schritt 1:
- Kläre zuerst, welchem Thema sich der Zeitstrahl widmet. Das sagt dir oft eine Über- oder Unterschrift.

Schritt 2:
- Finde heraus, welche Zeitspanne die Zeitleiste behandelt. Beachte dazu die Jahreszahlen an der Linie, besonders an Anfang und Ende.
- Beschreibe, welche Zeitpunkte oder Zeiträume eingetragen sind.
- Bestimme die Dauer oder den Abstand von eingetragenen Ereignissen, die dir für die Fragestellung wichtig scheinen.

Schritt 3:
- Formuliere deine Ergebnisse in ganzen Sätzen.

Dabei kannst du diese Formulierungen verwenden:
1. Der Zeitstrahl zeigt die Entwicklung von … / die zeitliche Abfolge von … – Auf der Zeitleiste sind wichtige Schritte der Geschichte des … eingetragen.
2. Der Zeitstrahl beginnt im … Jahrhundert / Jahrtausend und reicht bis ins Jahr … / die Gegenwart.
3. Wir erfahren die Zeit, zu der es … gab / die Lebenszeit von … – Man sieht, dass … X Jahre früher / später geschah als …

Archäologische Spuren

Eine der wichtigen Arbeitsweise von Archäologen ist das „Spurenlesen" im Boden. Die Forscher versuchen, aus Funden zu erschließen, wie die Menschen lebten, die sie früher einmal verloren oder vergraben haben. Archäologen gehen dabei ähnlich vor wie Detektive: Sie sichern den „Tatort", sammeln Spuren und ziehen daraus Rückschlüsse.

Solche Aussagen können Archäologen treffen:
- Aus Hausresten schließen sie auf die Größe und Bauweise der Häuser und ihre Aufteilung in unterschiedliche Räume.
- Aus Knochenfunden schließen sie darauf, welche Tiere in der Siedlung gehalten oder gegessen wurden.
- Aus Überresten von Pflanzen schließen sie, wie die Natur um die Siedlung aussah, welche Pflanzen die Dorfbewohner anbauten und welche Früchte sie sammelten.
- Aus Gegenständen (oder ihren Überresten) schließen sie auf Tätigkeiten, die in der Siedlung stattfanden.
- Aus Gegenständen, die nur an anderen Orten vorkommen oder hergestellt werden, schließen sie auf Kontakte der Menschen in entfernte Gegenden.
- Aus Grabbeigaben schließen sie daraus, welche Stellung in der Gemeinschaft ein Mensch zu Lebzeiten hatte und welche Vorstellungen vom Jenseits die Gemeinschaft hatte.
- Aus menschlichen Überresten schließen sie auf Alter, Geschlecht, Gesundheit, Ernährung und Lebensumstände.

Auf der Grundlage von Ausgrabungsergebnissen stellen Archäologen gemeinsam mit Zeichnern dar, wie die untersuchte Siedlung ausgesehen haben könnte (Rekonstruktion).
In Freilichtmuseen werden einzelne Häuser einer ausgegrabenen Siedlung nachgebaut. Manche Hausteile müssen sie auch „dazuerfinden". Das machen sie nicht beliebig, sondern sie gehen von ihrem Wissen über die gesamte Epoche aus und beziehen andere Ausgrabungsorte mit ein.

Wenn du für geschichtliche Fragen archäologische Informationen berücksichtigen sollst, kannst du schreiben:
Die Funde der Ausgrabung in … zeigen, dass … – Die Rekonstruktion der Häuser von … berücksichtigt … – Die Menschen in der Siedlung … waren / konnten / lebten …, wie der Fund eines / die Funde von … belegen.

Methodenkarten

Geschichtskarten

Landkarten informieren über die Lage von Ländern, Orten, Meeren, Flüssen, Bergen und anderen Kennzeichen einer Landschaft. Karten für den Geschichtsunterricht enthalten noch mehr: Sie verknüpfen Erdkunde und Geschichte, indem sie zeigen, welche Ereignisse und Entwicklungen in der Vergangenheit in bestimmten Gebieten stattfanden. Wo siedelten die Menschen? Wie veränderten sich Lebensräume von Völkern und Ländergrenzen? Woher kamen Handelsgüter und wohin wurden sie auf welchen Wegen gebracht? Auch genaue Karten geben immer nur einen Teil der Gegebenheiten wieder.

Karten kannst du lesen
Schritt 1:
- Kläre, um welches Thema es in der Karte geht (berücksichtige dabei die Über- oder Unterschrift).
- Beachte die Legende: Sie erklärt dir die verwendeten Zeichen, Farben und Abkürzungen und nennt meist auch den Maßstab.

Schritt 2:
- Kläre zunächst, welches Gebiet die Karte zeigt, welche Zeit sie behandelt und über welche Einzelheiten sie informiert.

Schritt 3:
- Wenn dir Fragen zu Entfernungen zwischen Orten gestellt werden, nutze die Maßstabsleiste.
- Bei Fragen zur Landschaft solltest du Merkmale wie Küstenverlauf, Flüsse und Höhenangaben berücksichtigen.
- Wähle die Informationen aus, die zu den Fragen, die du selbst an die Karte stellst, oder zu den Aufgaben, die du lösen sollst, passen.

Zur Kartenauswertung nützliche Formulierungen:
Der Kartenausschnitt zeigt … – Der abgebildete Raum ist ungefähr … x … km groß. – Die Karte bildet die Verhältnisse im … Jh. / im Jahr … ab. – Mit Farben wird angegeben … – Aus den Angaben kann man erkennen, dass der Raum über den Landweg / Seeweg … zu erreichen war. – Symbole zeigen an, wo die Menschen …, wo sie welche … anbauten, wo es Orte für die Verehrung von … gab und wo sie … förderten. – Außerdem sieht man, welche … es in … gab. – Die Karte erlaubt also Aussagen über die Lebensbereiche …

Bilder

Bilder können uns Geschichten erzählen und uns etwas über die Zeit mitteilen, in denen sie entstanden sind. Du kannst sie zum Sprechen bringen, indem du Fragen an sie stellst. Nicht alle lassen sich bei jedem Bild beantworten. Oft musst du weitere Informationen einholen.
Du kannst bei der Arbeit mit Bildern in drei Schritten vorgehen:

1. Beschreibe das Bild
- Wann und wo wurde es geschaffen oder veröffentlicht?
- Hat es ein besonderes Format?
- Welche Personen erkennst du auf dem Bild?
- Was tun die Personen?
- Wie sind sie gekleidet? Haben sie Gegenstände bei sich?
- Kannst du weitere Dinge oder Tiere auf dem Bild erkennen?
- Wie wirkt das Bild auf dich?

2. Erkläre die Zusammenhänge
- Ist auf dem Bild etwas hervorgehoben? Woran erkennst du das?
- Wie sind die Personen dargestellt? Fällt dir dabei etwas auf? Sind es wirkliche Personen oder stehen sie für etwas?
- In welcher Beziehung zueinander sind die Personen dargestellt?

3. Bewerte das Bild
- Zu welchem Zweck wurde das Bild hergestellt?
- Was sollte es dem Betrachter sagen?
- Welche Ereignisse und Vorstellungen haben für die Darstellung eine Bedeutung? Findest du sie im Bild wieder?

Diese Sätze kannst du bei Bildquellen verwenden:
1. *Das Bild stammt aus dem Jahr … – Es wurde vom Künstler … gemalt. – Von links nach rechts erkennt man … – Die Figur … ist mehrmals abgebildet. – Die Figur des … ist durch … besonders hervorgehoben. – Auffällig ist … – Einige Figuren tragen …*
2. *Einige der Figuren sind (Menschen / Götter / Teufel …). Dies erkennt man an … – Die meisten Figuren (blicken / gehen) nach … – Besonders hervorgehoben ist … Als einzige Figur ist er … dargestellt. – Das Bild zeigt (einen einzigen Moment / einen längeren Zeitraum).*
3. *Das Bild diente als … / war angebracht am … – Es beschreibt die Vorstellung vom … – Die abgebildete Szene war für die Menschen sehr wichtig, da … – Das Bild ist eine Quelle für die Vorstellungen der Menschen des … über …*

Service-Anhang

Textquellen

Textquellen sind die wichtigsten geschichtlichen Zeugnisse. Ein Text aus der Vergangenheit kann beim ersten Lesen aber schwierig sein – sogar für Profi-Historiker! Dazu ein paar Tipps:

Schritt 1: Texte verstehen
① Lies den Text sorgfältig durch. Oft erschließt sich sein Sinn beim zweiten Lesen schon besser.
② Notiere dir unbekannte Begriffe und Namen. Kläre sie mithilfe eines Lexikons (Buch, Internet).
③ Ausdrücke, die dir unverständlich bleiben, kannst du im Unterricht klären.

Schritt 2: Texte einordnen
④ Finde heraus, wann und wo der Text entstand.
⑤ Ermittle den Autor. Welchen Beruf, welche Aufgabe hatte er, als er den Text schuf? Was war der Anlass? Ein Lexikon kann dir dabei helfen.
⑥ Lies in deinem Geschichtsbuch nach, was wir über die Zeit der Textquelle wissen.
⑦ Um welche Art von Quelle handelt es sich? Ein Gesetz hatte andere Absichten als ein Gedicht oder eine Rede.
⑧ Manchmal ist wichtig, wie ein Text in unsere Zeit kam (Historiker nennen das „Überlieferung"). So klärst du, wie zuverlässig der Inhalt ist.

Schritt 3: Texte deuten
⑨ Arbeite die wichtigen Aussagen des Textes heraus.
⑩ Stelle fest, was der Autor in seiner Zeit mit dem Text bewirken wollte und warum.
⑪ Finde heraus, ob die beabsichtigte Wirkung erzielt wurde (etwa: „Was geschah nachher?").

So kannst du dich bei Texten ausdrücken:
Bei dem Text handelt es sich um eine Rede / eine Inschrift / ein Gesetz / ... – Der Text soll von ... im Jahr ... aufgeschrieben worden sein. – Er stammt aus der Stadt ... / dem Land ... – Zur dieser Zeit war für die Menschen ... wichtig, weil ... – Der Text wurde vom Autor ... aufgeschrieben / von ... überliefert. – Die wichtigsten Stellen / Kernaussagen des Textes sind: a) ..., b) ..., c) ... – Der Autor möchte mit seinem Text (wahrscheinlich) erreichen, dass ...

Münzen

Münzen sind nicht nur Zahlungsmittel. Mit ihnen wurden zu allen Zeiten politische Botschaften und Meinungen unters Volk gebracht. Für Geschichtsforscher sind Münzen deshalb ergiebige Quellen, die Aufschluss geben über Zeitumstände, Ereignisse und Entwicklungen oder Absichten und Haltungen der Auftraggeber.

Zur Analyse von Münzen kannst du so vorgehen:
Schritt 1: Was sehe ich? Was bedeutet das?
(beschreiben und entschlüsseln)
Welche Personen, Gegenstände, Symbole, Inschriften (Legenden) usw. sind zu erkennen? Wofür stehen die Bilder, was besagt die Legende?
Schritt 2: Was weiß ich über die Hintergründe?
(in den Zusammenhang einordnen)
Aus welcher Zeit stammt die Münze? Auf welche Personen oder Ereignisse bezieht sie sich? Welche politischen Verhältnisse herrschten damals?
Schritt 3: Was ist die Botschaft?
(Aussage formulieren)
Was soll dem Betrachter mitgeteilt werden? Welche Überzeugung soll ihm nahe gebracht werden?
Schritt 4: Was lerne ich daraus?
(Fazit ziehen)
Welche neuen Erkenntnisse habe ich gewonnen? Wo sehe ich Verbindungen zu bereits Gelerntem? Welche grundlegenden Fragen kann ich nun besser beantworten als zuvor?

Nützliche Sätze zur Auswertung von Münzen:
Schritt 1: *Die Vorderseite / Rückseite der Münze zeigt ... – Folgende Legenden kann ich lesen: ... – Das Symbol ... bedeutet ... – Die abgebildete Person ist ...*
Schritt 2: *Die Münze stammt aus der Zeit ... – Wichtige Personen waren damals ... – Die Situation / das Problem zu dieser Zeit war ...*
Schritt 3: *„Ich bin ...", „Wir wollen ...", „Ich kann ..."*
(Lass den / die Urheber der Münze zu Wort kommen.)
Schritt 4: *Die Münze hat mir verraten, dass ... – Dies kenne ich schon aus der Beschäftigung mit ... – Dies lässt sich vergleichen mit ... – Durch die Beschäftigung mit der Münze ... – Zu diesem Thema wüsste ich gern noch ...*

Methodenkarten

Bilderzählungen

Menschen beantworten die Frage „Wer bist du?" oft mit einer Erzählung. Sie bringt zur Sprache, was ihnen wichtig ist. Dies verbindet Menschen aller Zeiten und Kulturen. Erzählungen, in denen Menschen im Rückblick ihr Leben deuten, sind daher auch für Historiker interessant.

Sinn gebende Erzählungen wurden oft aufgeschrieben. Die Schriftreligionen kennen viele solche Geschichten. Als viele Menschen nicht lesen und schreiben konnten, nutzten sie zum Erzählen auch Bilder. Sie können erzählen, welchen Sinn Menschen ihrem Leben gegeben haben. Diesen Sinn kann man entschlüsseln. Dafür muss man die Erzählung in ihrem Zusammenhang (Kontext) verstehen. Dies kann in drei Schritten gelingen.

1. Schritt: Wie wird die Erzählung „aufbewahrt"?
- Um welche Quellengattung handelt es sich?
- Warum wurde gerade diese Quellengattung gewählt?
- Tipp: Auf den Methodenseiten findest du Hinweise, wie verscheidene Quellen nach ihren Eigenarten genauer untersucht werden können.

2. Schritt: Von wem und wovon wird erzählt?
- Von welchen Personen wird erzählt?
- Welche Ereignisse werden in den Mittelpunkt der Erzählung gestellt?
- Tipp: Kontext beachten, Zusatzinformationen nutzen

3. Schritt: Warum wird erzählt?
- Warum erinnern sich die Menschen an diese eigentlich längst vergangene Geschichte?
- Wie deuten sie dadurch die Zeit, in der sie leben?
- Wie versuchen sie, ihrem Leben damit Sinn zu geben?
- Tipp: Kontext beachten, Zusatzinformationen nutzen

Wenn du eine Bilderzählung deuten sollst, kannst du diese Ausdrücke verwenden:
Das Bild erzählt die Geschichte von ... – Die Menschen kannten diese Erzählung, weil ... – Die Geschichte war den Menschen wichtig, denn ... – Aus der Erzählung lernen wir, dass ...

Historisch argumentieren

Im Fach Geschichte geht es darum, die Vergangenheit zu erkunden. Dazu sind Quellen nötig, die für sich genommen aber erst einmal „stumm" sind. Erst wenn man weiß, welche Fragen man an die Quellen stellen kann, ist man in der Lage, sie zum Sprechen zu bringen.

Doch selbst dann liegen die Dinge oftmals nicht ganz einfach: Wenn zum Beispiel ein König hingerichtet wird, könnte es sein, dass eine Quelle aussagt, dass er damit seine gerechte Strafe erhält, weil er ein schrecklicher Tyrann war. In einer anderen Quelle könnte zu lesen sein, dass der König unschuldig war und von seinen Gegnern unrechtmäßig ermordet wurde.

Um in solchen Fällen zu einem begründeten Urteil zu kommen, benutzen Historiker die Methode des Historischen Argumentierens.

Wenn du eine historische Argumentation verfassen sollst, kannst du in fünf Schritten vorgehen:
1. Schreibe eine *Behauptung* zur Frage auf.
2. Gib den *wichtigsten Grund* („Argument") an, warum du so denkst. Verwende dazu eine Idee aus einer Text- oder einer Bildquelle. Erkläre, warum diese Idee deine Behauptung stützt.
3. Finde ein *weiteres Argument* für deine Behauptung. Gehe dabei so vor wie in Schritt 2.
4. Schreibe ein Argument auf, das *gegen deine Behauptung* spricht. Verwende auch hier Text- oder Bildquellen wie in den Schritten 2 und 3.
5. *Fasse kurz zusammen*, was du in den Schritten 2 bis 4 herausgefunden hast, und erkläre, warum deine Behauptung (Schritt 1) stimmt.

Service-Anhang

Eine Stadt erkunden s. S. 38f.

Vieles über Städte kann man in Büchern lesen. Erleben kann man sie nur, wenn man das Klassenzimmer verlässt und auf Entdeckungsreise geht. Städte sind spannende Erkundungsorte, da dort viele historische Gebäude und Gegenstände zu finden sind. Eine Stadterkundung könnt ihr in vier Schritten organisieren:

1. Schritt: Planung:
- Materialien beschaffen: Stadtplan, Broschüren, Bücher, Zeitschriften. Stadtbücherei/Touristeninfo geben Tipps und Materialien.
- Anreise: Wenn man nicht gleich direkt in die Stadt laufen kann, muss man planen, wie man dort hingelangt. Fragt eure Lehrerin/euren Lehrer oder informiert euch im Internet über die Bus- und Bahnverbindungen.

2. Schritt: Vorbereitung
- Bekanntmachen: Ermittelt, was für euch interessant ist und wo es zu finden ist. Nehmt einen Stadtplan und markiert Orte oder Gebäude, zu deren Geschichte ihr Fragen habt: Rathaus – Stadtmauer – Türme – Markt – Kirchen – Straßennamen – …
- Unbekannte Namen/Begriffe: Im Lexikon/Internet nachschlagen.
- Vergleich: Wenn ihr eine Stadtabbildung aus dem Mittelalter und eine heutige Karte habt: Vergleicht, was noch vorhanden ist.
- Reservierung: Wenn es ein Stadt-Museum gibt: Öffnungszeiten und Eintrittspreise ermitteln, als Gruppe anmelden.

3. Schritt: Organisation und Themen
- Rundgang: Einigt euch über die Stationen und ihre Reihenfolge.
- Einbindung: Vergebt für die einzelnen Punkte Minireferate. Je eine Gruppe bereitet eine Station vor. So wird es spannend für alle.
- Laufzettel: Damit eure Beobachtungen nicht „verpuffen", solltet ihr einen Laufzettel anlegen. So könntet ihr zu einem Turm Aussehen, Name, Höhe und Nutzung notieren und auch, wie er heute in der Stadt wirkt.
- Fotos können eure Erlebnisse speichern. Wählt 1-2 Schülerinnen oder Schüler für diese Aufgabe aus.
- Verhalten: Legt Regeln fest, an die ihr euch alle halten sollt.

4. Schritt: Besprechung und Zusammenführung
- Am Ende der Erkundung habt ihr viele Eindrücke, Erfahrungen und Informationen notiert. Ihr solltet sie mit anderen austauschen. Vorschläge: Wandzeitung – Plakate – digitale Präsentation – Artikel für Schulhomepage oder Schülerzeitung

Dynamische Karten s. S. 52f.

Manche Geschichtskarten geben Antworten auf die Frage: „Was war früher wo?" Aber Karten können mehr: Es gibt Darstellungen, die auch zeigen, welche Veränderungen in längeren Zeiträumen stattfanden. Die erstgenannten Karten nennt man „statisch" (Status: Zustand), letztere heißen dagegen „dynamisch" (Dynamik: Bewegung).

Analyse einer „dynamischen Geschichtskarte":
1. Schritt: Die Karte beschreiben
- Welches Thema hat die Karte?
- Welchen Raum und welchen Zeitraum behandelt sie?
- Welche grafischen Mittel nutzt die Karte?
- Welche sonstigen Informationen enthält die Karte?

2. Schritt: Die Karte analysieren und einordnen
- Was verändert sich im dargestellten Raum zwischen Anfang und Ende der Darstellung?
- Welche Zwischenschritte kann man erkennen?
- Was muss ich wissen, um die Karte zu verstehen?
- Welche Gründe gibt die Karte an?
- Welche Folgen der Entwicklung erkennt man?

3. Schritt: Die Karte bewerten
- Welche historische Veränderung erklärt die Karte?
- In welchem Zusammenhang steht die Veränderung?
- Welche Zusammenhänge werden verdeutlicht?
- Welche Fragen beantwortet die Karte nicht?

Diese Formulierungen helfen dir bei der Analyse:
1. Schritt: *Die Karte behandelt … – Der Raum umfasst … – Der Zeitraum reicht von … bis … – Veränderungen werden dargestellt durch …*
2. Schritt: *Zum Zeitpunkt … gab es … – Am Ende des Zeitraums … – … waren besonders stark/gering betroffen. – Die Karte legt nahe, dass … – Gründe/Folgen der Entwicklung waren, weil …*
3. Schritt: *Die Karte zeigt, wie sich … veränderte. – Dieser Vorgang hängt zusammen mit … – Folgen waren damals … – Der Zusammenhang zwischen … und … ist einleuchtend/nicht einleuchtend, weil … – Die Karte gibt keine Auskunft darüber, wie/was/ob …*

Methodenkarten

Historische Karten s. S. 68f.

Karten aus dem Mittelalter dienten nicht vorrangig dazu, Reisenden den Weg zu weisen. Die Zeichner und ihre Auftraggeber wollten weniger die Wirklichkeit als ihre – oft religiös geprägten – Vorstellungen von der Welt abbilden. Erst die Entdecker des 15.-16. Jh. brauchten für ihre Seereisen genaue geografische Angaben. Im Gegenzug trugen ihre Erkenntnisse zu immer besseren Karten bei. Diese wurden nun oft genordet, erhielten Windrosen und Gitternetze, um sie in Verbindung mit dem Kompass nutzen zu können. Eingezeichnete Breiten- und Längengrade halfen bei der Navigation, denn zumindest den Breitengrad (Linie parallel zum Äquator) konnten Seefahrer damals schon bestimmen. Dennoch: Auch Darstellungen aus der Zeit der Renaissance und später zeigen, dass es ihren Erstellern nicht nur um die reine Wegweiserfunktion ging. So machen wir Weltkarten zu ertragreichen Quellen über Wissen und Absichten der Autoren und ihre „Welt-Bilder":

Schritte zur Auswertung historischer Karten:
1. Schritt: Was sehe / lese ich?
Geografischer Raum, Himmelsrichtungen, Abbildungen, Beschriftungen, Gebiete. Auch: Entstehungszeit und Kartograf

2. Schritt: Was weiß / denkt / will der Zeichner?
Geografische Kenntnisse des Zeichners? Mögliche Quellen? Herkunft/Haltungen/Aussagen/Vorstellungen des Zeichners? Zweck/Funktion/Nutzen der Karte, Absicht des Zeichners, mögliche(r) Auftraggeber?

3. Schritt: Was habe ich gelernt?
Welche neuen Erkenntnisse bietet die Karte? Gibt es Verbindungen zu bereits Gelerntem? Habe ich noch offene Fragen?

Diese Formulierungen helfen bei historischen Karten:
1. Schritt: Die Karte stammt von … – Die Darstellung umfasst … – ist genordet/geostet. – Ihr Thema ist … – Auffällig ist, dass …

2. Schritt: Der Verfasser kennt … genau/nicht. – Der Vergleich mit einer modernen Karte zeigt … – Als Quelle diente wohl … – Wichtig war dem Zeichner … – Die Karte diente sicherlich … – Der Urheber wollte …

3. Schritt: Dies lässt sich vergleichen mit … – Einiges kenne ich aus der Beschäftigung mit … – Mir war neu, dass … – Ich wüsste gern noch …

Perspektiven wechseln s. S. 78f.

Wie könnt ihr mit schriftlichen Quellen umgehen, die voneinander abweichen oder sich sogar widersprechen?
Zunächst müsst ihr erkennen, dass ein Geschehen aus einer bestimmten Perspektive (Sicht) beschrieben wird. Prüft dazu durch Vergleichen, was der eine erwähnt, der andere weglässt. Um die Quelle auf ihre Glaubwürdigkeit hin zu überprüfen, ist es wichtig zu wissen, wer ihr Autor ist und wann, wo und in wessen Auftrag er sie verfasst hat. So erkennt ihr verschiedene Perspektiven der Verfasser. Abschließend solltet ihr beurteilen, wessen Aussagen ihr eher traut.

Folgende Tipps können euch dabei helfen:
1. Informiere dich über den Autor der Quelle. Finde seine Haltung zu den berichteten Ereignissen heraus. War er beteiligt? Hat er sie selbst beobachtet, oder berichtet er, was er von anderen gehört hat? Schreibt er zeitnah oder aus längerem zeitlichem Abstand?
2. Überlege, mit welcher Absicht der Autor über die Ereignisse berichtet (Intention). Was will er erreichen?
3. Überlege, an wen sich der Text richtet (Adressat) und in welchem Verhältnis Autor und Adressat stehen.
4. Lies die Quelle aufmerksam und unterstreiche dabei Begriffe, Sätze oder Satzteile, die du nicht verstehst.
5. Unklare Sachverhalte kannst du mithilfe deines Lehrers/deiner Lehrerin und/oder mit Nachschlagewerken klären.
6. Gib den Inhalt in eigenen Worten kurz schriftlich wieder.
7. Markiere im Text farblich Begriffe, Sätze oder Satzteile, in denen der Autor eine Bewertung vornimmt.
8. Entwickle Leitfragen, um die Quellen zu vergleichen.
9. Markiere Unterschiede/Gemeinsamkeiten in zwei Farben.

Zum Vergleich von Quellen nützliche Sätze:
Die Quelle … wurde im Jahr … von … verfasst. – Die dargestellten Ereignisse fanden im Jahr … statt. – Bei dem Autor handelt es sich um … – Der Autor berichtet (in Zeile …) davon, dass … – Die Quelle handelt von … / berichtet über …
Der Autor … richtet sich … an … – Er möchte erreichen, dass … – Während Autor … angibt, dass …, spricht der Autor … davon, dass … – Die Autoren widersprechen sich beim Punkt … Hier stellt Autor … dar, dass …, Autor … hingegen hebt hervor, dass … – Beide Autoren weisen auf … hin.

Service-Anhang

Herrscherbild
s. S. 106 f.

Ein König oder eine Königin war meist darauf bedacht, vom Volk im besten Licht gesehen zu werden. Monarchen konnten ihr Bild selbst beeinflussen, denn sie konnten es sich leisten, Künstler damit zu beauftragen, Abbildungen von ihnen nach ihren Wünschen zu schaffen.
Wenn Kunstwerke einen König als Kriegsgott Mars, als Göttervater Jupiter oder als strahlende Sonne zeigen, dann sollte der Betrachter ihn als siegreich, fähig, mächtig, sonnengleich sehen. Solche Werke waren bis ins Kleinste durchkomponiert. Alles an ihnen war Absicht: Pose, Kleidung, Hintergrund, selbst scheinbar nebensächliche Dinge.

Die Untersuchung von Herrscherporträts in drei Schritten:
1. Schritt: Beschreiben
Wer ist abgebildet? Wo steht die Person? Wie steht sie da (Gestik), welchen Gesichtsausdruck hat sie (Mimik)? Welche Kleidung, welche Accessoires trägt die Person? Welche Zeichen der Macht, welche Herrschaftsinsignien sind abgebildet? Wie und wo sind sie angeordnet? Wie ist der Hintergrund gestaltet? Wie ist das Bild aufgebaut?

2. Schritt: In Kontext einordnen
Was weiß ich über die abgebildete Person? Welche politischen Verhältnisse herrschten damals? Bezieht sich das Bild auf ein Ereignis? Wo hing das Bild? Wer sah es? Wie groß ist es im Original? Welche Perspektive nimmt der Betrachter ein? Welche Bedeutung haben die Gegenstände, Symbole und Farben? Welche Rolle spielt das Licht?

3. Schritt: Absicht / Wirkung untersuchen
Wann, wo und in wessen Auftrag ist das Bild entstanden? Aus welchem Anlass und zu welchem Zweck? Wer war der Maler? Welche Wirkung soll das Bild auf den Betrachter entfalten? Wie will die porträtierte Person gesehen, wie als Herrscher verstanden werden?

Nützliche Sätze bei der Interpretation von Herrscherbildern:
1. Schritt: *Bei der porträtierten Person handelt es sich um ... – Im Bildvordergrund /-hintergrund erkenne ich ...*
2. Schritt: *Das Gemälde stammt aus der Zeit ... – Damals passierte ... – Der Maler hat folgende Symbole benutzt: ... – Sie stehen für / bedeuten / sind Zeichen für ... – Eine besondere Rolle spielt auch ...*
3. Schritt: *Das Bild wurde in Auftrag gegeben von ..., weil ... – Seine Wirkung wird unterstrichen durch ... – „Ich bin ... / Ich will ... / Ich kann ..."* (Formuliere als Ich-Botschaft, was der Herrscher / die Herrscherin beim Betrachter auslösen wollte.) *– Ich sehe deutliche Verbindungen zu ... – Interessant wäre noch ...*

Geschichte beurteilen
s. S. 136 f.

Im Fach Geschichte geht es darum, die Vergangenheit zu erkunden. Manchmal sind die Ereignisse bekannt, aber es fällt schwer, diese richtig zu bewerten. Wird etwa ein Gefängnis gestürmt, so kann dies einerseits bedeuten, dass schlimme Verbrecher frei kommen. Es kann andererseits aber auch sein, dass zu Unrecht Eingesperrte endlich ihre Freiheit erhalten. Um einen geschichtlichen Sachverhalt richtig bewerten zu können, wenden Historiker die Methode des Historischen Urteilens an:

Historisches Urteilen in vier Schritten:
1. Schritt: Informieren
Informiere dich über die Parteien und die Voraussetzungen des Konfliktes: Wer gerät mit wem in Konflikt und warum?

2. Schritt: Sachverhalt schildern
Betrachte das historische Ereignis, das für den Konflikt steht, zuerst einmal objektiv: Erkläre kurz in eigenen Worten, was geschehen ist, ohne dabei bereits zu bewerten.

3. Schritt: Gründe finden
Finde Argumente für beide Seiten: Warum ist das Geschehen berechtigt / nicht berechtigt? Schreibe zumindest zwei Argumente für jede Seite auf.

4. Schritt: Urteil bilden
Formuliere ein Fazit. Das ist ein Satz, in dem jeweils das beste Argument der beiden Seiten vorkommt, sich aber letztlich für eine der beiden Seiten ausspricht.

Diese Formulierungen können hilfreich sein:
1. Schritt: *Ich möchte mir ein Urteil bilden über ... – Welche Seite hatte Recht beim Konflikt zwischen ... und ...? – Informationen dazu fand ich ...*
2. Schritt: *Damals gab es Streit zwischen ... – Die einen wollten ... – Am Ende brach Gewalt aus: ...*
3. Schritt: *Partei A berief sich zu (Un-)Recht auf ... – Die Reaktion ... war übertrieben. – ... war eine Provokation. – Partei B forderte nur ihr Recht auf ... ein.*
4. Schritt: *Einerseits ..., andererseits ... – Insgesamt halte ich das Verhalten ... für gerechtfertigt, weil ... – Partei X trug durch ... Schuld daran, dass ...*

Hilfestellungen: Gewusst wie!

Kapitel 1: Europa im Mittelalter. Leben in der Agrargesellschaft – Begegnung mit dem Fremden

S. 15

Aufgabe 5
Hinweis: In Athen z. B. wurde die Gesellschaft in die freien Athener, die Metöken (frei geborene, in Athen lebende Ausländer) und die Sklaven unterteilt. In der frühen Römischen Republik unterschied man die Patrizier, Plebejer und Sklaven. Die verschiedenen Gruppen hatten unterschiedliche Rechte und unterschiedlichen Einfluss auf die Politik. Vergleiche diese Gruppen mit den Ständen im Mittelalter.

S. 17

Aufgabe 3
Deine Tabelle sollte eine Spalte für die Rechte des Vasallen und eine Spalte für die Pflichten enthalten. Rechte und Pflichten werden durch Gesetze festgelegt. Rechte sagen, was man tun darf, Pflichten sind Dinge, die man tun muss.

S. 19

Aufgabe 3
Hinweis: Die Einführung zum Material M2 nennt Personen, die gegen eine Königserhebung Heinrichs II. sind. Untersuche, wie sich Heinrich auf dem Umritt zu ihnen und ihren Stämmen verhält.

S. 21

Aufgabe 2
Orientiere dich am Darstellungstext und an den Angaben zu freien und hörigen Bauernstellen in der Quelle M2.

S. 23

Aufgabe 3
Eine Aussage kannst du überprüfen, indem du nochmals das Material durchliest und dein Wissen anwendest und dann feststellst, ob die Aussage zum historischen Sachverhalt passt oder nicht. Du kannst folgendermaßen beginnen: „Die Behauptung trifft zu, denn …" oder „Die Behauptung ist nicht/nur teilweise richtig, weil …".

S. 25

Aufgabe 3
Arbeite aus Ulrich von Huttens Text zuerst seine einzelnen Klagen heraus. Überlege dann, was der Bauer darauf entgegnen würde. Beispielformulierung: „Du beklagst dich, dass … Was sollen wir Bauern erst sagen! Bei uns …"

S. 27

Aufgabe 2
„Disziplin" heißt die Fähigkeit, sich selbst zu überwinden. „Demut" heißt die Eigenschaft, sich unterzuordnen und niemand Besonderes sein zu wollen. „Gehorsam" ist die Bereitschaft, sich Befehlen (hier: des Abtes) zu fügen. M1 informiert dich darüber, welche Bereiche des Klosters für einen Mönch wichtig waren und was dort geschah. Achte z. B. auf den Raum für Gebet und Gottesdienst und auf den Platz für Schlafen und Speisen. – M2 beschreibt, welches Verhalten ein Mönch von klein auf lernte. – Arbeite aus M3 heraus, wie viel Zeit den Mönchen für Geselligkeit, eigene Interessen und Faulenzen blieb. – M4 berichtet, wie die Mönche arme Fremde behandeln sollen. – Der Schreiber-

mönch auf M5 hatte eine anstrengende Tätigkeit, die feine Bewegungen und ein gutes Auge erforderte. Seine Arbeitszeiten kannst du M3 entnehmen. Bedenke die Beleuchtungsverhältnisse!

S. 29

Aufgabe 1
Schildere dem buddhistischen Schüler zuerst den Grundgedanken des Monotheismus. (Es gibt nur einen Gott – im Buddhismus gibt es dagegen mehrere göttliche Wesen.) Erkläre dann, wann und wo die drei genannten Religionen (Judentum, Christentum und Islam) entstanden sind und wie sie zusammenhängen. Berücksichtige die Größe des Raumes, in dem sie sich entwickelten. Lege zuletzt dar, was jede der drei Religionen mit der Stadt Jerusalem verbindet.

S. 31

Aufgabe 4
Suche in M3 alle Worte, die etwas Schlechtes ausdrücken (schreibe eine Liste). Mit jedem Begriff kannst du einen Satz bilden: „Der Papst sagt, dass die Muslime … sind / getan haben." – Schreibe auf, was der Papst den damaligen Zuhörern als Lohn verspricht (schreibe eine weitere Liste). Mit diesen Begriffen könntest du schreiben: „Wenn ihr gegen die Muslime kämpft, dann …"

S. 33

Aufgabe 4
Versetze dich in die Lage des Muslims in der Textquelle M3 und eines der Muslime in der Bildquelle M4. Für die Charakterisierung des Verhältnisses kannst du z. B. die Formulierung „sowohl – als auch" oder „Es gab …, aber auch …" verwenden.

S. 35

Aufgabe 3
Beispiel zu Zeile 8 („Allen Geschäftsleuten erlasse ich den Marktzoll"): Herzog Konrad verlor zwar Einnahmen, zog dadurch jedoch eine große Zahl von Kaufleuten an seinen Ort. – Die Händler hatten den Vorteil, alle Waren kaufen und verkaufen zu können, ohne dem Marktherrn etwas vom Gewinn abgeben zu müssen.

S. 37

Aufgabe 2
Beispiel zu Zeile 7-11: „Ich verbiete, Fleisch zu teuer zu verkaufen, weil ich will, dass die Bürger in Landshut bleiben und nicht in eine billigere Stadt abwandern."

S. 41

Aufgabe 3
Untersuche jede einzelne Vorschrift: Welche Konsequenzen hatte sie für die Stadt und für die Zunft? Wer hatte einen Vorteil daraus? – Überlege, welche Regeln die Stellung der bereits tätigen Handwerker stärken sollten. Überlege, welche Regeln den Kunden nutzen sollten.

Hilfestellungen: Gewusst wie!

S. 43

Aufgabe 4
Vergleiche die Zeilen 7-9 der Quelle mit Aussagen im Darstellungstext, Abschnitt „Sündenböcke", mittlerer Absatz.

S. 47

Aufgabe 3
Frage dich bei jeder Quelle (M3 bis M6): Wer hatte vor der jeweiligen Regelung Macht in der Stadt? Wer hatte durch die beschriebene Änderung an Macht in der Stadt gewonnen?

S. 49

Aufgabe 3
Berücksichtige z. B. Reisedauer, benötigtes Kapital, Größe der Reisegruppe, Waren für den Hinweg, Waren für den Rückweg, Verrichtungen unterwegs, Sicherheit, erwarteten Gewinn, mögliche Gefahren und Vorkehrungen dagegen.

S. 51

Aufgabe 2
Du kannst formulieren: Weil …, kam es zu … – Dies nutzte den … und den … – Diesen Zustand von … und … bezeichnen Historiker als …

Kapitel 2: Aufbruch in die Neuzeit. Neue Welten – neue Horizonte – neue Gewalt

S. 61

Aufgabe 2b
Tipp: Bewerte die Geste Gottes und Adams. Frage dich: Wie eng ist das Verhältnis/die Bindung beider in Michelangelos Darstellung? Berücksichtige M2!

S. 63

Aufgabe 2
M2 betont eher das Vergnügen, das ein Humanist beim Lesen antiker Autoren hat. Aus M3 kannst du auch nützliche Aspekte ableiten, die deinen Vater vielleicht eher überzeugen können.

S. 65

Aufgabe 2
Erster Hinweis: In einem Buch des Alten Testaments der Bibel heißt es beispielsweise: „Die Sonne, die aufging und wieder unterging, atemlos jagt sie zurück an den Ort, wo sie wieder aufgeht." (Eccl. Buch 1, Vers 5)
Zweiter Hinweis: Überlege, was es für die Kirche bedeutete, dass Astronomen den Anspruch erhoben, absolute wissenschaftliche Wahrheiten zu verkünden.

S. 67

Aufgabe 1
Überlege auch, wer vor Gutenbergs Erfindung Bücher produzierte und wozu diese dienten. Bewerte die Idee Gutenbergs, diesen Kundenkreis zu bedienen.

S. 71

Aufgabe 3
Du kannst so beginnen: „Durch das Verleihen von Geld an mächtige Herrscher waren diese den Medici verpflichtet. Dies konnten sie nutzen, um …" – „Die Medici konnten es sich leisten, öffentliche Bauten in Florenz zu errichten. Zugleich förderten sie damit …"

Service-Anhang

S. 73

Aufgabe 1
Wenn du weitere Infos benötigst, kannst du bei Wikipedia nachlesen. Starte bei den Artikeln „Astrolabium" und „Karavelle". Sie leiten dich zu weiteren nützlichen Lexikoneinträgen.

S. 75

Aufgabe 6
Eine genaue Beschreibung der Stadt findest du bei Wikipedia, Stichwort „Tenochtitlan". – Alternativ zu dieser Aufgabe darfst du auch ein neues Titelbild für ein „Anti-Cortez"-Spiel gestalten.

S. 77

Aufgabe 4a
Wenn du nicht alle deine Fragen beantworten kannst, helfen dir die Informationen auf der Internetseite Wikipedia unter dem Stichwort „Bartolomé de Las Casas".

S. 81

Aufgabe 2a
Beispiele: „auf dem tobenden Meer dieser Welt" – „in Sturm und Gefahr" – „nicht wissend, ob sie zum Hafen des Heils kommen können" – „in schweren Strafen und Pein". Beurteile, was fromme Zuhörer bei dieser Predigt gefühlt haben könnten.

S. 83

Aufgabe 1a
Hinweis: Die schwarze Kopfbedeckung war bei „richtiger" Ansicht ein Kennzeichen für Professoren und Gelehrte. Die Kopfbedeckung bei „umgedrehter" Ansicht kennst du sicher aus der Fasnacht/dem Karneval.

S. 85

Aufgabe 1a
Für den ersten Artikel wäre zum Beispiel die Überschrift „Freie Pfarrerwahl" treffend.

S. 87

Aufgabe 2
Stell dir vor, du hast in deiner Gemeinde einen Fehler begangen und wirst nach M2 behandelt. Wie würdest du reagieren? Ist dieses Vorgehen fair?

S. 91

Aufgabe 2
Beachte, wie sich der katholische Glaube Wilhelms von Slawata in M4 niederschlägt. Tipp: Wie und durch wen werden die aus dem Fenster Gestoßenen gerettet? Beachte, was der „Schwedentrunk" (M5) ursprünglich war. Einen Hinweis findest du links auf S. 90.

S. 93

Aufgabe 2
Berücksichtige, dass die Flucht aus Frankreich ein Bestandteil der Familiengeschichte vieler Hugenottenfamilien ist. Was bedeutet es wohl für sie, an diese Zeit zu erinnern? Welche Folgerungen für heute sollte man aus der Vertreibung ziehen?

Hilfestellungen: Gewusst wie!

S. 95

Aufgabe 3
Der Text M3 enthält lediglich zwei Wörter, die „den Türken" genauer beschreiben (welche?). M5 ist viel konkreter und benennt wirkliche Einschränkungen christlicher Menschen unter muslimischer Herrschaft (welche?).

S. 97

Aufgabe 3
Du kannst die Aufgabe in Form einer Tabelle bearbeiten:

M4: Lexikoneintrag von J. G. Herder	M5: Friedensvertrag von Karlowitz	M2	M3
„Türken" (Osmanen) sind Fremde, die immer wieder Europa „heimsuchen".	Verhandlungen „auf Augenhöhe": Die Osmanen werden als gleichberechtigte Partei angesehen.	Hier wird gezeigt, wie …	Das Bild vermittelt einen Eindruck …

Kapitel 3: Die Französische Revolution. Bürgertum, Vernunft, Freiheit

S. 105

Aufgabe 3
Beginne in dem Moment, als du beim Schloss angekommen bist. Beschreibe deine Eindrücke auf dem Weg vom Haupttor bis in das Audienzzimmer des Königs.

S. 109

Aufgabe 5
Welche dieser Begriffe aus dem Darstellungstext würdest du in deiner Mindmap verwenden: Vernunft im Mittelpunkt des Denkens und Handelns – „Licht" und „Dunkel" – „selbstverschuldete Unmündigkeit" – Immanuel Kant – Glaubenssätze herkömmlicher Autoritäten (Kirche) – eigenes Denken und Forschen – Experiment – städtisches Bürgertum – Bildung – jeder Mensch frei und gleich an Rechten – Vorrangstellung des Adels und des Klerus – Gottesgnadentum – Gleichbehandlung aller drei Stände – politische Mitbestimmung – massenhaft gedruckt, gelesen und diskutiert – Öffentlichkeit – Kaffeehäuser – Zeitungen und Bücher – Lesegesellschaften – Toleranz gegenüber anderen Meinungen – Salon

S. 111

Aufgabe 3
Verwende den Begriff „Gewaltenteilung" und begründe, wie dieses Konzept die Tyrannei verhindern kann.

S. 113

Aufgabe 2
Du kannst so beginnen: Normalerweise würde ein absolut regierender König niemals die Generalstände einberufen, da er seine Macht nicht mit anderen Ständen teilen will. In den Jahren 1788/89 aber …

Service-Anhang

S. 115

Aufgabe 4
Achte darauf, nicht nur die Rechte des Dritten Standes, sondern auch die unfaire Behandlung der Stände vor 1789 zur Sprache zu bringen.

S. 117

Aufgabe 3
Du kannst dazu einfach den Brief des Marquis de Ferrières (M3) weiterschreiben.

S. 119

Aufgabe 4
Du kannst so beginnen: Einerseits wurden die Ziele der Revolution umgesetzt: Im Gegensatz zur Zeit der Monarchie (vor 1789) konnte nun jeder Franzose …

S. 121

Aufgabe 4
Tipp: Bei der Behandlung der deutschen Nationalhymne könnte man so vorgehen: Die drei wichtigsten Begriffe stehen ganz zu Beginn des Textes: Einigkeit, Recht, Freiheit. Und es sind diese drei Ideen, die bis heute … – Übertrage dies auf die Marseillaise.

S. 123

Aufgabe 1
Du kannst so beginnen: Bereits das Beispiel der Uhr mit den 10 Stunden zu je 100 Minuten zeigt, dass die Jakobiner …

S. 127

Aufgabe 2
Tipp: Informiere dich zuerst in einem Lexikon oder im Internet über das „Heilige Römische Reich deutscher Nation".

S. 129

Aufgabe 3
Tipp: Du kannst für diesen Vergleich eine Tabelle anlegen.

S. 131

Aufgabe 3
Du kannst so beginnen: Eigentlich ist diese Behauptung richtig. Manche hatten aber deutlich bessere Chancen als andere: So ist etwa … Auf dem Bild M1 zum Beispiel …

S. 133

Aufgabe 1
Du kannst so beginnen: Die Zahl 13 spielt für die neu entstandenen Vereinigten Staaten von Amerika eine wichtige Rolle … Zusatztipp: Findest du die Zahl 13 auch in der Flagge, die 1776 tatsächlich angenommen wurde, und in der US-Flagge von heute?

S. 135

Aufgabe 3
Zeichne hierzu zwei Kreise, die sich so überschneiden, dass drei ungefähr gleich große Flächen entstehen. Schreibe in die Schnittfläche die Gemeinsamkeiten beider Revolutionen, in die beiden Randflächen die Eigenheiten der Amerikanischen bzw. der Französischen Revolution.

Hilfestellungen: Gewusst wie!

Service-Anhang

Lexikon zur Geschichte: Begriffe

In allen Darstellungstexten sind wichtige Begriffe *hervorgehoben* und auf der jeweiligen Seite unten wiederholt. Erklärungen für diese Worte gibt dir unser „Lexikon zur Geschichte". Viele Begriffe, die ein Geschichtsforscher braucht, kommen in verschiedenen Zeiten immer wieder vor. Manche ändern dabei auch ihre Bedeutung. Andere Begriffe hängen miteinander zusammen oder erklären einander.

Wenn wir bei der Erklärung eines Wortes einen anderen Eintrag in das Lexikon verwenden, machen wir dies mit dem ▶ Pfeilsymbol deutlich. Dies kannst du dir beim Nachschlagen zunutze machen: Folge einfach den Pfeilen, dann erschließt du ein ganzes zusammenhängendes Themenfeld. Probier es einmal aus, zum Beispiel mit dem Begriff „Dreißigjähriger Krieg".

14. Juli: Der französische Nationalfeiertag erinnert an den Sturm auf die Pariser ▶Bastille im Jahr 1789 bzw. an das genau ein Jahr später stattfindende „Föderationsfest", auf dem König Ludwig XVI. den Eid auf die ▶Verfassung ablegte.

Abgaben: Im Rahmen der ▶Grundherrschaft im Mittelalter mussten unfreie Bauern ▶Frondienste für den Grundherrn leisten sowie Abgaben entrichten, zuerst landwirtschaftliche Produkte, später immer häufiger Geld.

Ablass: Nachlass der zeitlichen Strafen für Sünden gegen bestimmte Leistungen (Geldspende, Teilnahme an einer Wallfahrt oder an einem ▶Kreuzzug). ▶Luther kritisierte den Ablasshandel, mit dem die weltlichen und geistlichen Herren ihre Einkünfte steigerten.

Absolutismus (lat. *absolutus*: losgelöst): monarchische Herrschaftsform, in der Fürsten seit dem 17. Jh. ihre Stellung nicht nur von Gott ableiteten, sondern den Anspruch erhoben, „losgelöst" von den Gesetzen und den Ständen regieren zu können.

Adel: In Antike und Mittelalter war der Adel (althochdeutsch *adal*: Geschlecht) eine Gruppe von Familien, die aufgrund von Geburt, Besitz oder Leistung eine besondere Stellung einnahm. Zum niederen Adel gehörten die ▶Ritter und die (ursprünglich unfreien) Dienstmannen (Ministerialen) der Könige. Zum Hochadel zählten Herzöge und Grafen. Die Herrscher nahmen sich das Recht, verdiente Personen in den Adelsstand zu erheben.

Agrargesellschaft: Gesellschaft mit einem hohen Anteil von Menschen, die in der Landwirtschaft tätig sind.

allgemeines Wahlrecht: Prinzip, nach dem alle ▶Bürger eines Staates das gleiche Recht zur Teilnahme an Wahlen haben und jede Stimme gleich gewichtet ist (vgl. ▶Zensuswahlrecht).

amerikanische Unabhängigkeitserklärung: Die ▶Siedler in den 13 britischen ▶Kolonien in Amerika erklärten sich 1776 vom Mutterland unabhängig. Die Erklärung ist die Gründungsurkunde der „Vereinigten Staaten von Amerika".

Aufklärung: Epoche der Wissenschafts- und Geistesgeschichte im 17. und 18. Jh. Die Aufklärer verließen sich bei ihrer Suche nach der Wahrheit auf Vernunft (lat. *ratio*), Experimente und Erfahrungen. Der bedeutendste deutsche Aufklärer war Immanuel Kant. Unter dem Einfluss der Aufklärung entstand auch der aufgeklärte ▶Absolutismus. Fürsten wie Friedrich II. (der Große) von Preußen regierten nach Vorstellungen der Aufklärer, ohne dabei ihre „absolutistische" Macht aufzugeben.

Augsburger Religionsfriede: am 25. September 1555 zwischen Kaiser und ▶Reichsständen geschlossener Friede. Die Landesherren wurden u. a. berechtigt zu bestimmen, ob ihre Untertanen lutherisch oder katholisch sein sollten.

Lexikon zur Geschichte

Azteken: Kultur in Mittelamerika, die aus dem Bündnis dreier Stadtstaaten hervorging. Die aztekische Kultur eroberte seit dem 14. Jh. das südliche Gebiet des heutigen Mexiko und machte viele benachbarte Völker zu tributpflichtigen Untertanen. Wichtigste Stadt des aztekischen Reiches war Tenochtitlan (beim heutigen Mexiko City). Die Spanier eroberten 1519 Tenochtitlan, zerstörten das Aztekenreich und machten das Land bis 1535 zu einer spanischen ▸Kolonie. Vgl. ▸Inka

Ballhausschwur: Am 20. Juni 1789 gelobten die Abgeordneten des ▸Dritten Standes der französischen ▸Generalstände, nicht auseinanderzugehen, bevor sie Frankreich eine ▸Verfassung gegeben hätten. Der Schwur (geleistet in einer Ballsporthalle) war eines der entscheidenden Ereignisse zu Beginn der Französischen ▸Revolution.

Bankwesen: Die Ausweitung des ▸Fernhandels der oberitalienischen Städte seit dem 13. Jh. machte moderne Zahlungsmethoden erforderlich. Es entstanden Banken, die an mehreren Marktorten Niederlassungen unterhielten und ihren Kunden Einzahlungen bzw. Abhebungen ermöglichten. Dies machte einen sicheren, bargeldlosen Zahlungsverkehr möglich.

Bastille: ursprünglich befestigtes Stadttor von Paris, später als Gefängnis genutzt. Der „Sturm auf die Bastille" am ▸14. Juli 1789 wurde von Zeitgenossen als symbolischer Auftakt der Französischen ▸Revolution interpretiert.

Bauernkrieg ▸Deutscher Bauernkrieg

Belagerung Wiens 1683: Belagerung der kaiserlichen Residenzstadt Wien durch das ▸Osmanische Reich, Juli bis September 1683. Der Versuch, die Stadt zu erobern, scheiterte, die osmanischen Truppen zogen sich zurück. Die Belagerung gilt als Wendepunkt und Anfang des Rückzugs des Osmanischen Reiches aus Europa.

Buchdruck: Verfahren zur Vervielfältigung von Texten. Den Buchdruck mit beweglichen Lettern erfand um 1450 ▸Johannes Gutenberg. Vorher mussten Bücher einzeln abgeschrieben werden.

Burg: Im Mittelalter ein Bauwerk mit Wohn-, Verteidigungs- und Wirtschaftsfunktion. Die Burg war Sitz des ▸Adels und zugleich Statussymbol.

Bürger: alle freien Einwohner einer Stadt, die das ▸Bürgerrecht besaßen und damit am politischen Leben der Stadt (▸städtische Selbstverwaltung) teilnehmen durften. Das Bürgerrecht war im Mittelalter erblich. Es beruhte auf städtischem Grundbesitz. Kein Bürgerrecht hatten Gesellen, Gesinde, Arme und Juden (seit dem 12./13. Jh.). Vgl. ▸Dritter Stand

Bürgerrecht: Recht, an den politischen Entscheidungen einer Stadt oder eines Staates teilnehmen zu können. In der mittelalterlichen Stadt wurde der ▸Bürger in eine „Bürgerrolle" eingetragen und bekam einen „Bürgerbrief".

Deutscher Bauernkrieg: Ausweitung lokaler Bauernaufstände ab 1524 in Süddeutschland, Thüringen, Österreich und der Schweiz. Die Bauern forderten die Rücknahme von erhöhten ▸Frondiensten und ▸Abgaben sowie Rückkehr zum „Alten Recht" („Zwölf Artikel"). Dies gilt als frühe Formulierung von ▸Menschen- und Bürgerrechten. Die Aufstände wurden 1525/26 von den Fürsten niedergeschlagen.

Dorf: im Mittelalter Ansammlung von mehreren Bauernhöfen, die oft von einem Zaun umgeben war. Zum Dorf gehörten neben den Gebäuden auch die von den Bauern bewirtschafteten Wiesen und Felder sowie der Wald.

Dreieckshandel: Erklärungsmodell für den (atlantischen) Handel zwischen Europa, Afrika und Amerika in der Zeit vom 17. bis zum Beginn des 19. Jh. mit Erzeugnissen der europäischen ▸Manufakturen wie Textilien, Glasperlen oder Waffen, afrikanischen Sklaven und Erzeugnissen der amerikanischen Sklavenplantagen wie Rohrzucker oder Baumwolle.

Service-Anhang

Dreißigjähriger Krieg: Konflikt um die Vorherrschaft im ▸Heiligen Römischen Reich deutscher Nation und in Europa, zugleich ein Krieg der ▸Konfessionen. Im Reich kämpfte der Kaiser und eine Liga katholischer Fürsten gegen Landesherren der protestantischen Union. Als Auslöser gilt der „Prager Fenstersturz" 1618, mit dem der Aufstand der protestantischen böhmischen Stände ausbrach. Der Krieg endete 1648 nach einem europäischen Friedenskongress: Der ▸Friede von Münster und Osnabrück legte die Balance zwischen Kaiser und ▸Reichsständen neu fest. Ein allgemeiner Friede (▸Pax universalis) wurde angestrebt.
Der Krieg fand vor allem auf dem Gebiet des Heiligen Römischen Reiches statt. Kämpfe, Hungersnot und Seuchen verwüsteten ganze Landstriche, in Teilen Süddeutschlands überlebte nur ein Drittel der Bevölkerung.

Dritter Stand: Alle Personen, die nicht dem Ersten Stand (▸Klerus) oder dem Zweiten Stand (▸Adel) angehörten, also vor allem Bauern und ▸Bürger. Anfangs reine Untertanen, wurde das politische Recht des Dritten Standes durch die ▸städtische Selbstverwaltung gestärkt und in der Französischen ▸Revolution vollends durchgesetzt.

Encomienda (span. „Anvertrauung"): System der wirtschaftlichen Ausnutzung der spanischen ▸Kolonien in Amerika: Den ▸Konquistadoren wurden riesige Ländereien mitsamt der darauf lebenden einheimischen Bevölkerung übertragen. Der Begünstigte sollte die Indios schützen und missionieren, die formal keine Sklaven waren. In der Praxis war das Encomienda-System für die indigene Bevölkerung dennoch eine lebenslange Zwangsarbeit.

Fernhandel: Handel über sehr weite Distanzen, meist mit teuren und exotischen Produkten, die hohe Gewinne versprachen.

Flugblatt: Im ▸Buchdruck hergestelltes, einzelnes Blatt mit Bild und Text („Einblattdruck"). Flugblätter dienten der Information und der Belustigung. Sie waren eine Handelsware, die von Marktschreiern und fahrenden Händlern auf Jahrmärkten angeboten wurde. Anfangs eher mit kuriosen Mitteilungen gefüllt, wurden die Inhalte im ▸Deutschen Bauernkrieg und in der ▸Reformation zunehmend politischer.

Frieden von Münster und Osnabrück, auch „**Westfälischer Friede**": zwei Verträge, die den ▸Dreißigjährigen Krieg (1618-1648) beendeten. Nach dem Friedensschluss verlagerte sich das politische Gewicht vom ▸Heiligen Römischen Reich deutscher Nation auf die ▸Territorialstaaten, gleichzeitig gewannen andere europäische Mächte durch ihn mehr Einfluss auf die deutsche Politik. Auch der Calvinismus wurde nun als ▸Konfession reichsrechtlich anerkannt.

Frömmigkeit: Ausrichtung des Lebens und des Handelns eines Menschen nach den Vorschriften und Lehren einer Religion.

Frondienste: Arbeitsleistungen, die ein höriger Bauer im Rahmen der ▸Grundherrschaft für seinen Grundherrn auf dessen Eigengut leisten musste. Hinzu kamen meist auch ▸Abgaben.

Generalstände: Versammlung von Vertretern der drei Stände ▸Adel, ▸Klerus und ▸Dritter Stand. Sie tagten von 1302 bis 1614 in unregelmäßigen Abständen. Danach wurden sie erst auf Druck des Adels zum 5. Mai 1789 von Ludwig XVI. aufgrund der finanziellen Krise nochmals einberufen. Die Versammlung der Generalstände 1789 beendete die absolutistische Herrschaft Ludwigs XVI. (▸Absolutismus) und bildete den Auftakt der Französischen ▸Revolution.

Gewaltenteilung: eine im 18. Jh. entwickelte Lehre, die sich gegen die absolutistische Regierungsweise (▸Absolutismus) richtete. Demnach sind die Hauptaufgaben eines Staates von drei getrennten Einrichtungen zu erfüllen, die sich gegenseitig kontrollieren: Das Parlament (Legislative) beschließt Gesetze, die Regierung (Exekutive) führt sie aus, und die Gerichte (Judikative) sprechen Recht. Die Virginia Bill of Rights von 1776, die amerikanische Bundesverfassung von 1787 und die französische ▶Verfassung von 1791 berücksichtigten die Gewaltenteilung erstmals.

Grundherrschaft: Herrschaft über Land und Leute. Die Grundherren übergaben Teile ihres Landbesitzes an Bauern zur Bewirtschaftung. Diese mussten ihnen dafür einen Teil der Erträge abliefern (▶Abgaben) und ▶Frondienste leisten. Die Grundherren gewährten den Bauern Schutz und Hilfe und durften über sie bei einfachen Straftaten richten. Die größten Grundherren waren bis ins 18./19. Jh. die Könige sowie der weltliche und geistliche ▶Adel.

„Heiliger Krieg": Krieg, den Mitglieder einer Religionsgemeinschaft gegen Andersgläubige oder sogenannte „Ungläubige" führen. Muslimische Herrscher begründeten damit die Ausdehnung ihres Machtbereiches ebenso wie die Christen die ▶Kreuzzüge.

Heiliges Römisches Reich: Bezeichnung für das im 10. Jh. entstandene deutsche Reich der abendländischen Kaiser. Von den anderen Reichen wie Frankreich unterschied es sich dadurch, dass dessen Herrscher sich als Nachfolger der römischen Kaiser und als Schutzherren der katholischen Kirche verstanden. In den Quellen finden wir erst seit dem 11./12. Jh. die Bezeichnung „Reich der Deutschen" (lat. *regnum teutonic[or]um*). Die Bezeichnung „Heiliges Reich" (lat. *sacrum imperium*) ist seit Mitte des 13. Jh. nachweisbar. Ende des 15. Jh. setzte sich für die deutschen Teile der von den habsburgischen Kaisern regierten Gebiete die Bezeichnung „Heiliges Römisches Reich deutscher Nation" durch. Es wurde trotz Kaiser nie zentral regiert.

Hugenotten: So bezeichneten sich die calvinistisch reformierten Glaubensanhänger in Frankreich (▶Reformation). Unter ▶Ludwig XIV. wurden sie verfolgt und aus Frankreich vertrieben. Sie flohen in die benachbarten Länder, auch in protestantische Territorien des Deutschen Reiches.

Humanismus (lat. *humanum*: das Menschliche): Geisteshaltung, die ab dem 14. Jh. dazu beitrug, dass sich das Wissen über Grammatik, Rhetorik, Geschichte, Dichtkunst und Morallehre grundlegend änderte. Die Wissenschaft und Kunst der Antike war für die Humanisten Ausgangspunkt ihrer Vorstellungen und Lehren. Vgl. ▶Renaissance

Ideentransfer: Übernahme von Ideen aus einem anderen Kulturraum. Vgl. ▶Kulturtransfer

Individuum: Der Mensch als eigenständige, unverwechselbare Person mit seinen Besonderheiten, Fähigkeiten und Interessen. Das Individuum wird im ▶Humanismus „entdeckt" und von der Masse der Untertanen abgegrenzt. Vgl. ▶Renaissance

Inka: städtische Hochkultur an der Westküste Südamerikas mit Zentrum im heutigen Peru. Das kleine Volk der Inka hatte im 15. Jh. ein riesiges Territorium erobert und die dort lebenden Stämme mit militärischer Gewalt und Zwang unterworfen. Das Inkareich wurde von absoluten Königen („Inkas") regiert, unterstützt durch eine effektive Verwaltung. Das Land wurde durch neue Straßen erschlossen, Tauschhandel sorgte für wirtschaftliche Blüte. Das Inkareich wurde seit 1532 von den Spaniern erobert und zur ▶Kolonie gemacht. Vgl. ▶Azteken

Jakobiner: politischer Klub während der Französischen ▶Revolution. Seine Mitglieder trafen sich im ehemaligen Kloster St. Jakob in Paris. Sie übten unter der Führung von Maximilien Robespierre eine ▶Schreckensherrschaft aus.

Jesuitenorden: vom spanischen Offizier Ignatius von Loyola 1534 gegründeter ▶Orden, der sich besonders der Erneuerung der katholischen Lehre und der Zurückdrängung der ▶Reformation widmete. Jesuiten leben nicht in ▶Klöstern und tragen keine besondere Ordenskleidung.

Juden: Das Judentum ist die Religion des „Volkes Israel". Juden sind alle Menschen, die der jüdischen Gemeinschaft durch Geburt oder Beitritt angehören. Das Judentum ist die älteste ▸monotheistische Weltreligion. Es beeiflusste Christentum und Islam.

Judenverfolgung: Entrechtung und Verfolgung von ▸Juden. Häufiges Motiv war der Vorwurf von Christen, „die Juden" hätten gemeinsam Schuld am Tod von Jesus Christus. Judenfeindschaft kam oft in Krisenzeiten auf, z.B. während der ▸Kreuzzüge oder der ▸Pest, als Juden zu „Sündenböcken" erklärt wurden.

Kirche: a) Gesamtheit der Angehörigen einer christlichen ▸Konfession
b) Gebäude, in dem Christen sich zum Gottesdienst versammeln

Klerus: zu katholischen Priestern geweihte Männer. Man unterscheidet den niederen (Priester) und den hohen Klerus (Bischöfe, Äbte).

Kloster (lat. *claustrum*: Verschluss): abgeschlossener Bereich, in dem Mönche oder Nonnen nach bestimmten Regeln unter der Aufsicht eines Abtes bzw. einer Abtissin leben und arbeiten.

Klosterschule: Bildungseinrichtung in einem ▸Kloster, in dem künftige Mönche ausgebildet werden.

Kolonie (lat. *colere*: Land bebauen): Seit dem 8. Jh. v. Chr. wanderten Griechen aus und gründeten rund ums Mittelmeer und an den Küsten des Schwarzen Meeres Tochterstädte (siehe Band 1). Nach der Entdeckung Amerikas (1492) begann ein Kolonialzeitalter, in dem die wirtschaftlich und politisch führenden Mächte Europas Kolonien errichteten.

Kolonisation: Gründung und Entwicklung von ▸Kolonien. In der Frühen Neuzeit spielte besonders die spanische Kolonisation Amerikas durch ▸Konquistadoren eine wichtige Rolle.

Konfession: christliches Glaubensbekenntnis. Nach der ▸Reformation entstand neben dem katholischen das evangelische Glaubensbekenntnis, in dem nur die Bibel als entscheidende Quelle des Glaubens anerkannt wird. Im Gegensatz dazu sind für die katholischen Christen auch die Schriften der Kirchenväter und Konzilsentscheidungen Quellen des Glaubens. Die Anhänger der Reformation spalteten sich später in weitere Konfessionen wie die Calvinisten und Zwinglianer (▸Konfessionalisierung).

Konfessionalisierung: Prozess der Herausbildung und Stabilisierung christlicher ▸Konfessionen im 16. und frühen 17. Jh. Die K. hatte Auswirkungen auf das gesamte Leben der Menschen. Sie führte auch zu katholischen und evangelischen Herrschaften und Territorien.

Konquistador (span. und port. *conquistador*: Eroberer): Sammelbegriff für die Soldaten, Entdecker und Abenteurer die im 16.-17. Jh. große Teile von Mittel- und Südamerika als spanische ▸Kolonien in Besitz nahmen. Der Prozess der Eroberung und Erschließung des mittel- und südamerikanischen Festlandes wird als „Conquista" bezeichnet.

konstitutionelle Monarchie: Regierungsform, in der die absolute Macht der Könige (▸Absolutismus) durch eine ▸Verfassung (lat. *constitutio*) gesetzlich begrenzt wird. Ein Monarch steht zwar weiterhin an der Spitze des Staates, ihm ist aber ein Parlament zur Seite gestellt, das an der Gesetzgebung mitwirkt.

Konzil von Trient: In drei Sitzungsperioden zwischen 1545 und 1563 tagte in Trient (Italien) ein Konzil (allgemeine Bischofsversammlung). Damit reagierte die katholischen Kirche auf die Herausforderung durch die ▸Reformation. Zu den Reformen, die das Konzil beschloss, gehörten z.B. die Abschaffung von Missbräuchen im Ablasswesen (▸Ablass), das Verbot der Ämterhäufung von Bischöfen, die Einrichtung von Priesterseminaren zur besseren Ausbildung der Seelsorger und eine Reform des Eherechts.

kopernikanische Wende: Übergang vom geozentrischen Weltbild mit der Erde im Mittelpunkt zum heliozentrischen Weltbild mit der Sonne im

Zentrum. Sie geht zurück auf Veröffentlichungen von Nikolaus Kopernikus.

Kreuzzug: bewaffnete Pilgerfahrt, die die Kirche im Mittelalter zur Ausbreitung des Glaubens und zur Befreiung der heiligen Stätten unterstützte. Der erste Kreuzzug begann im Jahr 1096, um die Muslime aus Jerusalem zu vertreiben, der siebte endete 1291. Der Name wird von dem Kreuz abgeleitet, mit dem sich die Teilnehmer kennzeichneten. Später wurden auch Kriege gegen Abweichler von der katholischen Kirche (Ketzer) als Kreuzzüge bezeichnet.

Kulturaustausch ▸ Kulturtransfer

Kulturtransfer: Übernahme kultureller Eigenheiten aus anderen Kulturen, z.B. zwischen Ländern oder zwischen verschiedenen gesellschaftlichen Gruppen.

Landesausbau: Maßnahmen mittelalterlicher Landesherren zur Erschließung und Besiedelung siedlungsleerer Räume in ihren Territorien. Mittel: Rodung, Urbarmachung, Anlage neuer Städte und Dörfer.

Landeskirche: evangelische Kirche, die auf ein Gebiet (Territorium) begrenzt ist und den jeweiligen Landesherrn als Kirchenoberhaupt hat.

Lehen: Im Zuge des mittelalterlichen ▸ Lehnssystems von einem Lehnsherrn an einen ▸ Vasallen vergebener Grundbesitz.

Lehnssystem: Als Gegenleistung für die Unterstützung von Kriegszügen (▸ Rittertum) oder für die Übernahme von Diensten verliehen Könige und andere Adlige (▸ Adel) an Gefolgsleute Grundbesitz, einträgliche Ämter oder Vorrechte als ▸ Lehen. Wer sie vergab, hieß Lehnsherr, wer sie erhielt, ▸ Vasall. Die Lehnsherren mussten ihre Vasallen beschützen, die Vasallen schuldeten ihnen dafür Dienste, Rat und Treue. Als Lehen erhaltenen Grundbesitz verwalteten und nutzten Vasallen überwiegend in Form der ▸ Grundherrschaft.

Lesegesellschaft: von Privatleuten seit etwa 1720 gegründete Vereinigungen zur gemeinsamen Anschaffung und gesellige Besprechung von Büchern und Zeitschriften. Sie waren wichtige Treffpunkte im Zeitalter der ▸ Aufklärung.

Luxuswaren: Handelsgüter, die nicht den alltäglichen Bedürfnissen dienen. Sie sind besonders teuer, wenn sie durch ▸ Fernhandel aus weit entfernten Gegenden beschafft wurden (▸ Zwischenhandel), etwa Seidenstoffe oder exotische Gewürze über die ▸ Seidenstraße.

Mainzer Republik: Nach der Französischen ▸ Revolution wurde Frankreich von absolutistischen Staaten (▸ Absolutismus) angegriffen. Frankreich konnte sich behaupten und besetzte u.a. die Stadt Mainz. Es gründete sich ein ▸ Jakobiner-Klub, der die ▸ Republik ausrief. Sie war das erste demokratische Staatswesen auf deutschem Boden und existierte von März bis Juli 1793.

Manufaktur (von lat. *manu facere*: mit der Hand machen): Werkstatt, in der viele Frauen und Männer gleichzeitig mit unterschiedlichen Arbeitsgängen ein Produkt herstellen (z.B. Spielkarten, Porzellan und Uhren). Manufakturen prägen die Wirtschaft des ▸ Absolutismus.

Markt: wichtige Einrichtung einer mittelalterlichen Stadt: Zu festgesetzten Tagen kamen hier Händler und Kunden zusammen, um Waren zu verkaufen bzw. zu kaufen. Märkte standen unter dem Schutz des ▸ Stadtherrn und hatten eine eigene ▸ Marktordnung.

Marktordnung: alle Vorschriften, die Händler und Käufer auf einem ▸ Markt einhalten müssen, insbesondere Regeln zu Maßen und Gewichten, Preisen und Qualitäten. Sie wurde im Mittelalter vom ▸ Stadtherrn festgesetzt und von Marktaufsehern überwacht.

Menschen- und Bürgerrechte: im engeren Sinne die unantastbaren und unveränderlichen Freiheiten und Rechte aller Menschen, die ihnen von Natur aus, d.h. mit ihrer Geburt, bzw. durch ihre

Service-Anhang

Eigenschaft als ▸Bürger eines Staates zustehen – unabhängig von ihrer Stellung in Staat, Gesellschaft, Beruf und Religion: Dazu zählen das Recht auf Leben, die Unverletzlichkeit der Person, Freiheit, Eigentum, aber auch die Gleichheit vor dem Gesetz, das Recht auf Meinungs- und Glaubensfreiheit sowie auf Widerstand gegen Unterdrückung. Die Virginia Bill of Rights, die ▸amerikanische Unabhängigkeitserklärung von 1776 sowie die französische ▸Verfassung von 1791 sind Zeugnisse der Menschenrechtsentwicklung.

Mongolenreich: Nach der Einigung mongolischer Stämme durch ▸Dschingis Khan begann eine Expansion, die in wenigen Jahrzehnten zu einem riesigen asiatischen Reich führte. Es zerfiel nach etwa einem Jahrhundert, u. a. an Nachfolgestreitigkeiten.

Mongolensturm: Ausdehnung des ▸Mongolenreiches durch militärische Gewalt, besonders durch schlagkräftige Reitertruppen.

monotheistische Weltreligionen (griech. *monos*: allein; *theos*: Gott): Monotheismus ist der Glaube an einen einzigen Gott. Die drei monotheistischen Weltreligionen sind das Judentum, das Chrisentum und der Islam. Das Gegenteil von Monotheismus ist Polytheismus.

Nation (lat. *natio*: Herkunft, Abstammung): Als Nation wird seit dem 18. Jh. eine große Gruppe von Menschen mit gleicher Abstammung, Geschichte, Sprache und Kultur oder mit gemeinsamer Regierung und Staatsordnung (▸Verfassung) in einem Staat bezeichnet (▸Nationalstaat). Nationen sind keine natürlichen Gebilde. Sie sind einerseits Konstruktionen der Politik und leben andererseits davon, dass sich Menschen zu ihr bekennen.

Nationalstaat: ein Staat, dessen ▸Bürger ganz oder überwiegend einer ▸Nation angehören. Im Unterschied dazu spricht man von einem Vielvölker- oder Nationalitätenstaat, wenn die Bürger eines Staates mehreren großen Nationalitäten angehören.

Nationalversammlung: Vertreter einer ▸Nation (Parlament, Reichstag). 1789 erklärten sich in Frankreich die Vertreter der drei Stände (▸Generalstände) zur Nationalversammlung (Französische ▸Revolution).

Orden (lat. *ordo*: Ordnung, Stand): Gemeinschaft von Menschen, die ein religiöses Leben nach einer festen Regel führen, meist in einem ▸Kloster. Der älteste ist der Benediktinerorden, später wurden weitere Orden mit anderer Ausrichtung gegründet (z. B. Franziskaner, Dominikaner, ▸Jesuiten).

Osmanisches Reich: Reich der Fürstenfamilie (Dynastie) der Osmanen, bestand von 1299 bis 1922. In Westeuropa wurde es ab dem 12. Jh. auch als „Türkei" oder „Türkisches Reich" bezeichnet. Das Osmanische Reich eroberte 1453 Konstantinopel und machte es als Istanbul zur Hauptstadt. Vgl. ▸Belagerung Wiens 1683

Patrizier (lat. *patres*: Väter): In Anlehnung an die römischen Patrizier wurden die angesehenen und reichen Familien in den mittelalterlichen Städten Patrizier genannt. Sie stellten zunächst allein die Mitglieder des ▸Stadtrates und besaßen die politische Führung in den Städten (▸städtische Selbstverwaltung).

Pax mongolica: Zustand relativer Sicherheit, die europäische Reisende im ▸Mongolenreich genossen, da sie unter dem Schutz des Khans standen.

Pax universalis (lat. allgemeiner Friede): Ein solcher umfassender Friede sollte auf den Verhandlungen in ▸Münster und Osnabrück am Ende des ▸Dreißigjährigen Krieges 1648 hergestellt werden. Ziel war es, die vielen Kriege in Europa zu beenden. Dies gelang nur zum Teil.

Pest (lat. *pestis*: Seuche): sehr ansteckende Krankheit, die durch Bakterien übertragen wird. Menschen erkranken, wenn sie von Flöhen gebissen werden, die zuvor auf infizierten Ratten lebten. In der Geschichte gab es mehrmals große Pestepidemien mit Millionen Opfern. Der bekanntesten Epidemie – sie wurde „Schwarzer Tod" genannt –

erlagen zwischen 1347 und 1353 etwa 25 Millionen Menschen, ein Drittel der Bevölkerung Europas.

Pogrom: Der Begriff stammt aus dem Russischen und bedeutet Verwüstung und Zerstörung. Bei einem Pogrom wendet eine größere Gruppe Gewalt gegen Menschen und ihr Eigentum an, die z. B. eine andere Religion haben als die Mehrheit der Bevölkerung. Pogrome wurden vor allem gegen ▸Juden verübt.

Privileg: im Mittelalter die Gewährung von Sonderrechten durch einen Landesherrn, etwa die Verleihung von Markt-, Münz- und Zollrechten an eine Stadt.

Reformation (lat. *reformatio*: Wiederherstellung, Zurückformung): von ▸Luther ausgehende Bewegung, die eine Glaubensreform zum Ziel hatte und in einer Spaltung der Kirche in verschiedene Glaubensbekenntnisse (▸Konfessionen) endete.

Reichsacht: im Mittelalter vom König oder Kaiser verhängte Ächtung (Fried- und Rechtloserklärung), die im ganzen ▸Heiligen Römischen Reich deutscher Nation galt. Personen, die in der Reichsacht waren, konnten (und sollten) ohne Strafe getötet werden.

Reichsstand: Die geistlichen und weltlichen Landesherren im ▸Heiligen Römischen Reich. Sie gehörten dem Reichstag an, der vom Kaiser/König in unregelmäßigen Abständen an wechselnde Orte einberufen wurde. Die vornehmsten Stände waren die sieben Kurfürsten. Daneben gab es weitere geistliche und weltliche Herren. Auch die freien und Reichsstädte waren Reichsstände. Sie und die kleineren Fürsten (Grafen, Herren) hatten aber bei Abstimmungen geringeres Gewicht.

Reisekönigtum: Im Mittelalter gab es zunächst keine Hauptstädte. Die Könige zogen umher und übten ihre Herrschaft jeweils vor Ort aus. Im Reich hatte der König eigene Pfalzen, wo er übernachten und Hoftage abhalten konnte. In Gebieten ohne Pfalz nutzte er dazu meist größere ▸Klöster.

Reliquien: Körperteil eines Heiligen oder Objekt aus seinem Besitz. In der katholischen Kirche Gegenstand von religiöser Verehrung und von Wunderglauben, in der ▸Reformation scharf abgelehnt.

Renaissance: moderner Begriff für die „Wiedergeburt" der Kunst und Kultur der Antike, die seit 1350 von Italien ausging, bis etwa 1600 anhielt und die Kultur vieler europäischer Staaten beeinflusste.

Republik (lat. *res publica*: öffentliche Angelegenheit): Staatsform mit jährlich wechselnder Regierung hoher Beamter, die in Rom um 500 v. Chr. entstand. Mit Augustus verloren Senat und Volksversammlung an Einfluss, die Kaiserzeit begann. Kennzeichen einer republikanischen Herrschaft sind seit der Amerikanischen sowie der Französischen ▸Revolution eine ▸Verfassung, ein Parlament, die ▸Gewaltenteilung sowie die Vergabe von öffentlichen Ämtern durch Wahl.

Revolution (lat. *revolutio*: Umwälzung): grundlegende und tief greifende Veränderungen bestehender Verhältnisse. In der Politik wird von Revolutionen gesprochen, wenn der Zugang zur Macht (Herrschaft) in einem Staat in kurzer Zeit grundlegend verändert wird. Revolutionen sind in der Regel mit kulturellen, sozialen, wirtschaftlichen und rechtlichen Veränderungen einer Gesellschaft und der Anwendung von Gewalt verbunden.

Ritterorden: christliche Vereinigungen, die das Ideal des Mönchtums (▸Orden) mit dem Ideal des ▸Rittertums vereinigten. Sie wurden im Zuge der ▸Kreuzzüge gegründet und übernahmen im Heiligen Land wichtige militärische und karitative Aufgaben.

Rittertum: Schicht der mittelalterlichen Gesellschaft. Freie Männer, die einem Landesherrn Dienste leisteten (vor allem Kriegsdienste), wurden im ▸Lehnssystem mit Land belehnt. Vielen dieser Männer gelang es, ihre ▸Lehen nicht zurückzugeben, sondern in ihrer Familie zu verer-

Service-Anhang

ben. Dadurch bildete sich ein eigener ▸Stand, der Ritterstand oder „niedere ▸Adel". Typischer Wohnort einer ritterlichen Familie war die ▸Burg.

Salon: vom 18.-20. Jh. privater gesellschaftlicher Treffpunkt für Diskussionen, Lesungen oder musikalische Veranstaltungen. Diskutiert wurden Kunst, Wissenschaft und Politik. Salons wurden von Angehörigen des gehobenen Bürgertums gepflegt und gelten als Mittel zur Verbreitung der ▸Aufklärung.

Sansculotten (franz. *sans culottes*: wörtlich: ohne Hosen, gemeint ohne Kniehosen, wie sie Adlige und Großbürgerliche trugen): Vereinigung der Pariser Unterschichten während der Französischen ▸Revolution. Ihre Anführer waren meist Rechtsanwälte und Journalisten.

Schreckensherrschaft: Periode der Französischen ▸Revolution von Juni 1793 bis Juli 1794, die durch die brutale Unterdrückung aller Personen gekennzeichnet war, die verdächtigt wurden, nicht mit der Revolution einverstanden zu sein.

Schutzprivileg: Erklärung eines Herrschers, die ▸Juden unter dessen Schutz stellt. Oft wurden dafür von den Juden erhebliche, meist finanzielle Gegenleistungen gefordert.

Seeweg nach Indien: Ende 15./Anfang 16. Jh. von portugiesischen Entdeckern erschlossene und befahrene Seeroute rund um Afrika. Sie trat neben die bisherigen Handelswege (Seeweg durch Mittelmeer, Rotes Meer und Indischen Ozean; Karawanenweg durch Asien), die von islamischen Herrschern kontrolliert wurden (▸Osmanisches Reich). Dieser Seeweg eröffnete christlichen Staaten die Möglichkeit für direkten Handel mit Asien. Die hohen Profite waren Antrieb für die koloniale Expansion Europas (▸Kolonisation) in den folgenden Jahrhunderten.

Seidenstraße: Straßensystem in Zentralasien, das den Verkehr zwischen Mittemeer und Ostasien ermöglichte. Blütezeiten waren das 1. Jh. v. Chr. sowie das 13.-14. Jh. (▸Pax mongolica).

Siedler ▸Kolonie

Sonnenkönig (frz. *roi soleil*) wird der französische König Ludwig XIV. (1638-1715) genannt. Das Symbol der Sonne bringt zum Ausdruck, wie Ludwig sich und seine Herrschaft sah. Er verstand sich als „Spender von Leben" und als „Mittelpunkt des Universums". Als absolutistisches Staatsoberhaupt (▸Absolutismus) hatte er umfassende Macht. Er war König von Gottes Gnaden, von Gott eingesetzt und somit – wie die Sonne – unantastbar.

Stadtherr: Der Gründer einer Stadt auf seinem eigenem Territorium und dessen Nachfolger hatten zunächst die Herrschaft über die ▸Bürger. Zur Förderung der Wirtschaft gewährten Stadtherren den Städten oft weitreichende ▸Privilegien. Ihre Herrschaft wurde in vielen Städten durch Einrichtungen der ▸Patrizier (▸Stadtrat) abgelöst oder eingeschränkt.

städtische Selbstverwaltung: Einrichtung in manchen Städten, durch die nicht der ▸Stadtherr, sondern die Gemeinschaft der freien ▸Bürger die politischen Angelegenheiten regelt. Wichtigstes Gremium ist der ▸Stadtrat.

„Stadtluft macht frei": Rechtsgrundsatz im Mittelalter: Ein Unfreier, der sich ein Jahr und einen Tag in einer Stadt aufhielt, ohne dass sein Grundherr ihn zurückforderte, war frei.

Stadtrat: gewählte Versammlung, die im Rahmen der ▸städtischen Selbstverwaltung die politischen und wirtschaftlichen Angelegenheiten der Stadtgemeinde bestimmte. In ihr waren meist die ▸Patrizier tonangebend.

Stand ▸Reichsstand; ▸Ständegesellschaft

Ständegesellschaft, Ständeordnung: Herkunft und Abstammung (Geburt) gliederten die mittelalterliche Gesellschaft in die drei Stände ▸Adel, ▸Klerus (Bischöfe und Vertreter der ▸Klöster) sowie ▸Bürger und Bauern. Diese Stände unterschieden sich durch jeweils besondere Pflichten,

Vorrechte (Privilegien) und gesellschaftliche Funktionen (Beruf) sowie durch ihre besondere Lebensführung. Gegenüber dem Landesherrn beanspruchten die Vertreter der Stände ein Mitspracherecht. Diese Ordnung galt bis zur ▸Aufklärung als von Gott gewollt und unveränderlich.

Territorialstaat: Staat, in dem sich die Herrschaft des Landesherrn über ein bestimmtes Gebiet und die dort lebenden Menschen erstreckte. Im Territorialstaat sind nicht mehr Stammeszugehörigkeit und persönliche Bindungsverhältnisse entscheidend, sondern das Herrschaftsgebiet. Territorialstaaten wurden im Spätmittelalter und der Frühen Neuzeit wichtige staatliche Größen im ▸Heiligen Römischen Reich deutscher Nation. Die Territorialfürsten hatten entsprechend viel Macht.

Türkenfurcht, auch Türkengefahr: im 15.-17. Jh. in der europäischen Öffentlichkeit verbreitete Angst vor dem expandierenden ▸Osmanischen Reich. Seit dem Fall Konstantinopels 1453 wurde eine Bedrohung des christlichen Abendlandes durch die islamische Macht in ▸Flugblättern, Büchern, Bildern und Liedern ausgedrückt.

Vasall (keltisch *gwas*: Knecht): Person oder Einrichtung (z. B. ein ▸Kloster), die für bestimmte Dienste oder Ämter ▸Lehen erhielt (▸Lehnssystem).

Verfassung: zunächst eine Satzung, die die Wahl sowie die politischen Rechte und Aufgaben der Könige, Regierungen, ▸Stände und ▸Bürger festlegte. Im Laufe der Geschichte änderte sich die Verteilung der Macht und wurde allmählich in Verfassungen (Konstitutionen) schriftlich festgelegt. Die amerikanische Verfassung von 1787 wurde von Vertretern der ▸Siedler erarbeitet. Die französische Verfassung von 1791 war das Werk der ▸Nationalversammlung, die aus der 1789 einberufenen Versammlung der Stände (▸Generalstände) hervorgegangen war (Französische ▸Revolution).

Volkssouveränität (frz. *souveraineté*: oberste politische und militärische Macht im Staat): der während der ▸Aufklärung am Ende des 18. Jh. als Gegenentwurf zum ▸Absolutismus entwickelte Grundsatz, wonach das Volk Inhaber aller Staatsgewalt sei. Herrschaftsgrundlage sollten freie Wahlen sein. Sie sind Voraussetzung für die Demokratie.

Westfälischer Friede ▸Frieden von Münster und Osnabrück

Wormser Edikt: Erlass Kaiser Karls V. vom 8. Mai 1521. Über ▸Martin Luther wurde die ▸Reichsacht verhängt, die Lektüre und Verbreitung seiner Schriften wurde verboten.

Zensuswahlrecht (Zensus: Erhebung der Besitzverhältnisse): Wahlrecht, bei dem das Gewicht einer abgegebenen Stimme vom Vermögen des Wählers abhängt. Vgl. ▸allgemeines Wahlrecht

Zunft: Seit dem 11. Jh. schlossen sich städtische Handwerker zu christlichen Gemeinschaften zusammen. Diese Zünfte erließen Vorschriften über das Arbeitsleben, kontrollierten Menge und Qualität der Waren und sorgten bei Krankheit und Tod für ihre Mitglieder und deren Familien.

Zwischenhandel: Handel, bei dem nicht der Erzeuger seine Ware an den Endabnehmer verkauft, sondern an einen Kaufmann, der sie an einem anderen Ort an einen weiteren Händler abgibt. Dies verteuert die Ware, verkürzt aber die Reisewege der einzelnen Kaufleute. Durch Z. kamen u. a. ▸Luxuswaren wie Gewürze und Seide auf der ▸Seidenstraße nach Europa.

Service-Anhang

Lexikon zur Geschichte: Personen

Dschingis Khan (um 1160-1227): Name ursprünglich Temüdschin, Anführer (Khan) einer mongolischen Sippe, einigte die Mongolenstämme und unterwarf alle benachbarten Steppenvölker. 1206 zum Großkhan aller Mongolen ernannt, herrschte bei seinem Tod über ein Riesenreich.

Gutenberg, Johannes (um 1400-1468): Um 1450 erfand Johannes Gensfleisch, genannt Gutenberg, in Mainz den ▶Buchdruck mit beweglichen Metallbuchstaben. Seine Erfindung machte es möglich, dass Bücher schnell und in großer Zahl verbreitet werden konnten.

Kolumbus, Christoph (1451-1506): Seefahrer aus Genua, der versuchte, in westlicher Richtung einen ▶Seeweg nach Indien zu finden. Im Auftrag der spanischen Krone begann er seine Reise und entdeckte dabei 1492 zufällig Amerika.

Ludwig XIV. (1683-1715): seit 1643 König von Frankreich, regierte weitgehend ohne Berücksichtigung des hohen ▶Adels und der ▶Stände. Das Leben am Königshof entfaltete zu seiner Zeit höchste Pracht. Seine monarchische Herrschaft ist Musterbeispiel für den ▶Absolutismus.

Luther, Martin (1483-1546): Theologe und Reformator. 1517 veröffentlichte er 95 Thesen, in denen er den Ablasshandel (▶Ablass) kritisierte. Später lehnte er den Papst als Oberhaupt der Kirche ab. Luthers Lehre führte zur ▶Reformation. Seine Übersetzung der Bibel ins Deutsche wurde weit verbreitet.

Polo, Marco (1254-1324): venezianischer Kaufmann, begleitete seinen Vater auf eine Asienreise, unternahm 1271-1295 eine eigene Reise nach China, wo er u. a. den Enkel ▶Dschinghis Khans traf. Verfasste nach der Rückkehr den Reisebericht „Il Milione", der das europäische Wissen über Asien vermehrte.

Urban II. (um 1035-1099): Bischof von Ostia, 1088 zum Papst gewählt. Rief 1095 in Clermont (Frankreich) zu einem ▶Kreuzzug auf, um die Heiligen Stätten in Jerusalem und das Christentum im Orient von der Herrschaft der Muslime zu befreien.

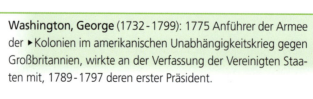

Washington, George (1732-1799): 1775 Anführer der Armee der ▶Kolonien im amerikanischen Unabhängigkeitskrieg gegen Großbritannien, wirkte an der Verfassung der Vereinigten Staaten mit, 1789-1797 deren erster Präsident.

Sachregister

Die **hervorgehobenen** Seitenzahlen verweisen auf Begriffe, die im Bildungsplan als besonders wichtig bezeichnet werden. Sie werden in der Fußzeile des Darstellungstextes durch Fettdruck hervorgehoben und im „Lexikon zur Geschichte" erläutert.

A
Abgaben   14, **20**-22, 24, 26, 46, 84f., 112f., 116
Ablass   **80**f.
Absolutismus   102, 104-108, 110, 114, 124
Abt, Äbtissin   16-20
Adel   **14**-20, 24f., 34, 40, 104, 108, 112-114, 116f., 128f.
Agrargesellschaft   **22**
Akkon   32
Aktivbürger   118f.
al-Aqsa-Moschee   28
Allgemeine Wehrpflicht   122
Allgemeines Wahlrecht   **122**
Allmende   22
Almosen   44f., 81, 85
Altes Recht   **84**f.
Amerikanische Revolution   102, 132-135
Amerikanische Unabhängigkeitserklärung   132-134
Antike   12, 26, 62-64, 110
Armer Konrad   84
Armut, Arme   14, 26f., 31, 44f., 82, 122
Aufklärung   **108**-111, 114, 124, 132
Augsburger Bekenntnis   82
Augsburger Religionsfriede   **86**
Azteken   **72**-79

B
Ballhausschwur   **114**f., 118
Bankwesen   58, **70**f.
Bastille   **116**f.
Batavische Republik   126f.
Bauern   14f., 16, 20-26, 42, 84f., 104, 113, 116
Belagerung Wiens 1683   **96**
Benediktiner   26, 67, 69
Berg Golgatha   28
Berg Moriah   28f.
Beschwerdeheft   112f.
Bettler   14, 44f.
Bevölkerungswachstum   22, 34, 53
Bibel   64, 66, 80, 84f.
Bibliothek   26, 66f.
Bildung   14, 24, 26f., 59, 62f., 82f., 108f.
Bischof   17-20, 30, 42, 47
Boston Tea Party   132, 137
Brunnenvergiftung   42f.
Buchdruck   **66**f., 80, 95, 108
Bundeslade   28
Bundschuh   84
Burg   17, **24**f., 34
Bürger   14, 16, **34**, 40f., 43, 45f., 104, 108
Bürgermeister   46f.
Bürgerrecht   **40**f., 44
Büttel   36
Byzantinisches Reich   30

C
Calvinismus   86, 92
China   48-51, 66, 94, 96
Christentum, Christen   13, 18, 24, 26-34, 42f., 48, 58-60, 64, 69, 72, 74, 76, 80-93, 122
Cisalpinische Republik   126f.
Common Sense   134f.

D
Demokratie   102, 110, 126, 128f., 132, 134
Département   119
Deutscher Bauernkrieg   **84**f.
Dezimalsystem   118, 128
Dorf   12, **22**, 35, 55
Dreieckshandel   **76**
Dreißigjähriger Krieg   90f.
Dritter Stand   **14**f., 104, **112**-116, 128
Dschihad   32

E
Edikt von Fontainebleau   92
El Dorado   74
Encomienda   **74**
Entdeckung Amerikas   72-77
Entdeckungsfahrten   58f., 69, 72f.
Evangelisch   64, 82, 86, 89-93, 115, 136f.
Exekutive   110f., 135
Exkommunikation   80
Experiment   64f., 108

Service-Anhang

Fegefeuer 80
Fehde 21, 30
Felsendom 28
Fernhandel 40, 48f., **70**f., 76
Flugblatt **82**, 95, 99
Franziskaner 26
Französische Revolution 100-103, 112-129, 134f., 138f.
Frauen 14, 24, 35, 124f.
Freiheitsstatue 134
French and Indian War 132
Frieden von Münster und Osnabrück 86, **90**-92
Frömmigkeit **26**
Frondienste 20-22, 35, 84f., 112
Frühe Neuzeit 56-99
Fugger 70f.
Fuggerei 71
Fürstenreformation 82

Geistliche ▶ *Klerus*
Geldverleiher 42
Gemeiner Mann 84
Generalstände **112**-115, 117
Geografie 68f., 74
Geometrie 60, 64, 69, 104
Geozentrisches Weltbild 64
Germanen 34
Gewaltenteilung **110**f.
Gewürze 36, 42, 48, 70f.
Ghetto 42
Gilde 42
Glaubensfreiheit 92
Gold 72, 74f.
Goldener Apfel 94, 96
Gottesgnadentum 104, 108, 128
Grabeskirche 28
Graf 16-19
Großkahn 50f.
Grundherrschaft 14, **20**f., 34f., 40, 84f.
Guillotine 122f.

Handel, Händler 34, 36f., 40, 46, 48-50, 70-72, 76
Handelsgesellschaft 70f.
Handwerker 14, 36f., 40-42, 46f., 60, 70, 122
Häresie 80
Haufendorf 22

Heiligenverehrung 80
„Heiliger Krieg" **30**, 32
Heiliges Römisches Reich 82, 102, **126**f.
Heimarbeit 70
Heliozentrisches Weltbild 64f.
Helvetische Republik 126f.
Hofämter 18f.
Hofkapelle 18f.
Hoftag 18f.
Höriger 14, 20, 34f.
Hugenotten 92f.
Humanismus **62**f., 66, 102

Ideentransfer **134**
Individuum **60**, 62
Inkas **72**, 76
Insignien 19, 107
Islam, Muslime 28-33, 43, 72, 95f.

Jakobiner 115, 119, **122**, 124, 126-128
Jerusalem 28-32, 69
Jesuiten **92**, 136
Johanniter 32
Judentum, Juden 14, 28f., 32f., **42**f., 72, 96
Judenverfolgung **32**f., 42
Judikative 110f., 135

Kaiser 15, 17, 48, 82
Kämmerer 18f.
Kanzler 18f.
Karavelle 72
Karawane 48
Katholisch 64, 86, 90-92, 115, 118, 136f.
Kaufleute 14, 36, 48f., 70, 72
Kirche 18, **30**, 42, 62, 80, 82, 108
Kirchenspaltung 82
Klagemauer 28
Kleidung 14f., 42f., 60
Klerus **14**f., 80, 104, 108, 112-115, 118
Kloster 18, 20, 24, **26**f., 62, 64, 67, 83, 116
Klosterregel 26
Klosterschule **26**f., 83
Knappe 24
Kolonie 76, **130**-133, 135, 137, 139
Kolonisation **74**, 79
Kompass 68

Sachregister

Konfession 59, **86**f., 90, 92
Konfessionalisierung **86**f., 92
König 12, 15-19, 34, 42, 70, 102, 104-107, 113-116, 118-120, 128, 130
Konquistador **74**, 76f.
Konstitutionelle Monarchie **118**-120
Kontinentalarmee 132
Konvent 120, 122, 126
Konzil von Trient **92**
Kopernikanische Wende **64**
Koran 32
Kranke 26, 45, 53
Kreuzfahrerstaat **32**f.
Kreuzzug **30**-32, 42
Kulturaustausch **32**
Kulturtransfer **96**
Kummet 22

Landesausbau **22**
Landeskirche **82**
Landnahme 130
Landwirtschaft 12, 72, **76**, 102
Legislative 110f., 135
Lehen **16**f.
Lehnssystem 14, **16**f.
Leibeigener 20
Lesegesellschaft **108**
Levante-Handel 94
Liga 90
Lutherisch ▸ *evangelisch*
Luxuswaren 36, 48, 70, **76**

Mainzer Republik **126**f.
Manufaktur **76**, 112
Markgraf 17-19
Markt 22, **34**-37, 46, 48
Marktordnung **36**f.
Marschall 18f.
Marseillaise 121
Mathematik 60
Maya 72, 76
Mayflower 130
Medici 70f.
Meier 20
Menschen- und Bürgerrechte 110, **118**f., 128, 132, 134
Menschenopfer 74

Metrisches System ▸ *Dezimalsystem*
Ministeriale 24, 40, 46
Minnedienst 24, 42
Mitbestimmung 46f., 108
Mittelalter **10**-55, 58, 62, 64, 67f.
Mönch 13, **26**f., 48, 62, 67, 69, 80, 115
Mongolenreich **50**f.
Mongolensturm **50**f.
Monotheistische Weltreligionen **28**f.
Moschee 28f., 51, 95
Mundschenk 18f.
Muslime ▸ *Islam*

Nation 115, **118**, 126, 128
Nationalfeiertag 116
Nationalgarde 118, 120
Nationalhymne 121
Nationalstaat **128**
Nationalversammlung 114-116, 118-120
Naturkatastrophe 22f.
Naturwissenschaften 60, 64f.
Navigation 68
Nonne 26, 62, 67

Orden **26**f., **32**f., 79, 92, 136
Osmanisches Reich **94**-97
Ostsiedlung **52**f.

Page 24
Papier 66f.
Papst 15, 18, 30, 70, 74, 80, 82
Parlament 110, 130
Passivbürger 118f.
Patrizier **40**, 46, 64
Pax mongolica **50**
Pax universalis **90**
Pergament 27, 66f.
Pest **42**f., 52f.
Pfalz 18
Pflug 22
Pilger 28, 30, 80
Pilgerväter 130
Plantage 76
Pogrom **42**
Polytheismus 72f., 76
Prager Fenstersturz 90f., 136f.

171

Service-Anhang

Privileg 18, **34**f., 112-117, 128f.
Protestantisch ▶ *evangelisch*

Randgruppen 14, 44f.
Raubritter 24, 30
Reformation 80-86, 88, 92, 102
Reichsacht **82**, 99
Reichsstand **82**
Reichstag 58, 71, 82, 129
Reisekönigtum **18**f., 26
Religionskrieg 90, 110
Reliquien 16, **80**
Renaissance 62-64, 68, 70
Republik **120**, 122f., 126f.
Revolution 102, **116**-129, 132-135
Revolution von 1848 129
Revolutionskalender 122, 128
Rheinisch-Deutscher Freistaat 126
Rheinisch-Deutscher Nationalkonvent 126
Ritter, Rittertum 16, 21, **24**f., 30, 32f., 46
Ritterorden **32**

Salon 108f.
Sansculotten **122**f.
Schießpulver 96, 116
Schlacht am Kahlenberg 96
Schlacht von Mohács 94, 96
Schloss 10f., 84, 96, 104-106, 112, 116f., 120, 125
Schreckensherrschaft **122**f.
Schutzprivileg **42**f.
Schwäbischer Bund 84
Schwedentrunk 90f.
Schwertleite 24
Seeweg nach Indien 72, **94**
Seidenstraße **48**
Seldschuken 30
Seuche 22, 42, 52f., 74, 90
Siedler **130**f.
Sklaverei, Sklavenhandel 76f., 130, 139
Skriptorium 26
Sonnenkönig **104**
Staatslehre 110f.
Stadt 14, 22, 34-47, 53, 55
Stadtherr **34**f., 37, 40, 46f.
Städtische Selbstverwaltung **46**
„Stadtluft macht frei" **34**f., 40

Stadtmauer 34, 40, 46
Stadtrat **46**f., 86, 101
Ständegesellschaft, -ordnung **14**f., 60, **104**, 112-115, 124
Steuern 112f., 116, 118, 132
Synagoge 42

Tagelöhner 14, 45, 122
Tataren 50f.
Täufer 92
Tempelberg 28
Temple 120
Templer 32
Territorialstaat **82**, 86
Terror 122f., 128f.
Treueid 16f.
Trikolore 118, 128
Truchsess 18f.
Tuilerien 120
Türkenfurcht, -gefahr **94**-96, 99
Turnier 24

Unabhängigkeitskrieg 132, 134
Unehrliche Berufe 14, 40, 45
Union 90
Universität 59, 64
Uomo universale 60, 64
Ureinwohner 72-79, 130f.

Vasall 14, **16**f.
Verfassung **114**f., 118f., 122f., 128f., 132, 134f.
Verleger 70
Versailles 104-106, 112, 114, 124
Verwaltung 34, 46
Vogt 20, 36, 47
Volkssouveränität **110**
Vorratshaltung 22

Wahlmänner 118f., 135
Wallfahrt 28, 30, 80
Westfälischer Friede ▶ *Frieden von Münster und Osnabrück*
Wohlfahrtsausschuss 122
Wormser Edikt **82**

Sachregister

Zehnt 20, 85
Zeitung 66, 108
Zensuswahlrecht **118**, 122
Zivilehe 118, 129
Zunft **40**-42, 46 f.
Zunftkämpfe 46
Zunftzwang 40
Zwischenhandel **48**
„Zwölf Artikel" 84 f.

Service-Anhang

Personenregister

Die **hervorgehobenen** Seitenzahlen verweisen auf wichtige Personen, die in der Fußzeile des Darstellungstextes genannt und im „Lexikon zur Geschichte" erläutert werden.

Adams, John   133
Albrecht von Brandenburg   80f.
Augustinus   32

Bartolomé de Las Casas   76, 79
Behaim, Martin   69
Benedikt von Nursia   26f.
Bonifatius   26
Bossuet, Jacques Bénigne   105

Calvin, Johannes   86
Christoph, Herzog von Württemberg   82f.
Cortés, Hernán   74, 78f.

Danton, Georges   122
Desmoulins, Camille   116
Dschingis Khan   **50**f.
Durand, Marie   92
Dürer, Albrecht   60

Ekkehard I., Markgraf von Meißen   19
Ekkehard II., Markgraf von Meißen   55
Erasmus von Rotterdam   66

Fénelon, François   105
Ferdinand II., Kaiser des Heiligen Römischen Reiches   136f.
Forster, Georg   127f.
Franklin, Benjamin   133
Franz von Assisi   26
Friedrich I., römisch-deutscher Kaiser   17
Friedrich II., römisch-deutscher Kaiser   17
Fugger, Hans   71
Fugger, Jakob I.   71
Fugger, Jakob II.   71

Galilei, Galileo   64
Geoffrin, Marie Thérèse   109
Georg I., König von Großbritannien und Irland   130
Georg III., König des Vereinigten Königreiches Großbritannien und Irland   133

Gottfried von Straßburg   25
Gouges, Olympe de   124
Guillotin, Joseph Ignace   123
Gustav II. Adolf, König von Schweden   90
Gutenberg, Johannes   **66**f.

Heinrich I., König von England   14
Heinrich II., römisch-deutscher Kaiser   19
Herder, Johann Gottfried   97
Hermann, Herzog von Schwaben   19
Hildebold, Bischof von Worms   47
Hus, Jan   80

Ignatius von Loyola   92
Isaak   28

Jefferson, Thomas   133
Jesus   28
Joseph II., Kaiser des Heiligen Römischen Reiches   139

Kant, Immanuel   108
Karl der Große   16, 18, 21
Karl Friedrich, Markgraf von Baden-Durlach   106f.
Karl V., Kaiser des Heiligen Römischen Reiches   70f., 78f., 87, 94, 99
Kepler, Johannes   64
Kolumbus, Christoph   **72**-74
Konrad II., römisch-deutscher Kaiser   17
Konstantin I., römischer Kaiser   28
Kopernikus, Nikolaus   64f.
Kublai Khan, Kaiser von China   50f.

Lafayette, Marie-Joseph de   118
Leo X., Papst   80
Leonardo da Vinci   60, 64f., 69
Lisle, Rouget de   121
Locke, John   110f.
Ludwig XIV., König von Frankreich   92, **104**-107
Ludwig XVI., König von Frankreich   112, 114-116, 120f., 124f.

Personenregister

Luther, Martin 58, **80**-85, 88f., 92, 99

Machiavelli, Niccolò 63
Marianne 124
Marie Antoinette, Königin von Frankreich 120, 125, 139
Mehmed II., Sultan des Osmanischen Reiches 94
Michelangelo 60f.
Moctezuma, aztekischer Herrscher 74, 76, 78
Mohammed 28
Montesquieu, Charles de 110f.
Müntzer, Thomas 85

Napoleon I., Kaiser der Franzosen 134
Napoleon III., Kaiser der Franzosen 134
Necker, Jacques 116
Newton, Isaac 64

Osman, Gründer des Osmanischen Reiches 94
Otto II., römisch-deutscher Kaiser 47
Otto III., römisch-deutscher Kaiser 19

Paine, Thomas 134f.
Paul III., Papst 74
Polo, Marco **48**f.
Ptolemäus, Claudius 64, 69

Robespierre, Maximilien 122f., 129
Rousseau, Jean-Jacques 109f.
Rüdiger, Bischof von Speyer 43

Saladin, Sultan von Ägypten und Syrien 32
Salomon, König in Israel 28f.
Sieyes, Emmanuel Joseph 114f.
St. Just, Louis Antoine de 120
Stephani, Joachim 86
Süleyman I., Sultan des Osmanischen Reiches 94

Talleyrand, Charles de 114
Temüdschin 50
Tetzel, Johann 81
Toussaint Louverture, François-Dominique 139

Ulrich von Hutten 25
Ulrich, Herzog von Württemberg 82
Urban II., Papst **30**f.

Velázques, Diego 79
Voltaire 109

Wallenstein, Albrecht von 90
Walsperger, Andreas 69
Washington, George 132
Wilhelm von Slawata 91

Bildnachweis

akg-images, Berlin – S. 12, 23, 44 (2), 48, 58, 66, 99, 103, 118, 127, 129, 134; - / Album / Oronoz – S. 32, 59, 64, 67; - / Album / Warner Bros. Pictures – S. 10/11 (2); - / Jérôme de Cunha – S. 30; - / MPortfolio / Electa – S. 44 • Bergmoser + Höller Verlag AB, Aachen – S. 145 • bpk-Bildagentur, Berlin – S. 73, 120; - / Kupferstichkabinett, SMB / Jörg P. Anders – S. 108;- / RMN – Grand Palais – S. 40 (3); - / RMN – S. 114 (2); - / Staatliche Kunsthalle Karlsruhe / Annette Fischer / Heike Kohlert – S. 107 • Bridgeman Art / Bibliotheque Nationale, Paris, France, Berlin – S. 50 • Deutsches Historisches Museum, Berlin – S. 110 • Deutsches Hugenottenm-Museum, Bad Karlshofen – S. 93 • dpa Picture-Alliance / akg-images, Frankfurt – Umschlag, S. 9, 59, 76, 77, 91, 96, 99, 102, 103, 104, 109, 123, 130; - / Bibliographisches Insitut Prof. Dr. Wilhelmy – S. 89; - / CPAMedia / Pictures From History – S. 94; - / MAXPPP – S. 137; - / SZ Photo – S. 13 • Evangelische Landeskirche / © Dieter Peters, Stuttgart – S. 87 • Fouad, Vollmer Werbeagentur, Mittelbiberach – S. 38 (2) • Getty Images / DEA / G. Nimatallah, München – S. 58, 70; - / MPI, München – S. 131 • Hällisch-Fränkisches Museum, Schwäbisch Hall – S. 100/101 • Frank Harteker, Bad Wurzach – S. 39, 41 (2) • Fanny Hartmann, Bern – S. 20, 55 • © Hergé / Moulinsart / www.tintin.com – S. 72 • Hugenotten- und Waldenserpfad e.V., Marburg – S. 93 • © Infirmarius GmbH, Göppingen – S. 91 • Königliche Bibliothek, Kopenhagen – S. 13 • Königliche Bibliothek, Kopenhagen – S. 27 • Julian Kümmerle, Ditzingen – S. 86 • Landesarchiv Baden-Württemberg / Generallandesarchiv Karlsruhe / J-B Heudorf 1 Bild 1 / 4-1576399-1, Stuttgart – S. 22 • Library of Congress, Washington D.C. – S. 121 • Luzern, Korporation Luzern, S. 23 fol., p. 71, Luzern – S. 43 • Mit freundlicher Genehmigung der Wiener Spielkartenfabrik Ferd. Piatnik & Söhne, 1140 Wien, Österreich – S. 75 • Musée Nationale de Versailles et des Trianons, Château de Versailles, Versailles – S. 106 • © Playmobil – Geobra Brandstätter Stiftung & Co. KG, Zirndorf – S. 88 • Karl-Heinz Raach, Freiburg – S 80 • Staatliche Graphische Kunstsammlung, Müchen – S. 110 (2) • © UB Heidelberg / Cod. Pal. germ. 164, Bl. 013v – S. 42; - / Cod. Pal. germ. 164 – S. 37 • Ullstein-Bild / Granger NYC, Berlin – S. 134; - / Photo 12 / Hachedé – S. 122 • Universitätsbibliothek Heidelberg / Cod. Pal. germ. 164, Bl. 009v, Heidelberg – S. 16 • Württembergische Landesbibliothek / Signatur: RG0020,25, Stuttgart – S. 82 • www.luthersocke.de / Matthias Hellmuth, Sachsen b. Ansbach – S. 88 • www.wikimdia.org / © Alexander Hoernigk / CC BY-SA 4.0 – S. 55; - / © Anagoria / CC BY-SA 1.2 – S. 73; - / © Andreas Praefcke / CC BY-SA 3.0 – S. 39; - / © Andrew Shiva / CC BY-SA 4.0 – S. 28; - / © Berthold Werner – S. 28 (2); - / Bibliothèque nationale de France / pd – S. 116, 124, 125; - / Bibliothèque nationale de France, M.P. – S. 102, 112; - / © Dnalor 01 / CC BY-SA 3.0 – S. 62; - / © Dorotheum / pd – S. 139; - / © Enslin / CC BY-SA 2.5 – S. 39; - / Erich Lessing Culture and Fine Arts Archive via artsy.net / pd – S. 128; - / © GFDL / CC BY-SA 2.0 – S. 132; - / © JEDIKNIGHT1970 / CC BY-SA 3.0 – S. 74; - / © JoJoan / CC BY-SA 3.0 – S. 126; - / © Kolossos – S. 28; - / Kunsthistorisches Museum, Wien / pd – S. 125; - / © ladyreading.net / pd – S. 139; - / pd – S. 12, 13, 14, 15, 16, 33, 38, 46, 48, 56/57, 59, 60, 61, 68, 94, 105, 119; - © Photo RMN / pd – S. 115; - / © Stefan Bauer, www.ferras.at / CC BY-SA 2.5 – S. 62; - / The Yorck Project – S. 97; - / © Thomas Ledl / CC BY-SA 4.0 – S. 76; - / © Trisku / pd – S. 139; - / UB Heidelberg / Cod. Pal. germ. 848, Bl. 022v – S. 24; - / UB Heidelberg / Cod. Pal. germ. 848, Bl. 355v – S. 42; - / UB Heidelberg / Cod. Pal. germ. 848, fol. 192v – S. 24; - / www.paris.fr/portail - Umschlag, S. 9 - / Yale University Art Gallery / pd – S. 137 • Yale Unversity Art Gallery, New Haven – S. 133